IM WELTABENTEUER GOTTES LEBEN

GÜNTER THOMAS

IM WELTABENTEUER GOTTES LEBEN

Impulse zur Verantwortung
für die Kirche

EVANGELISCHE VERLAGSANSTALT
Leipzig

Bibliographische Information der Deutschen Nationalbibliothek:
Die Deutsche Nationalbibliothek verzeichnet diese Publikation in der
Deutschen Nationalbibliographie; detaillierte bibliographische Daten
sind im Internet über http://dnb.dnb.de abrufbar.

Das Buch wurde auf alterungsbeständigem Papier gedruckt.

Gesamtgestaltung: makena plangrafik, Leipzig
Druck und Binden: CPI books GmbH

ISBN 978-3-374-06679-7 // eISBN (PDF) 978-3-374-06713-8
www.eva-leipzig.de

VORWORT

Dieses Buch ist eine Einladung zu Entdeckungen. Ich hoffe, dass es ermutigende, tröstende und stärkende Entdeckungen und zugleich selbstkritische und ein Umdenken provozierende Entdeckungen sind.

Dieses Buch ist eine Einladung für einen hoffnungsvollen Realismus. Es ist ein Plädoyer für einen empirischen und einen theologischen Realismus in Sachen Kirche. Der hier vorgeschlagene Realismus ist hoffnungsvoll, weil er theologisch auf Gottes Lebendigkeit setzt. Entdeckt die Kirche ihren Ort im Weltabenteuer Gottes, so kann sie beides überwinden, die Selbstillusionierung und die Erschöpfungsdepression. Im Weltabenteuer Gottes kann sie mit der notwendigen Verwegenheit und möglichen Gelassenheit Glaube, Liebe und Hoffnung kommunizieren. Wer dies interessant findet, der sollte weiterlesen.

Wir leben in hysterischen Zeiten, in denen – um diese plakative Zuschreibung aus dem Wortschatz der Psychopathologie zu erweitern – die Kirchen zunehmend manisch-depressiv werden. Nicht wenige Verlautbarungen von Synoden lesen sich wie eine Mischung aus depressiver Anklage gegen die Welt und manischem Machbarkeitsbewusstsein. Manche Forderungskataloge einer Öffentlichen Theologie offenbaren mehr eine Theologie der Verzweiflung als eine Theologie der Hoffnung. Sind sie Klagen mit falscher Adresse? Verdeckt unter dem Lack des Zweckoptimismus (»Wir schaffen das mit der Gerechtigkeit und dem Frieden«) und dem Furnier des Empörungsgestus findet sich die spirituelle Verzweiflung über den Zustand der Welt. Backen aufpusten reicht hier nicht. Pfarrerinnen und Pfarrer sind als »menschliche Leuchttürme« nach Jahrzehnten organisatorischer Kirchenreformen zunehmend ausgezehrt und erschöpft. Jede schlaue neue Rettungsidee bedeutet Mehrarbeit und reduziert die Zeit auf dem Friedhof auch nicht. Und obendrauf kam noch die Demütigung in der Coronakrise: Offene Baumärkte sind wichtiger als offene Kirchen. Dabei fällt auf: Die evangelischen Kirchen, die mit großer Routine irgendwelcher Politik ein Totalversagen vorwerfen, sind äußerst dünnhäutig, wenn sie selbst kritisiert werden.

Moralischer Alarmismus prägt die bundesdeutsche Öffentlichkeit. Empörung scheint der Standardmodus öffentlicher Kommunikation geworden zu sein. Ja, die Empörung hat reale Ungerechtigkeiten im Auge. Die westlich-liberalen Gesellschaften stehen mitten in einem kulturellen Bürgerkrieg zwischen Kosmopoliten und Regionalisten. Mittendrin stehen die Kirchen, gefangen in der vermeintlichen Alternative von moralischer Selbstradikalisierung und einem mal eher bangend-nervösen und mal eher routinierten Weiterwursteln. Jahrzehnte von Reformen der Organisationsstrukturen haben weder zu einschlägigen Erfolgen (»Wachsen gegen den Trend!«) noch zu einer inneren Entspannung geführt. Oder sollen sich die evangelischen Kirchen gesundschrumpfen? Immer kleiner, immer reiner und immer feiner? Einem gewissen Krisenbewusstsein kann sich kaum jemand entziehen. Nur: welche Krise? Und: wie viele? Auch die einsetzende Verarbeitung der Coronakrise lässt noch nicht erkennen, welche Impulse die Kirchen dauerhaft beleben und welche Fragen sie noch lange verfolgen werden.

Welche Rolle kommt den Kirchen in den Spannungen des nächsten Jahrzehnts zu? Mein Vorschlag: die Nerven bewahren und Entdeckungen machen. Solche, die das Selbstbewusstsein der Kirchen und ihrer Mitglieder stärken, und solche, die Korrekturen auslösen. Nicht nur manches, nein, vieles in der Kirche läuft richtig gut. Vieles gelingt und wird in seinem Gewicht und seiner Bedeutung nicht angemessen wahrgenommen. Dennoch gibt es Wege in die Sackgasse. Es gibt Ideen und Haltungen, die zu mehr Problemen als zu Lösungen führen, ja, die oftmals das Ausgangsproblem erst hervorrufen, das sie zu bekämpfen meinen. Da es mir aber in der Tat um beide Spielarten der Entdeckung geht, hoffe ich, dass dieser Band nicht auf dem Stapel endet, über dem ein Post-it-Zettel hängt, auf dem steht: »Akademische Nörgler und katastrophenverliebte Retter«.

Und, nicht zu vergessen, es gibt Fragen, die auf eine Antwort warten. Hinter der Krise der Mitgliedschaft verbirgt sich nicht nur eine kommende Finanzkrise. Es tritt eine schon lange schwelende, im Kern theologische Krise zutage: »Warum sollte man in einem entwickelten Sozialstaat mit einer Fülle sich für die Humanisierung der Welt einsetzender NGOs eigentlich noch in der Kirche sein?« Solange die Kirchen darauf keine Antwort haben, nützt alles Rühren im organisatorischen Brei recht wenig.

Dieses Buch ist das Ergebnis vieler Gespräche mit engagierten Laien, mit Pfarrerinnen und Pfarrern, Menschen in der Kirchenleitung, mit »religiös unmusikalischen« Sympathisanten der Kirche und echten Kritikern. Zugleich bietet das Buch eine vorläufige Bilanz eines langen inneren Gesprächs. Darum behalte ich die Form bei, in der es Fragen, Rückfragen und die Sichtweise der ersten Person gibt. Es ist ein Beitrag zu einem weitergehenden Gespräch. Es möchte – auch mit seinen Spitzen – zu einer neuen theologischen Nachdenklichkeit anregen. Theologie ist ein Produkt, das nie die Werkstatt verlässt.

Dieser Band wendet sich nicht nur an Menschen, die an der Universität Theologie studiert haben, an Profi-Theologen. Die Leser, die ich mir selbst wünsche und erhoffe, sind Menschen, die zunächst in der Kirche Verantwortung für die Kirche übernehmen möchten und dann auch die Verantwortung der Kirche für ihre Umgebungen erkennen möchten. Dies sind aber auch nicht nur Pfarrerinnen und Pfarrer. Es sind auf ihre Weise Kirchengemeinderäte, Ehrenamtliche, Religionslehrer und Diakone, Mitarbeiter der diakonischen Werke und all der »Werke und Einrichtungen« der Kirche. Es sind Christen in kirchlichen Bildungseinrichtungen, die haupt- und ehrenamtlichen Kantorinnen und Kantoren und nicht zuletzt im engeren Sinne kirchenleitend Tätige. Es sind aber auch die Laien, die in ihrem Alltag mit Gummistiefeln durch moralische Morastlandschaften gehen und ebendies als Christen tun wollen und müssen. Radikal und konsequent evangelisch gedacht, richten sich daher die folgenden Vorschläge an alle getauften evangelischen Christen. Wenn sie auch faire Skeptiker und neugierige Zweifler erreichen, dann würde ich mich darüber freuen.

Meine Hoffnung ist, dass der Beobachtungsballon, den dieser Band darstellt, hoch genug fliegt, um erweiterte Sichtweisen und überraschende Blicke auf die Landschaft der Kirche zu ermöglichen. Zugleich soll der Beobachtungsballon aber doch so tief fliegen, dass die Menschen, die am Boden ihrer alltäglichen Arbeit innerhalb und außerhalb der Kirche nachgehen, noch gesehen werden können.

Die Akteure im Feld der wissenschaftlichen Theologie werden sicherlich an sehr vielen Stellen wichtige Unterscheidungen vermissen und etwas mehr Umsicht einfordern. Zu breit ist in ihren Augen hier und da der Pinselstrich, zu holzschnittartig die Argumentation. Manches hätte deutlich ausgewogener formuliert werden können. Sicherlich. Gestaltungsorientiertes Wissen wird sich aber immer in Konkretisierungen hineinwagen müssen. Gestaltungsorientiertes Verstehen wird immer der Versuchung widerstehen müssen, sich selbst freudig im Meer der zehntausend Differenzierungen zu ertränken. Allzu oft lieben wir Theologen die Probleme mehr als die Lösungsvorschläge. Weil wir die Komplexität so sehr mögen und das Risiko der Zuspitzung scheuen. Wo in so schwierigen Debatten um die Verantwortung der Kirche in der Gegenwart die notwendige und ganz pragmatische Vereinfachung endet und wo eine zu weitgehende Vereinfachung beginnt, ist vorab schwer entscheidbar.

Wahrscheinlich zum Entsetzen der akademisch orientierten Leser und zur Freude der Laien und derjenigen Theologen, die keine Zeit und keine Energie für das Kleingedruckte haben, verfügt dieser Band über keine Fußnoten und keine Quellenangaben. Theologische Weichenstellungen und Gespräche sind nicht durch Fußnoten angezeigt, sondern alle im Text gegenwärtig. Anmerkungen und Fußnoten hätten den Umfang verdoppelt. Sie hätten die Zeit für das Verfassen des Bandes vervierfacht. Angesichts der eigenen Endlichkeit hätten sie ihn vielleicht nie das Licht der Welt erblicken lassen. Die Leser mögen entschuldigen, dass ich meinte, aus der Not eine Tugend machen zu können. So entstand ein langes Essay.

Am Ende dieser Einleitung gilt es einen Dank auszusprechen. Ohne Sigrid Brandt, Gottfried Class, Christoph Chalamet, Ralf Frisch, Gabriele Wulz, William Schweiker und Annette Weidhas gäbe es diesen Band nicht. Sie alle wissen, welchen Anteil sie daran haben. Noch vielen anderen ist zu danken für Impulse und Kritik. Danke!

Das von der John Templeton Foundation geförderte interdisziplinäre und internationale Forschungsprojekt »Enhancing Life« bot über Jahre einen fruchtbaren Kontext zur Entwicklung der in diesem Buch vorliegenden Einsichten. Nicht zuletzt von den Gesprächen mit eher ›religiös unmusikalischen‹ (Max Weber) und kritischen, aber an Religion und Humanität interessierten Zeitgenossen habe ich sehr profitiert.

Noch ein Hinweis zur Lektüre. Dieses lange Essay kann ganz ungeordnet gelesen werden. Wer irgendwo mittendrin anfangen möchte, soll dies tun. Egal wo. Meine Hoffnung ist, dass die Sache so interessant ist, dass das Interesse für die anderen Teile von alleine wächst.

Bochum, im Juli 2020
Günter Thomas

INHALT

I STATT EINER EINLEITUNG: DIE THESEN DES BANDES IN KURZFORM

Die Kirchen sind kein Stück Treibholz auf dem Meer der Geschichte und der gesellschaftlichen Entwicklungen. Sie sind ihren Umgebungen und deren Kräften, seien es demographische Entwicklungen oder Säkularisierungsschübe, nicht nur schicksalhaft ausgeliefert. Sie erzeugen sie mit. Sie werden zu Opfern ihrer eigenen Fehlentwicklungen und profitieren zugleich von ihren klugen Entscheidungen und förderlichen Umgebungen. Die Kirchen können sich ihre Umgebungen aber auch nicht aussuchen. Sie können sich niemals wie Mister Spock in der Serie »Raumschiff Enterprise« aus ihren gesellschaftlichen, kulturellen und natürlichen Umgebungen »herausbeamen«. Sie können sich mit ihren Umgebungen selbstbewusst und kritisch auseinandersetzen. Sie müssen sich ihnen nicht fatalistisch ausliefern. Sie können sich mit ihrem eigenen Denken und Handeln bewusst und selbstkritisch verhalten. Sie können genau darin Verantwortung übernehmen. Darum geht es in diesem Band.

1. THEOLOGIE – NICHT NUR REFORM DER ORGANISATION

Auf die vielfältigen Herausforderungen haben die Kirchen in den letzten Jahrzehnten vornehmlich mit Reformen der Organisation reagiert. Eine der grundlegenden Thesen dieses Bandes ist: Für die Bewältigung der gegenwärtigen und noch kommenden Krisen bedarf es auch theologischer Neuorientierungen. Organisationsreformen, so notwendig sie sind, sind nicht ausreichend. Organisation und theologisches Selbstverständnis sind vielmehr eng miteinander verknüpft. In jede kirchliche Organisationsgestalt ist eine Theologie eingeschrieben. Jede theologische Orientierung sucht organisatorische Entsprechungen. Mit Reformen der Organisation lassen sich aber keine Probleme der sachlichen Ausrichtung in der Rede von Gott lösen. Meine Überzeugung ist, dass die tiefe Erschöpfung in der Kirche eine Erschöpfung ist, die durch die Reformen eher verstärkt denn gemindert wurde. Darum gilt es, Fragen nach theologischer Orientierung zu stellen. Die Probleme der Kirche sind nicht nur Organisationsprobleme. Es sind auch Probleme der theologischen Orientierung, ja zum Teil der theologischen Fehlorientierung. Organisationen wie theologische Orientierungen können zu Ruinen verfallen, die in neuen stürmischen Zeiten nur noch unzureichend Schutz gewähren.

Angesichts des massiven Einbruchs der Kirchensteuereinnahmen infolge der Coronakrise und der steigenden Zahl der Kirchenaustritte empfiehlt der Ratsvorsitzende der EKD, Heinrich Bedford-Strohm, aktuell, »einen selbstkritischen Blick auf gewachsene Formate und Strukturen« zu werfen. Man reibt sich die Augen. Und die Sache?

Gibt es auch einen selbstkritischen Blick auf die Botschaft, auf die vertretenen Inhalte?

Um das sehr begrenzte Modell der Wirtschaft nur für einen Moment zu bemühen: Die Kirche wirkt oftmals wie eine Firma, die angesichts von Absatzproblemen und Problemen der Kundenbindung eben Bilanzprobleme hat. Als Reaktion darauf reagiert sie mit Optimierungen der Verpackungen, einer Neustrukturierung der Vertriebswege, einer besseren Schulung der Außendienstmitarbeiter und schließlich mit einer Erhöhung des Werbeetats. Wenn – was selten vorkommt – die entscheidende Frage nach dem Produkt aufkommt, dann ist vor der eigenen Antwort die Frage zu hören: »Wie können wir uns der Konkurrenz anpassen?« Um in diesem sehr begrenzten Modell zu bleiben: Diese Herangehensweise ist falsch oder zumindest grob unzureichend. Sie ist letztlich verantwortungslos. Diese Haltung ruiniert die Firma. Sie dokumentiert ein Managementproblem.

Dieser Band möchte ermutigen, über das Produkt der Kirche nachzudenken. Und: dabei geduldiger und entschlossener nach den Eigenheiten des eigenen Produktes fragen. Darum der Untertitel »Impulse zur Verantwortung für die Kirche«.

2. KRÄFTE UND MÄCHTE DER GEGENWART WAHRNEHMEN

Jede Reform und jede Notwendigkeit einer Veränderung unterstellt sich ein Bündel an Problemen oder Herausforderungen. Aus den Herausforderungen einer wohl fortschreitenden Säkularisierung, eines schwer bremsbaren

Mitgliederschwundes und einer kommenden Finanzkrise kann sich keine Kirche und keine Gemeinde herausträumen. Sie müssen die Gegenwart angemessen wahrnehmen.

3. FEHLER IM GEWEBE DER THEOLOGIE

Jede Organisation ist geneigt, die eigenen Probleme den Faktoren und Kräften in ihrer Umgebung zuzuschreiben und die eigenen Erfolge sich selbst. Wenn es gut läuft, ist es alles das eigene Handeln, wenn nicht, erlebt man sich als Opfer überwältigender Kräfte. Kirchen sind von dieser »kreativen Buchführung« in der Beschreibung von Ursachen nicht ausgenommen. Wird die kirchliche Gegenwart ehrlich und selbstkritisch betrachtet, so stellt sich eine unangenehme Frage: Welche theologischen Entscheidungen und Entdeckungen der letzten Jahrzehnte oder gar der letzten zwei Jahrhunderte bedürfen einer Korrektur – weil sie sich eben als irreführend und selbsttäuschend erwiesen haben? Um an dieser Stelle sehr deutlich zu sein: Es geht nicht um die Frage, ob wir die betreffenden theologischen Einsichten lieben und intellektuell überzeugend finden. Nein. Die Frage ist schlicht: Haben sie sich bewährt? Ich unterstelle dabei, dass sie gewirkt haben. Sie sind, so meine These, wie alle theologischen Antworten problemschaffende Lösungen, allerdings solche, bei denen die mit der Lösung mitgeschaffenen Probleme heute überwiegen. Oder aber es sind Fehloptimierungen, bei denen die Lösung so optimiert wird, dass das zugrunde liegende Problem wieder miterzeugt wird oder aber neue überwältigende Probleme geschaffen werden. Auf jeden Fall gilt: theologische Fehlersuche betreiben! Dabei ist offensichtlich: Ob die Fehlersuche überzeugt, hängt davon ab, ob man meine Problemwahrnehmung teilt. Das ist natürlich ein Zirkel. Aber es gilt, ein diffuses Gefühl des Unwohlseins in Sachen theologischer Orientierung anzugehen, Selbstverständlichkeiten in Frage zu stellen, Denkrituale zu beenden, Immunisierungsreaktionen zu unterdrücken – um Theologie als lösungs- und wahrheitssuchende Unternehmung zu begreifen.

4. WEICHENSTELLUNGEN: GOTTES LEBENDIGKEIT UND SEINE ENTDECKERGEMEINSCHAFT

Die theologische These des Bandes ist eine so einfache wie weitreichende – sollte sie sich bewahrheiten. Nicht nur der akademischen Theologie, sondern auch der Kirche in ihren vielfältigen Erscheinungsformen ist die Vorstellung von Gottes Lebendigkeit abhandengekommen. Gottes Lebendigkeit in ihrem besonderen Reichtum, ihrer Differenziertheit, ihrer Zugewandtheit und Freiheit ernst zu nehmen, scheint mir wesentlich zu sein für die Verantwortung der Kirche. Öffnet sich der Blick für Gottes Lebendigkeit, so wird deutlich, dass die Kirche eine Entdeckergemeinschaft des »Weltabenteuers Gottes« (Hans Jonas) ist. Glaube ist darum vor allem Handeln, die wahrnehmende Entdeckung, im Weltabenteuer Gottes zu leben und sich dafür in Anspruch nehmen zu lassen. Glaube ist zugleich die Wahrnehmung von Gottes lebensförderlichen und doch auch dramatischen Verwicklungen in die Entwicklung der

Welt. Der Glaube entdeckt, wie Gott die Welt berührt und bewegt und selbst von ihr berührt und bewegt wird.

5. DIE EINHEIT VON GLAUBE, LIEBE UND HOFFNUNG

Der konstruktive Vorschlag, der in diesem Band zu den Krisen der Kirche unterbreitet wird, ist: Die von Apostel Paulus ins Auge gefasste, als vom Geist Gottes gewirkte Dreiheit von Glaube, Liebe und Hoffnung umreißt eine Gestalt der Kirche und des christlichen Lebens im Weltabenteuer Gottes. Die eng verknüpfte Dreiheit kann, so die These, in der Gegenwart nicht nur irritieren, sondern auch orientieren, trösten und ermutigen. Die Kommunikation von Glaube, Liebe und Hoffnung antwortet stets auf Gottes Vertrauen, Liebe und Hoffnung. Sie weist einen Weg der Kirche, der an der Skylla einer erschöpfenden moralischen Weltverantwortung ebenso vorbeiführt wie an der Charybdis einer spirituell aufgeheizten, aber letztlich bequemen und weltabgewandten Spiritualität. Die kecke These des Bandes lautet darüber hinaus: Wenn die Kirche die Einheit von Glaube, Liebe und Hoffnung ernst nimmt, dann kann sie auch den aktuellen kulturellen Herausforderungen getrost begegnen. Um die Entdeckung der Einheit von Glaube, Liebe und Hoffnung geht es.

6. KONSEQUENZEN

Wenn die Kirche Gottes Lebendigkeit und die Einheit von Glaube, Liebe und Hoffnung realisiert, dann hat dies Folgen. Dann geht sie anders mit den Fragen um den Säkularisierungsprozess um – entspannter und zugleich unverschämt mutiger. Dann findet sie neue Zugänge zu Mitgliederfragen. Ja, dann macht sie an sich selbst Entdeckungen von halb gehobenen und ungehobenen Schätzen. In der Verantwortung des Glaubens in Öffentlichkeiten außerhalb der Kirche wird sie der Versuchung widerstehen, die Rede von Gottes vielgestaltiger Lebendigkeit im Weltabenteuer zu übersetzen. Sie wird sie stattdessen mit Geduld und Verwegenheit erläutern.

II WO SIND WIR? KULTURELLE KRÄFTE, DIE UNS PRÄGEN UND HERAUSFORDERN

1. DIAGNOSTISCHE BEOBACHTUNGEN

Die Kirchen des Westens und insbesondere die Evangelische Kirche in Deutschland nehmen in der Gegenwart mehrere Krisen wahr. Nicht zuletzt die seit den 1980er Jahren diskutierten und auch umgesetzten Reformprozesse unterstellen sich eine kircheninterne Organisationskrise. Diese ist das Resultat von Säkularisierungsprozessen, die zu einer Mitgliederkrise führen und diese wiederum zu einer Finanzkrise. Kräftezehrende Umstrukturierungen, Gemeindefusionen und die Infragestellung von bewährten Initiativen ist die Folge. Hin und wieder wird der von vielen als belastend und entmutigend empfundene Abbau und Rückbau durch neue Projekte und gelungene Initiativen gegenbalanciert. In diese Stimmungslage hinein kam die vom Freiburger »Forschungszentrum Generationenverträge« angefertigte Studie »Langfristige Projektion der Kirchenmitglieder und des Kirchensteueraufkommens in Deutschland«. Das Ergebnis: Bis 2060 wird sich die Zahl der Kirchenmitglieder in Deutschland halbieren. Rund 21 Prozent des Rückgangs sind der Bevölkerungsentwicklung geschuldet, rund 28 Prozent gehen auf die Taufquote, das Austrittsverhalten und die Wiedereintrittsbereitschaft zurück. Ob die Botschaft, dass es weniger an der Demographie liegt als an Taufe und Austritten, eine gute oder eine schlechte ist, muss sich noch erweisen. Deutlich ist nur: Die Vorstellung eines fröhlichen Gesundschrumpfens, ein Weg zu »klein, aber fein«, zur »Elitenbildung« (Thies Gundlach) ist eine Illusion – solange nicht auch theologische Weichen anders gestellt werden. Auch dann, wenn »Austritte in der Peripherie der Parochie« (in Wahrheit distanziert Engagierter) geschehen, bleibt es eine Frage des theologischen Rahmens, wie die Kirche mit der sogenannten distanzierten Kirchenmitgliedschaft umgeht.

Bedrückend ist zweifellos auch das Bild, das sich in den Gebieten der ehemaligen Sowjetunion und den Staaten des sogenannten Ostblocks zeigt: Während sich die orthodoxen Kirchen und auch die katholische Kirche von dem staatlich verordneten Atheismus und den damit zusammenhängenden Säkularisierungen erholt haben, gilt dies speziell für den Protestantismus nicht. Dies sollte m. E. doch zu denken geben. Die Geburtsregion des lutherischen Protestantismus bleibt eine der religionslosesten Gegenden der Welt.

Das Krisenbewusstsein existiert nicht mehr nur im Expertenwissen, es ist schon lange in den Synoden und den Gemeinden angekommen. Auffallend ist dabei, dass die Krisenursachen vornehmlich außerhalb der Kirche gesucht werden: Säkularisierung, Traditionsabbruch etc. Erst der Vertrauensverlust im Zusammenhang des sexuellen Missbrauchs hat intensiver nach internen Krisenursachen fragen lassen.

In all dem gilt es indirekt ein Problem anzugehen, das von vielen sehr laut beschwiegen wird, man könnte auch sagen, das eine der größeren Leichen im Keller der Kirche ist: Der christliche Glaube, das Christentum, wurde zur Stammesreligion. Die Kirche reproduziert sich über Biologie, über Abstammungsbeziehungen. Warum?

Alle Prognosen zur Mitgliederentwicklung der Kirchen in Deutschland legen die demographische Entwicklung zugrunde. Was dadurch mitgesagt wird: Glaube wird nur noch »biologisch« im Raum der Familie durch Sozialisation weitergegeben. Und selbst dort wird es z. B. durch den regelmäßigen Ruf nach einem überkonfessionellen oder gar interreligiösen Religionsunterricht in Frage gestellt. Biologisch werden die Protestanten weniger. Schweigend sagen viele Christen: »Das ist eben so!« Wer hier laut mehr als ein Fragezeichen anbringt, wird schnell in eine radikal-evangelikale Ecke und ruckzuck unter Fundamentalismusverdacht gestellt. Aber es ist doch ganz einfach: Wenn der Protestantismus für die Selbstreproduktion faktisch vom Heiligen Geist auf Sex (Kinder bzw. Geburtenrate) umstellt, so funktioniert dies nach der Erfindung der Pille nicht mehr. Das funktioniert nur bei vier Kindern oder mehr. Wenn dann christliche Eltern nicht mehr wissen, warum sie ihr Kind taufen lassen sollten, dann müsste es eigentlich heißen: »Houston, we have a problem!« Wem aber die Umstellung auf eine Stammesreligion gleichgültig ist, weil sowieso alle religiösen Angebote oder alle Begründungen von Menschenrechten irgendwie gleich gültig sind, der wird auch von den Menschen außerhalb der Kirche nur Gleichgültigkeit ernten. Wer mit seiner Umgebung identisch sein möchte, ist nicht mehr identifizierbar. Die Antwort auf die Gleich-Gültigkeit ist Gleichgültigkeit.

In den folgenden Überlegungen wird nun nicht ein lautstarkes Plädoyer für Mission vorgelegt. Aber es wird gegen einen sich einschleichenden Fatalismus und gegen eine heroische Schicksalsgläubigkeit in Sachen Kirche und moderne Gesellschaft argumentiert. Und: Es gilt, die bestehenden Initiativen zu der nicht leichten Arbeit am Fatalismus zu stärken und zu ermutigen. Ob die Bewältigung der inneren theologischen Krise in absehbarer Zeit zu einem Abklingen der Mitgliederkrise oder gar zu einem »Wachsen gegen den Trend« führt, entzieht sich jeglicher Prognostik. Die folgenden Ausführungen haben aber schon ihr Ziel erreicht, wenn die die Krise verstärkenden Fehlorientierungen gesehen und korrigiert werden. Dann wird die Kirche die kommenden Mitglieder-, Organisations- und Finanzkrisen konzentrierter, ehrlicher, freudiger und kreativer verarbeiten.

2. SIND DIE RICHTIGEN OPTISCHEN INSTRUMENTE IM WERKZEUGKOFFER DER THEOLOGIE UND DER KIRCHE?

Jede Berufsgruppe, die sich mit der Krise bzw. den Krisen der Kirche befasst, sieht ihre ganz eigene Krise. Mit Organisation betraute Menschen sehen Organisationskrisen. Finanzfachleute sehen Finanzkrisen. Theologen sehen theologische Krisen. Das ist so richtig wie falsch. Es zeigt, dass die Diagnose der Krise – um ein Bild zu gebrauchen – von dem optischen Beobachtungsinstrument abhängt. Jeder hat seine Brille. Die verschiedenen Beobachter sehen nicht richtig oder falsch, sondern eben anders.

Trotzdem können die optischen Instrumentarien auch wirklich ungeeignet oder gar völlig unzureichend sein.

Meine Frage ist daher: Warum erscheinen die meisten Systematischen Theologen (in der Disziplin, die die Kirche in Fragen des Glaubens in der Gegenwart orientieren sollte) gegenwärtig so tiefenentspannt und sehen keine theologische Krise? (Die intensiven Debatten um das Schriftprinzip und die Säkularisierung sind vorbei.) Der Grund ist darin zu finden, dass sie mit dem falschen Werkzeugkasten und darum mit den falschen optischen Instrumenten beobachten. Dies gilt es mutig zu korrigieren. Wo steckt also das Problem? Meine These: Der Blick der Theologie auf ihre Umgebungen ist zu eng. Er muss sich erweitern.

Um das Problem zu erfassen, muss man in der Tat fast 2.000 Jahre zurückblicken. Der Kirchenvater des lateinischen Christentums im Westen, Augustinus, berichtet in seinem Werk »Der Gottesstaat« von dem römischen Gelehrten Marcus T. Varro (116 v. Chr. – 27 v. Chr.). Varro unterscheidet drei Typen der Theologie und entsprechend drei Formen der religiösen Praxis im vorchristlichen römischen Reich. Es gibt eine politische Theologie oder *theologia civilis*, in der es darum geht, »welche Götter von Staats wegen der jeweilige Bürger verehren und welche heiligen Handlungen und Opfer er machen soll«. Daneben gibt es eine mythische Theologie oder eine *theologia fabularis*, die sich bei den Dichtern und in den Aufführungen des Theaters findet. Der dritte Typ der Theologie und der religiösen Praxis ist die philosophische Theologie oder die *theologia naturalis*.

Die politische Theologie bleibt bewusst relativ unbestimmt und kann eben dadurch das integrierende Dach für den einen Staat und die Vielfalt der mythischen Religionen sein. Die politische Religion ist hart in der Durchsetzung und vage im Inhalt. Weil sie hart durchgesetzt wird und inhaltlich vage bleibt, kann es unterhalb von ihr einen weiten Religionspluralismus im Reich geben. Weil die ersten Christen diese politische Theologie ablehnten, galten sie als Atheisten und setzten sich der Verfolgung aus.

Die mythische Theologie lebt in Erzählungen und kennt eine Vielzahl miteinander streitender und kämpfender Götter. Es ist die heiße Religion der Popularkultur, voller Konflikte und Gewalt, voller Dramatik, reich an Emotionen und eher frei von staatsbürgerlicher ethischer Orientierung. Es ist die Religion eines ganzen Götterpantheons oder – wollte man einen Blick nach Asien werfen – die Religion einer Göttin mit drei Köpfen oder zweiundzwanzig Armen. Sie lebt im Tanz, im Lied, im Ritual und in der Feier des Außeralltäglichen. Ekstase, nicht besonnene Pflichterfüllung oder kühles Erkennen, ist ihr Lebenselixier. Nicht umsonst wollte sie der griechische Philosoph Platon in seinem Entwurf eines Idealstaates schlicht komplett kontrollieren und im Zweifelsfall verbieten – eben um sie durch moralisch lupenreine und vernünftige Erzählungen zu ersetzen.

Die philosophische Theologie ist dagegen kühl, nicht heiß. Sie ist präzise, weder vage noch chaotisch. Sie sucht erste, letzte und vereinheitlichende Prinzipien, setzt auf Ordnung, auf Kohärenz und vernünftige Durchdringung. Sie baut auf den Dialog, die Vernunft und das gute Argument. Gefühle scheut sie wie der Teufel das Weihwasser. Der Gräzist Walter Burkert nennt sie darum »Philosophische Religion«.

Nach dem Untergang des Römischen Reiches wollte die christliche Kirche alle drei Religionsgestalten aufnehmen und ineinander integrieren – mit zwiespältigen Folgen. Bis in die Gegenwart hinein folgenreich ist allerdings eine Entscheidung, die von der gesamten frühen Kirche übernommen, aber schon von dem großen jüdischen Philosophen und Theologen Philo im damaligen kulturellen Hotspot Alexandrien (dem heutigen Kairo) gefällt wurde. Philos Frage war: Woran soll die jüdische Theologie in der Begegnung mit Griechenland und Rom anschließen? In welcher Form der Theologie soll sich jüdischer Glaube in der griechischen und römischen Welt ausdrücken? Soll die jüdische – und dann wenig später auch die christliche – Theologie mit dem Werkzeugkasten der heißen, gefühlsbetonten und chaotischen mythischen Religion oder mit dem Werkzeugkasten der kühlen, gedanklich klaren und Kohärenz suchenden philosophischen Religion arbeiten?

Wie die Schweizer so treffend formulieren können, »gleiste« Philo von Alexandrien die jüdische Theologie auf die Schienen der philosophischen Theologie auf. Auf diesen Schienen rollt der Zug der westlichen Theologie bis heute. Auf diesen Schienen fahren die aufgeklärt liberalen Kirchen des Protestantismus.

Im Kern war die Entscheidung Philos theologisch begründet. Er sah nur in der philosophischen Religion mit dem Gedanken der Unwandelbarkeit Gottes die Möglichkeit, die Treue Gottes zu entfalten. Seine Entscheidung ist auch christlicherseits nachvollziehbar, ist aber dennoch in mustergültiger Weise eine problemschaffende Lösung. Eine Lösung mit extrem hohen Folgekosten.

Die Gottesfrage wurde im Abendland zum philosophisch-intellektuellen Abenteuer. Die akademische Ausbildung von Theologen folgt bis heute weithin dieser Entscheidung Philos. Die Philosophie ist wichtiger als die Literaturwissenschaft oder die Medienwissenschaft. In den Bibelwissenschaften wird dies natürlich anders gesehen – aber zu wenig für die Analyse der gegenwärtigen Umwelten der Kirche fruchtbar gemacht. Warum ist diese vor rund 2.000 Jahren in Kairo getroffene Entscheidung für die heutigen Debatten um die Krisen der protestantischen Kirchen des Westens wichtig? Ist die Verbindung nicht doch »weit hergeholt«?

Ich möchte die These vertreten, dass diese Weichenstellung bei aller relativen Berechtigung eine enorm problemschaffende Lösung war und ist. Der Anschluss an die »philonische Entscheidung« begünstigte das Entstehen von zwei Problemen, die beide im Zentrum der Krise der westlichen Kirchen stehen:

1. Die Theologie hat nicht die richtigen optischen Instrumentarien, um die Umgebung der Kirche angemessen zu beobachten. Eine am Typus der philosophischen Theologie ausgerichtete Theologie (und Kirche) übersieht die mächtigen Praktiken und Kräfte der mythischen Religion in der gegenwärtigen Gesellschaft. Die Theologie ist in der Gefahr, systematisch zu übersehen, was Menschen bewegt und welche Kräfte durch sie leben.

2. Im Rahmen des Typus der philosophischen Theologie geriet in der christlichen Theologie und in den Kirchen die dramatische Lebendigkeit Gottes aus dem Blick. Gerät allerdings Gottes dramatische Lebendigkeit aus dem Blick, so gewinnt im Verbund mit einer inhaltlichen Entleerung eine Moralisierung des Protestantismus enor-

me Schubkraft. Ein letzter Grund und ein erstes Prinzip haben aber wenig, ja wohl gar nichts mit dem Gott Abrahams, mit dem Geist Gottes oder dem erwarteten Messias zu tun. Philosophen singen nicht.

Als Resultat sind die Kirchen weder in der Lage, die Krisen in und mit ihrer Umgebung angemessen zu erfassen, noch in der Lage, die eigene theologische Krise wahrzunehmen.

3. KIRCHE INMITTEN DER MYTHISCHEN ERZÄHLMASCHINERIE

Eine Orientierung am Typus der philosophischen Theologie übersieht die Macht der Erzählung. Der Blick auf die Rationalität der philosophischen Theologie unterstellt den Menschen zu viel an Rationalität.

3.1 Letzte Gründe für den Geschichtenerzähler?

Was Menschen in den verschiedenen Bereichen ihres Lebens für wirklich, für möglich und für unmöglich halten, dies ist im Wesentlichen durch Erzählungen geprägt. Sogenannte letzte Gründe gründen sich nicht auf einleuchtende Gewissheiten. Sie wurzeln vielmehr in Erzählungen. Wer immer weiter nach Begründungen fragt, findet weder ein Fundament der Gewissheit noch letzte Gründe. Wer so fragt, endet irgendwann in einer Geschichte als Story.

Die am Typus der philosophischen Theologie orientierten akademischen Lehrer, Pfarrer und Kirchenleitungen übersehen zwei Aspekte, die die mythische Theologie zutiefst prägen: die Dramatik der Erzählung und die Kommunikation von Gefühlen. Brechen diese beiden Elemente in der religiösen Praxis auf, so rufen sie nachhaltige Irritationen hervor. Fehlen sie in der Theologie, so geschieht zweierlei – das Weltabenteuer Gottes wird in seiner Dramatik und Dynamik nicht angemessen erfasst und die kühle emotionale Bewegungslosigkeit des Glaubens lässt nach Alternativen suchen. Säkularisierung heißt auch: Dramatischere und gefühlsgesättigtere Alternativen bewegen die Menschen mehr.

In einer Mediengesellschaft zu leben, heißt für die Kirchen zunächst, in einer Erzählmaschinerie zu überleben. Das Denken und Erleben von Milliarden von Menschen wird wie nie zuvor in der Menschheitsgeschichte durch audiovisuell erzählte Geschichten geprägt – von den Abendnachrichten bis zu Fantasyfilmen, von Krimis bis Talkshows. Der Mensch war schon immer ein *homo narrans*, ein Geschichtenerzähler. Geschichten inspirieren und formen die Aspirationen von Menschen. Weil dem so ist, war das Erzählen von Geschichten schon immer eine Praxis der Machtausübung: der Macht der Deutung und Bestimmung von Wirklichkeit. Allerdings gab es noch nie zuvor in der Menschheitsgeschichte eine so vielstimmige wie multimediale, so tief beeindruckende wie machtvoll verohnmächtigende Erzählmaschinerie wie die Unterhaltungsindustrie und die Presse. Es wird nicht eine Geschichte, sondern es werden vielfältige Geschichten erzählt und dramatisch aufgeführt.

Wie jedermann beobachten kann, hat auch die Entwicklung des Internets die Erzählmaschinerien des Kinos und des Fernsehens nicht abgelöst, sondern machtvoll erweitert und umgebaut. Auch die fernsehabstinenten Jugendlichen genießen die Erzählmaschine Netflix. Und deren Algorithmen sind so entwickelt, dass die Konsumierenden unbewusst weiter in die Erzählmaschinen hineingesogen werden. Damit wird nicht nur eine hohe Kundenbindung erzielt, sondern auch eine weitere Vertiefung der Wünsche, welche Erzählungen man gerne hört bzw. sieht. Die Sehnsüchte der Zeit, aktuelle und daueraktuelle, werden so in die Erzählungen der Maschine aufgenommen.

3.2 Wer erfasst die Zeit und ihre elementaren Kräfte?

Die Vorstellung, Philosophie sei »ihre Zeit in Gedanken gefasst« (Georg Friedrich Hegel), mag für die Vergangenheit zutreffend gewesen sein. In der multimedialen Erzählmaschinerie der gegenwärtigen Mediengesellschaften ist diese Vorstellung mit mehr als einem Fragezeichen zu versehen. Sie gilt nur in engen Grenzen. In der schwebenden Leichtigkeit des »als ob«, des »dort« und »kurzzeitig« Realen tauchen Menschen in Erzählwelten ein. Diese Welten sind dichtbevölkert von Wesen, bei denen die religiösen Aufklärer laut reklamieren: »Kann man nicht mehr glauben!« Aber was heißt hier glauben? Auch im niederschwelligen Realitätsmodus des »Als ob« des Fiktiven stellen Menschen dar und eignen sich Menschen an, was sie für »wirklich wirklich« halten.

Die medialen Erzählungen geben Mächten und Kräften einen Ausdruck. Wir beschreiben, formen, zähmen und entfesseln in Erzählungen die Mächte und Kräfte, denen wir erlauben, durch uns zu leben. Darum lebt in den Geschichten der Gewalt und ihrer Überwindung, in den Geschichten von Schuld und Rache, von der Suche nach Glück und der Erfahrung von Tragik die mythische Religion. Fern der im Gespräch entfalteten und in Schrift gefassten Vernunft lebt hier in der Kommunikation von Emotionen und im Medium bewegter Bilder die Religion der Dichter. Es ist diese Religion, für die der Philosoph Platon und viele christliche Theologen bis in die Gegenwart hinein nur Verachtung übrighatten. Der vielstimmige Chor der mythischen Religion ist äußerst polyphon. Moderne Gesellschaften sind in gesteigertem Maße Schlachtfelder im Kampf der Erzählungen. Wahrheit entscheidet sich meist daran, ob etwas Resonanz findet.

Siege im Kampf der Erzählungen sind nicht blutig, sondern resultieren im Schweigen derer, die nicht mehr erzählen können, weil sie nicht mehr gehört werden. Die moderne Gesellschaft vergisst und entledigt sich bestimmter Geschichten, indem sie aus dem Erzählhaushalt der Gesellschaft verschwinden oder zum Verschwinden gebracht werden. Auf einem Markt begrenzter Aufmerksamkeit und Zeit ersetzt Verdrängung Zensur. Was nicht kommuniziert wird, ist nicht mehr real. Säkularisierung ist auch der Problemtitel für die Niederlage der Kirchen im Kampf der Erzählungen.

Mit diesen Skizzen zu den multimedialen Erzählungen mythischer Religion soll nicht irgendeine Populärreligion auf den Sockel gehoben werden. Es ist wenig gewonnen, wenn sich Theologen der mythischen Erzählmaschine an den Hals werfen. Es soll auch nicht die so abenteuerliche wie triviale These vertreten werden, es gehe halt überall um »Sinn«. Es geht auch nicht um die denkerische Banalität, hier werde überall irgendeine »Transzendenz« erfahrbar. Auch der laute Ruf nach einer narrativen Theologie würde zu kurz greifen. Sicher ist nur: Dort finden sich mehr die aktuellen Herausforderungen für die Theologie als in den neuesten Publikationen von Jürgen Habermas, Alain Badiou oder Judith Butler. Eine ausschließlich dem Typus philosophischer Theologie folgende christliche Theologie findet in ihrer Zeit nur philosophische Herausforderungen. Sie ist weitestgehend blind für die Kräfte und Mächte, die in der Erzählmaschinerie dargestellt und sich angeeignet werden. Die aufgeklärte Theologie tappt damit in die Falle der Selbstüberschätzung der Philosophie und wird am Ende auch deren weitgehende Verachtung für das verrückte, unvernünftige, unmoralische und irgendwie irre Geschehen der mythischen Erzählmaschine teilen. Aber genau dort wird verhandelt: Wem ist zu vertrauen? Was sind die elementarsten Bilder für das Leben? Kampf? Solidarität? Liebe oder die Kombination aus Gruppe und Kampf? Wer setzt sich durch? Die Opfer oder die Täter, oder die Täter, die sich zum Opfer erklären? Siegt das Gute oder das Böse? Gibt es Gerechtigkeit? Und wenn ja, für wen, wo und wann? Gibt es Gutes, das nicht auch böse ist? Was ist in diesem Leben »wirklich wirklich«? Kann man dem Leben trauen? Wird es am Ende gut ausgehen oder lebt es sich unter dem Schatten der Tragik entspannter?

3.3 Drei Kräfte und Mächte

Wie kann nun die Kirche die Herausforderungen wahrnehmen, die ihr aus dieser mythischen Erzählmaschine entgegenkommen? Um ein Bild aus der Fotografie zu verwenden: Die Theologie kann hier mit unterschiedlicher Tiefenschärfe beobachten. Und: Sie kann mit einem Teleobjektiv oder mit einem Weitwinkelobjektiv beobachten. Sie kann auch ein Makroobjektiv verwenden. Sie kann sehr weit in die Details eines besonderen Filmes oder einer Serie wie »Game of Thrones« hineinzoomen und dann z. B. nach den Mustern von Kampf und Versöhnung fragen, oder filmische Verarbeitungen historischer Ereignisse wie der Französischen Revolution oder des Nationalsozialismus untersuchen. Sie kann aber auch mit einem Weitwinkelobjektiv arbeiten und nach den Erzähltechniken nach dem »Ende des Fernsehens« fragen, um das Weltbild der Medien zu erkunden zu suchen.

An dieser Stelle möchte ich mit einer mittleren Tiefenschärfe arbeiten und die These aufstellen, dass sich in den Erzählumgebungen der Kirche drei Grundkonstellationen, drei kulturelle Kräfte ausdrücken: ein Vitalismus, ein Neostoizismus, der zum Tragischen neigen kann, und verzweifelte Hoffnung. Wichtig sind bei der knappen, mit dicken Pinselstrichen vorgenommenen Skizze fünf Aspekte: a) Sie stellen alle drei mächtige Kräfte in der multimedialen Erzählmaschinerie dar und sind hierin eine Herausforderung für die Kirche in der Gegenwart. b) Sie haben alle ein gewisses Wahrheitsmoment. c) Sie sind in all ihrer Ambivalenz auch in der Kirche präsent. d) Sie sind mit der Kommunikation von Glaube, Liebe und Hoffnung zu konfrontieren. e) Am Ende des Tages sind diese Mächte und Kräfte nicht nur in den Erzählungen präsent, sondern in Praktiken, in Haltungen und in Entscheidungen des alltäglichen Lebens.

4. VITALISMUS

Um den Vitalismus zu verstehen, muss man nicht Friedrich Nietzsche lesen oder die Filme von Leni Riefenstahl schauen. Die Feier des starken und schönen Lebens durchzieht den Sport, die Werbung und die gesamte Wellnessindustrie. In der Anti-Aging-Bewegung zeigt er eines seiner Gesichter.

4.1 Feier des olympischen Lebens

Vitalismus heißt: olympisches Leben. Der Vitalismus feiert die Durchsetzung des starken Lebens. Auch die Coronakrise machte deutlich: Die Natur ist kein Höflichkeitswettbewerb, sondern Kampf. Selbstdurchsetzung, Selbstbehauptung, Selbstständigkeit, Fitness und Wettbewerb kennzeichnen die Dynamik des Lebens. Die Selbstlosigkeit in der einen Gruppe dient dem Kampf gegen die andere Gruppe. Im Kampf der Interessen in Politik, in Krankenhäusern, in Universitäten, im Beruf jedes Einzelnen, auch in der Kirche und auch zwischen den Teilbereichen der Gesellschaft ist der Vitalismus gegenwärtig. Im Grundsatz der Unternehmensberatung »Stärken stärken, Schwächen schwächen« findet er einen prägnanten Ausdruck. Die grundlegende Metapher des Lebens ist für den Vitalismus der Kampf. Die Verbesserung des Lebens als Durchsetzungsprozess ist sein Programm. Weil das Leben ein Kampf ist, gibt es auch Feinde. Der Vitalismus überwindet die Gegenmacht durch Macht und, wenn es nötig ist, Gewalt durch Gewalt. Der Vitalismus schreibt sich an einem wichtigen Punkt selbst Ehrlichkeit zu: Die Moral ist in Wahrheit eine Waffe im Kampf der Durchsetzung von Interessen. Die Rede von Werten und Moral verbirgt nur Interessen. Eros und Thanatos, die Liebe und der Tod, sind nicht die einzigen, aber zwei mächtige Felder, aus denen der Vitalismus seine Kraft zieht.

4.2 Liebe, Tod und Wirtschaft

In vielen Weltgegenden ist bis heute die Familie der Ort, an dem sich vitales Leben in der Lebensweitergabe an künftige Generationen entfaltet. In den »Kindern und Kindeskindern« setzt sich das Leben gegen den Tod durch. So kann die Sexualität die Feier des sich entfaltenden Lebens sein. Eine Theologie und kirchliche Praxis, die die Schwellen und Abbruchkanten des Lebens puffert, kann in diesen Vitalismus integriert werden. Auch eine ökologische Ethik oder eine Beschwörung der Integrität des Lebens kann in diesen Rahmen eingepasst werden.

Ein großes Feld des Vitalismus ist die Wirtschaft. Die Idee und die Praxis eines entfesselten Kapitalismus hat eine schlichte Einsicht zur Grundlage: Regeln sind Fesseln. Ebenso Praktiken der Rücksichtnahme und der Solidarität. Nur eine ungehemmte Entfaltung der Kräfte und eine offene Durchsetzung der Interessen führen zur Entwicklung einer leistungsfähigen Wirtschaft und so zum Wohl der Menschen. Der Starke darf sich durchsetzen. Der Schwache darf zugrunde gehen. Genau dies wird vom Vitalismus als Lebensgesetz beschworen.

Vitalisten feiern radikale Diesseitigkeit und sind auf ihre Weise »der Erde treu«. Nicht zu vergessen: Vitalisten sind auch noch im Sterben Helden, die selbstbestimmt und frei sein wollen, im Vollbesitz ihrer geistigen Kräfte. Sie wollen ihr Leben in den Händen halten – auch noch im Tod als Handlung. Echte Männer fahren keinen Rollator, echte Frauen verlieren nicht die Kontrolle über ihren sozialen Nahbereich.

Selbstverständlich kann der Vitalismus auch in verfeinerten und »verpuppten« Formen auftreten. Die effektive Macht und Kraft der Selbstdurchsetzung kann sich hinter einer Selbststilisierung als einfaches oder gar multiples Opfer verbergen. Die Macht der Durchsetzung kann sich in einen vermeintlich fürsorgenden Paternalismus oder Maternalismus kleiden. Der Vitalismus kann sich unschuldig hinter Selbstverständlichkeiten und dem Common Sense verstecken: »Das ist doch so! Das machen wir immer so!« Der Vitalismus kann sich des Rechts bedienen, denn Rechte sind nichts anderes als legitime Interessen.

Als religiös-mythische Formation findet sich der Vitalismus mustergültig in den Gestalten der nordischen Religion. Über Filme, Kartenspiele, Festivals und andere Kommunikationsformen »sickert« die nordische Religion der Stärke, Ehre, der Fruchtbarkeit und des Stolzes, die der holländische Theologe Heiko Miskotte in den dreißiger Jahren des letzten Jahrhunderts in seinem Buch »Edda und Thora« so eindrücklich beschrieben hat, zunehmend in die Popularkultur der Gegenwart ein. Auch der Vitalismus kann sagen: Das Leben siegt! Aber welches? Und wie? Wann? Und wessen Leben?

5. NEOSTOIZISMUS

In der Bundesrepublik sind Bahnhofsbuchhandlungen prägnante Orte des Neostoizismus, speziell die Sektionen zu Coaching, Selbsthilfe und Lebensberatung. Das schließt Universitätsbuchhandlungen nicht aus. In der Buchhandlung der Harvard University fand ich auf 30 Regalmetern ungefähr 1.300 Titel Beratungsliteratur. Diese Anzahl zeigt nicht nur einen Markt, sondern eine kulturelle Macht und Kraft.

5.1 Pflege des Nahbereichs

Was ich Neostoizismus nennen möchte, findet sich in dem Bemühen, in einer mehr oder weniger chaotischen Welt wenigsten den Nahbereich einigermaßen unter Kontrolle zu bringen. Im Nahbereich kann es Ordnung, Ruhe, Selbstdisziplin und eine beherrschte Welt geben. In dem sozialen Nahbereich und seinen analogen oder digitalen Netzwerken leben geordnete Vertrauensbeziehungen. Hier kann es Gemütlichkeit in einer ungemütlichen Welt geben. Dieser Nahbereich ist gestaltbar, einrichtbar und im pointierten Sinne domestizierbar. Anders als im klassischen Stoizismus ist die »Welt da draußen« nicht mehr durch einen Logos geordnet, sondern eben chaotisch.

5.2 Verantwortung und Ordnung

Dieser Nahbereich ist der Ort vernünftiger Klugheitskalküle. Die Aufmerksamkeit entkoppelt sich und sucht Distanz, wird auf die Sorge um das eigene Leben gelenkt. Darum kann sich der Neostoizismus als Bewährungsraum für Selbstverantwortung anbieten. Wichtig ist nur die Grenzziehung: Der Kälte draußen muss die gemütliche Wärme innen entsprechen. Innen ist der Raum, um sich selbst zu finden. Die moralischen Konflikte und die Gerechtigkeitssuche draußen werden durch die Frage nach dem Schönen gegenüber dem Hässlichen ersetzt. Der Mikrokosmos spiegelt dann eine Ordnung, die dem weiteren Kosmos abgeht. Achtsamkeit auf das eigene Leben und die nahen Umgebungen ist dann gefragt. Dieses Feiern der Kleinräumigkeit kann selbstverständlich mit Instagram, Twitter, Facebook und anderen Social Media medial und imaginär erweitert werden, aber es bleibt das Feiern des eigenen, bewältigbaren Lebens.

5.3 Keep calm and go on

Anders als bei den klassischen Stoikern ist nicht die Emotionslosigkeit das Ziel, sondern die kontrollierte Ekstase. Nicht zu viel Empörung und nicht zu viel Tumult! Und: eine gute Work-Life-Balance! Sich in der Ruhe finden (Anselm Grün). Achtsamkeit üben!

Es muss nicht die IKEA-Gemütlichkeit sein. Für Technikbegeisterte gibt es die kleine Gegenwelt, in der die großen Technologiegiganten machen mögen, was sie wollen – solange der überschaubare Bereich der kleinen Gadgets und die smart-home-gesteuerte Heizung genug Wärme verbreiten.

Dieser kontrollierte Raum ist der Raum, in dem in Partnerschaften Liebe praktiziert und erfahren werden kann – so die mächtige Idee und bruchstückhafte Erfahrung. Es ist der Raum der Freundschaften, der Solidarität und des geteilten Lebens. Mit Weisheits- und Beratungsliteratur auf dem Regal, Klugheitskalkülen im Kopf und warmem Gemüt wird der Nahbereich zu einem Ort guten Lebens. Zu allen Zeiten des Christentums war der Stoizismus eine mächtige Alternative zum Christentum. Nicht wenige Theologien haben versucht, den Grundsatz einzuholen: »Keep calm and go on!« Die Grenze zwischen dem Glauben an eine göttliche Vorsehung für die eigene Kleinraumbewirtschaftung und dem Stoizismus war immer sehr porös.

5.4 Die Tragödie draußen

Für die Welt jenseits der Familie, der Freunde und des Nahbereichs wird der Neostoizismus vielfach auch mit einer tragischen Weltsicht kombiniert. Hier neigt der Neostoizismus zum Fatalismus. Zu tief ist dann die Kluft zwischen der medial wahrgenommenen Not und den realen Handlungsmöglichkeiten. Der Dramatisierung der Bilder entspricht dann eine routinierte Distanzierung von ihnen – weil eben die weitere Welt doch eher einer Tragödie entspricht. Für diese tragische Weltsicht ist auch durch alle Sozialtechnologie kein echter moralischer Fortschritt zu erreichen. Die Konfliktlinien zwischen den Kräften bleiben immer die gleichen. Der Tragiker sieht deutlich: Alle Katastrophen des 20. Jahrhunderts waren dem Anspruch nach Weltverbesserungsprojekte, die in Wahrheit von Anfang an zum Gegenteil führten. Die Welt ist stets gefährdet, nicht nur durch die Bösen, sondern auch durch die, die sich in der jeweiligen Situation für die Guten halten. Dem nie endenden Schmerz und dem Terror dieser Welt kann daher nur durch den Aufbau einer kleinen Gegenwelt entkommen werden. Für den Tragiker gibt es nichts zu retten. Der Pessimismus der Tragik ist dann die andere Seite des kleinen Glücks. Konsequent zu Ende gedacht, mündet diese Haltung in ein »Lob des Fatalismus« (so der programmatische Titel des Buches des Theologen und Journalisten Matthias Drobinski).

6. VERZWEIFELTE HOFFNUNG

6.1 Jenseits der Utopien

Zu hoffen, gehört zum Menschsein. Auch dann, wenn zu hoffen eine Bestimmung der Existenz des Menschen ist, ist offen, ob die Hoffnung eine großräumig kulturell prägende Kraft ist. Trotz der Gefahren durch das atomare Wettrüsten und der damit verbundenen apokalyptischen Szenarien war die Nachkriegszeit und waren dann die

Jahre »nach 68« von einer breiten gesellschaftlichen Hoffnung auf eine wirtschaftliche, soziale, kulturelle und nicht zuletzt eine humanitäre Entwicklung geprägt.

Die Utopien dieser Jahre verglimmen. Spätestens nach 9/11 liegt über allen Aufbrüchen ein Schatten. Die ökologische Krise lässt zunehmend von Utopien auf das Gegenteil umstellen. Hoffnungen richten sich nicht mehr auf Utopien, sondern auf das Verhindern von Dystopien, von Katastrophen. Die Hoffnungen auf eine handlungsfähige Weltgemeinschaft, eingeschrieben in die UNO und in internationale Vertragswerke, zerschellt immer wieder an den Klippen der Selbstdurchsetzung einzelner Weltmächte, an Interessenskonflikten und Korruption. Entwicklungsutopien, mächtig in den Jahrzehnten nach dem Ende des Kolonialismus, sind der Suche nach dem irgendwie Durchkommen gewichen. Flüchtlingsströme zeigen nicht zuletzt ein Sterben der Entwicklungshoffnung in den Heimatländern an.

6.2 Detektive und Kartographen der Not und des Unrechts

Verzweifelte Hoffnung sieht die Opfer, die das Räderwerk der »freien Wirtschaft« und eines entfesselten Kapitalismus erzeugt. Verzweifelte Hoffnung zielt auf Rettung, sieht sich selbst als menschliche Gestalt einer rettenden Gerechtigkeit. Mit ihrem sensiblen Instrumentarium diagnostiziert sie Ungerechtigkeit und Gewalt – in der Gegenwart wie in der Vergangenheit. Verzweifelt hoffende Menschen sind keine politischen Flaneure. Sie sorgen sich um etwas und jemanden. Sie sorgen sich nicht nur um sich und ihre Nahbereichswelt. Sie leben, sie denken und fühlen die Sehnsucht nach Erlösung. Sie sorgen sich um mehr als die kleine Gegenwelt der Neostoiker. Sie sind genaue und entdeckungsbereite Kartographen menschlicher Not und sozialer Ungerechtigkeit.

6.3 Zeitnot

Verzweifelte Hoffnung ist Hoffnung, die »im Grunde ihres Herzens« weiß, dass sie vergeblich ist. Sie fühlt sich von Idioten, von Zynikern, kurz, von zu bekämpfenden Feinden umzingelt und ist darin enttäuschte Hoffnung. Verzweifelte Hoffnung ist selbst ein Phänomen der Beschleunigung in spätmodernen Gesellschaften. Wenn zur Erreichung der Hoffnungsziele oder zur Abwendung der unheilvollen Dystopie die Zeit nicht mehr reicht, weil eben z. B. die Verfahren der Demokratie zu langsam sind, dann verzweifelt die Hoffnung angesichts der zerrinnenden Zeit. Der einzige Ausweg ist dann, die eigene Anstrengung zu beschleunigen, zu intensivieren. Darum die Atemlosigkeit der verzweifelten Hoffnung. Das Schwanken zwischen Machtphantasien und Ohnmachtsgefühlen ist ihre Signatur.

In den extremen Formen dieser Hoffnung ist das Vertrauen in die Macht des guten Arguments aufgegeben. Überzeugungsarbeit hat dann etwas mit dem mobilisierten, dem verwundeten und dem empörten Körper zu tun. Und: Verzweifelt Hoffende werden zu Zeugen. Sie werden zu Bekennern, die die Langsamkeit des Gesprächs verachten. Deshalb haben sie auch die gemütliche Welt des politischen Philosophen Jürgen Habermas längst hinter sich gelassen. Diese Hoffnung zielt darum letztlich auf eine Welt jenseits der repräsentativen Demokratie. Wenn dieser Zug das Ziel nicht erreicht, dann muss der Bahnsteig gewechselt werden.

Verzweifelt Hoffende leben in äußerst versuchlichen Umgebungen: Bitterkeit, Paranoia, Hass auf das Schöne und die Nischen der Neostoizisten, Vernichtungsphantasien, große, aber leere Empörungsgesten legen sich immer nahe. Verzweifelt Hoffende flirten mit der uralten Vorstellung, bevor das wahrhaft Neue, Gute und Gerechte verwirklicht werden könne, müsse das Alte vernichtet werden. Es ist die so alte wie vergebliche Hoffnung, dass aus dem Nullpunkt, dem Ausnahmezustand, das wunderbar Neue aufsprießt.

Verzweifelt Hoffende sind moralische Künstler, die die Welt ohne Grautöne porträtieren. Da gibt es Freunde und viele Feinde. Unter Letzteren finden sich auch ihre Kritiker und Verräter. Verzweifelte Hoffnung lebt nach dem jesuanischen Motto: »Wer nicht mit mir ist, der ist gegen mich« (Lukas 11,23). Diese Hoffnung stellt sich selbst eine Lizenz zum Hass aus. Hassen für die Liebe, für die Gerechtigkeit und die Rettung, das ist das innere Paradox verzweifelter Hoffnung. Dieser Widerspruch lässt sie eine Beziehung der Hassliebe zu den Vitalisten entwickeln. Dann eröffnen sich auch Grauzonen, in denen sich egoistische Vitalisten hinter der Maske der Moral und Weltrettung verbergen können.

6.4 Herausforderungen, Versuchungen und Wahrheitsmomente

Alle diese Mächte und Kräfte prägen die Gegenwart. In steter Wiederholung vergegenwärtigt sie die mythische Erzählmaschinerie. Sie bilden nicht nur den schweigenden Hintergrund für die Theologie und das Sprechen und Reden der Kirche. Sie fordern den Widerspruch heraus. Den Widerspruch im Denken und Handeln. Theologie und Kirche bewegen sich mitten im Tumult, ob sie das sehen oder nicht. Sie werden durch den Vitalismus bedrängt. Sie werden vom Neostoizismus provoziert. Die verzweifelte Hoffnung geht sie an. Alle drei fordern Gegengeschichten heraus, als Ereignisse und Storys.

Diese Mächte und Kräfte sind aber nicht nur Herausforderung aufgrund ihrer Gegnerschaft. Sie stellen Verführungen dar, speziell in ihren moderaten Formen. Sie wollen angeeignet werden und sich in der Kirche entfalten. Sie bieten sich als Belebung an. Sie wollen rezipiert und anverwandelt werden. Sie wollen verchristlicht werden. Eine Theologie des Segens und der Schöpfungsbewahrung – sind da nicht Fragmente des Vitalismus gegenwärtig? Hoffen wider alle Hoffnung, im Widerstand leben – entspricht dies nicht der verzweifelten Hoffnung? Das Glück der Freundschaft in Dankbarkeit leben – will dies nicht auch der Neostoiker? Sollte sich die Kirche nicht zumindest mit ihnen verbünden? Könnten nicht interessante Win-win-Konstellationen geschaffen werden? So lauten die Sirenengesänge. Wer selbst schwächelt, sollte Partnerschaften eingehen, oder?

Diese drei Mächte und Kräfte sind nicht nur stark, weil sie medial und politisch gut organisiert sind. Sie sind es auch, weil sie alle ein Wahrheitsmoment verkörpern. Geschöpfliches Leben möchte sich entfalten. Ordnung, Genuss und Entspannung treten meist gemeinsam auf. Kann eine bessere Welt ohne die Hartnäckigkeit und eine gewisse Unerbittlichkeit gebaut werden? Wohl kaum.

Daher sind Vitalismus, Neostoizismus und verzweifelte Hoffnung zugleich provozierende Gegner, verführende Verbündete und vermeintliche Geschwister. Dies macht die theologische Beschäftigung mit ihnen so notwendig, so lohnend und so spannend. Um die Gegnerschaft zu bestehen, um in den Verführungen zu Bündnissen nicht den Kopf zu verlieren, und nicht zuletzt, um ehrlich und kritisch die Wahrheitsmomente zu verarbeiten, sind vier Dinge notwendig:

a) Die Kirche muss sich im Weltabenteuer entdecken,
b) die Lebendigkeit Gottes verstehen lernen,
c) selbstkritisch problemschaffende theologische Weichenstellungen in den Blick nehmen und
d) die Einheit von Glaube, Liebe und Hoffnung erkunden.

III DIE ENTDECKUNG DES WELTABENTEUERS GOTTES

Die evangelischen Kirchen sind mit den genannten drei Mächten und Kräften konfrontiert. Sie sind ihnen aber nicht ausgeliefert. Auch dann nicht, wenn sie hier und da ein Wahrheitsmoment erkennen können. Dies hat seinen Grund darin, dass sich die Kirche immer wieder als im Weltabenteuer Gottes stehend begreifen kann.

1. GLAUBE ALS ENTDECKUNG, KIRCHE ALS ERZÄHLGEMEINSCHAFT IM ABENTEUER GOTTES

1.1 Mehr als ein Abenteuer im Kopf

Christlicher Glaube ist eine Entdeckung. Glaube ist eine überraschend zugeeignete und eröffnete Entdeckung, eine Wahrnehmung eines Geschehens, in das sich der Glaubende einbezogen findet. Glaube ist die Entdeckung, in Gottes Weltabenteuer vorzukommen. Abstrakt formuliert: Glaube ist ein Lokalisierungsgeschehen, ein sehr spezifisches. Es ist ein »sich finden in«, keine Selbstlokalisierung. Wer glaubt, findet sich an einem bestimmten Ort. Wer glaubt, findet sich in einem Drama. Im dramatischen Weltabenteuer Gottes.

Der Glaube findet sich in der erzählten Geschichte (Story) und der sich ereignenden Ereignisgeschichte (History).

Die Spannung und der Zusammenhang zwischen Story und History, erzählter Erschließung und Ereignis, ist eine der Grundspannungen der christlichen Existenz. Glaube ist nicht einfach ein Abenteuer im Kopf. Die Story des Weltabenteuers Gottes ist ja nicht einfach eine Erzählung, die deshalb wahr ist, weil sie eine immer gleiche Wahrheit über den Menschen, das Leben, die Welt oder den Kosmos erzählt. Dann wäre sie im besten Fall ein Mythos, der die Existenz, das Leben oder die Welt deutet. Die Pointe der Erzählung vom Weltabenteuer Gottes ist, dass sich dieses in und mit dieser Welt ereignet, und zwar nicht nur in den Köpfen der Menschen, sondern – so der Anspruch der Erzählung – auf allen Ebenen der Wirklichkeit.

Der Glaube findet sich in eine Geschichte einbezogen, die in aller relativen und riskanten Offenheit nicht nur vom Menschen, nicht nur von der kosmischen Evolution, sondern von Gott vorangetrieben wird. Christen stehen mitten in einem Drama. Es ist die dynamische Interaktionsgeschichte Gottes mit seiner Welt. In ihr setzt sich Gott den Menschen aus, wird von ihnen verletzt und wird getroffen von ihren Antworten und Entgegnungen. Jeder Christ und jede Kirche, die hier weniger Drama möchte, sollte den alten oder den neuen Stoizismus als Option vorziehen. Nicht umsonst hat Paul Tillich, der große Kulturtheologe des 20. Jahrhunderts, festgehalten: Der Stoizismus war die mächtigste Alternative zum Christentum.

Das Weltabenteuer Gottes ist – eben als Abenteuer – ein Drama, in dem Gott doch in die Geschichte verwickelt ist. In diesem Abenteuer gibt Gott und empfängt Gott. In diesem Abenteuer lebt Gott mit. Darum ist die Geschichte ein sich entfaltendes Drama, in dem Gott lernt und reagiert, empfindet und wahrnimmt, interveniert und letztlich doch – auch angesichts der Widerstände und gegen Widerstände – seine Aspirationen zu verwirklichen sucht. Zugleich ist dieses Drama noch unabgeschlossen.

1.2 Erfahrungen und Wahrnehmungen Gottes

Glaube artikuliert sich nicht durch eine, sondern durch eine Mehrzahl von Wahrnehmungen Gottes (gen. obj.) in dessen Weltabenteuer. Die Wahrnehmungen von Gottes Verwicklungen geben wirkliche und starke Erfahrungen wieder. Sie sind keine Täuschungen und keine der Aufklärung wartenden Irrtümer. Sich selbst im Abenteuer Gottes zu entdecken und in ihm zu leben, führt zu einem ganzen Spektrum an Erfahrungen. Diese Erfahrungen drücken sich in verschiedenen Sprachformen aus.

Die Wahrnehmung von Gottes Verwicklungen in die Welt führt zu einem Spektrum der Erfahrungen und dann des Redens: Klage, Bitte, Dank und Lob. Diese Gebetsformen sind Vollzugsformen des Glaubens als Wahrnehmen, Erfahren und Sprechen. Glaube ist dramatisch, weil er ein Drama Gottes wahrnimmt. Klage, Bitte, Lob und Dank entsprechen unterschiedlichen Wahrnehmungen der Menschen von Gott in seinem Weltabenteuer. Klage, Bitte, Dank und Lob sind unterschiedliche Wahrnehmungen der Gegenwart und der Abwesenheit Gottes.

Klage, Bitte, Dank und Lob sind Weisen, in denen in der Kirche wie auch im Leben der Christen die Wahrnehmungen von Gottes Weltabenteuer und die Wahrnehmungen der Welt aufeinandertreffen. Glaube ist nicht nur ein Ereignis einer gelassenen Verortung im Weltabenteuer Gottes. Glaube ist auch ein Ereignis miteinander streitender Wahrnehmungen. Glaube hat darum überhaupt nichts mit letzter Gewissheit zu tun: »Ich glaube, hilf meinem Unglauben« (Markus 9,24). Weder Klage noch Lob, weder Bitte noch Dank sind gemütliche Wahrnehmungen eines letzten Grundes, einer unbezweifelbaren Evidenz. In das dramatische Weltabenteuer Gottes als Mensch verwickelt zu werden, ist das Ende von Gemütlichkeit.

1.3 Ein Erschließungsereignis

Jesus Christus ist ein Ereignis in der Ereignisgeschichte dieses Weltabenteuers – dazu steht Pontius Pilatus im Apostolischen Glaubensbekenntnis. Er ist aber zugleich Deutung, Ausdruck und Eröffnung der grundlegenden Absichten und der Weisen, wie Gott selbst in diesem Abenteuer die Welt erfährt. Hier erschließt sich unüberbietbar Gottes Leidenschaft als *compassion*. Hier zeigt sich die göttliche Fürsorge. Hier offenbart sich der Charakter des Regisseurs des Dramas. Hier stellt der Regisseur unter Beweis, dass er selbst in seiner Geschichte gegenwärtig ist und bleibt. Als trinitarisch im Erleben und Handeln differenzierter Gott ist Gott auf verschiedene Weise in diesem Weltabenteuer gebend und empfangend präsent und abwesend.

In dem Weltabenteuer Gottes rahmt und adressiert Gott – auf engagierte und zugleich abgründig geduldige Weise – die Risiken der von ihm nicht in das letzte Detail bestimmten Schöpfung. Gott testet die Freiheit, die er seiner Schöpfung lässt.

Menschen, Christen und Kirchen finden sich von Gott für sein Abenteuer in Anspruch genommen. Sie finden sich mit Gottes Vertrauen in sie konfrontiert und müssen sich zu Gottes Vertrauen verhalten. Christliches Leben ist das Einbezogensein in das Lernen Gottes.

In Gottes Weltabenteuer werden Menschen im Glauben partizipierend aktiv einbezogen. Sie werden in Anspruch genommen, aber nicht überfordert und nicht im Prozess geopfert. Gott verschwindet nicht im Handeln der Christen. Ihr Trost ist, dass Christus nicht nur »mit den Seinen«, d. h. mit der Kirche ist. Sie lassen sich zu Medien des Geistes Gottes machen. In Christus sind sie in Christi Hoffnung, Leiden, Scheitern und Retten einbezogen. Der Initiator und Motor dieser Geschichte bleibt der Schöpfer, Versöhner und Erlöser.

1.4 Israel

In diesem Weltabenteuer, der Story wie auch der History stehend, weiß sich die Kirche mit der Israelgeschichte eng verbunden. Die Kirche dankt Gott für die Erweiterung der Erfahrungs- und Erzählgemeinschaft über das alttestamentliche Bundesvolk hinaus. Ist dieser Dank echt, wird sie ihn auch in ihrem Verhalten zum heutigen Israel spiegeln. Als Christen begreifen wir uns in die Erzählgemeinschaft Israel mitaufgenommen – auch dann noch, wenn gegenwärtig lebende Juden dies nicht anerkennen können. Antijudaismus in allen seinen Schattierungen ist eine tiefe, ja brutale Verletzung von Gottes Gastfreundschaft.

Sich in dem Weltabenteuer zu finden, ist als Wahrnehmung zunächst ein Akt der Passivität und Empfindsamkeit. Die Kirche ist der Raum und der Gottesdienst der Ort, in dem der Konflikt zwischen Klage, Bitte, Dank und Lob vergegenwärtigt wird. Hier feiert die Gemeinde zugleich (kontrafaktisch mutig, aber nicht illusionär) die Wahrheit und »Realität« des Vertrauens in Gottes Geschichte. Der Gottesdienst ist der Ort, an dem Gottes Geschichte erzählt, vergegenwärtigt, gefeiert und als Gegenwelt realisiert wird. Hier feiert die Gemeinde, dass die Klage über die Abwesenheiten Gottes nicht ihr letztes Wort sein wird. Hier feiert die Gemeinde, dass Gott selbst den nur von ihm selbst ins Werk zu setzenden Abschluss des Dramas auch Ereignis werden lassen wird: die Erlösung und die Neuschöpfung der Welt. In der Zwischenzeit kann auch sie oft nur den Atem anhalten und klagen.

Aber nicht nur dies. Die Gemeinde wartet nicht als Zuschauerin des Weltgeschehens. Sie wartet als Partnerin des oft als abwesend erfahrenen Gottes. Als aktive Mitarbeiterin. Sie bummelt nicht als Flaneur durch die Unheilsgeschichten dieser Welt. Nein! Im Drama des Weltabenteuers bangend, kommuniziert sie in dieser Zwischenzeit höchst aktiv Glaube, Liebe und Hoffnung.

Als in Gottes Weltabenteuer Einbezogene wird die Kirche und werden die Christen an Gottes Handeln beteiligt, aber nicht mit der gesamten Weltverantwortung belastet. Gott hat die Welt geliebt und verantwortet sie auch in der Gegenwart und Zukunft. Glaube heißt darum auch zu entdecken, dass man keine grenzenlose Weltverantwortung trägt. Dies ist das Ende des Gesetzes und der Grund der Freude. Genau deshalb konnte Jesus mit unbekehrten Sündern speisen und feiern. Darum auch hier die Erinnerung, dass er im Urteil anderer zu den Fressern und Weinsäufern zu zählen war.

Selbstverständlich ist diese Freude nicht folgenlos. Wer sich im Weltabenteuer Gottes lebend erkennt, nimmt seine Umgebungen neu wahr. In der so ermöglichten Freiheit und Freude wird dann in konkreten Landschaften der Not und auf realen Schauplätzen der Gewalt Humanität erkämpft.

2. ENTDECKUNG VON GOTTES LEBENDIGKEIT

Die Kirche redet von Gott. Das überrascht niemanden. Das ist ja schließlich einer ihrer wichtigsten Begriffe. Hier und da versuchen sich die Theologen an Übersetzungen: Grund des Seins, heilvolle Transzendenz, der ganz Andere, das unbestimmte Absolute, das Woher schlechthinniger Abhängigkeit, das undurchdringliche Geheimnis. Die Liste ließe sich fortsetzen. In der liturgischen Sprache haben sich die Übersetzungen aber nie wirklich durchgesetzt. Glücklicherweise. Also bleibt Gott im begrifflichen Werkzeugkoffer der Kirche.

2.1 Gott als Akteur?

In den schon Jahrzehnte dauernden Debatten um die Reform der Kirche ist aber etwas Eigentümliches, ja etwas wirklich Ver-Rücktes offen zutage getreten. In all dem Planen, Hoffen und Gestalten, in dem Bangen und Erschrecken, in dem Verwalten, Bilanzieren und Rechnen kam Gott gar nicht mehr vor. Selbst bei engagierten Christenmenschen war Gott nicht auf dem Bildschirm. So brachten die Reformdebatten unübersehbar eine Auffassung ans Licht, die sich schon länger leise und scheinbar unwiderstehlich wie ein unterirdischer Schwelbrand in Kohlenflözen verbreitet hat: Was auch immer Gott ist, er ist kein lebendiger Akteur.

Dass Kritiker der Kirche und des christlichen Glaubens dies der Kirche schon seit mehreren Jahrhunderten vorhalten, sollte niemanden überraschen. Nur, dass viele derer, die auf irgendeine Art und Weise Verantwortung für die Kirche übernehmen, letztlich ihrer eigenen Sprache und der Eigenwirksamkeit ihres Produktes nicht mehr vertrauen, dies sollte zu denken geben. Die Frage, ob Gott ein eigenständiger, lebendiger Akteur ist, steht in vielen Räumen der Kirche wie ein großer Elefant mitten im Raum. Der große Elefant wird von allen gesehen, aber niemand möchte darüber reden.

In diese Situation möchte ich eingreifen. Dass nicht nur der akademischen Theologie in weiten Zügen, sondern auch der Kirche in ihren vielfältigen Erscheinungsformen die wirksame Annahme von Gottes Lebendigkeit abhandengekommen ist, ist ein Problem. Ja, »Houston, we have a problem!«: Gottes Lebendigkeit aus den Augen verloren zu haben – in Theologie und Kirche –, ist das grundlegendste Problem der Relevanzkrise und der Mitgliederkrise der Kirche. Die Menschen spüren, wenn die SPD nicht mehr mit Gerechtigkeit, die FDP nicht mehr mit Eigenverantwortung und die Kirche nicht mehr mit Gottes Lebendigkeit rechnet. Sie haben nach meiner Erfahrung ein sehr feines Gespür dafür, wenn Theologen mit Tarnkappen herumlaufen, die sie als Theologen so unsichtbar machen, dass man nur noch den Philosophen sieht. Sie beobachten aufmerksam, wenn sich Geistliche als Psychologen oder Sozialarbeiter verkleiden. Die Menschen nehmen sensibel wahr, wenn im Reden der Kirche Gott zur Sprachhülse wird. Sie erkennen, was läuft, wenn Pfarrer nur noch Kontingenzmanager sind. Sie sehen, wenn Pfarrer und kirchliche NGOs nur noch moralische Empörung befeuern. Den Verlust von Gottes Lebendigkeit kann kein schlaues Marketing, keine mutige Strukturreform, kein spirituelles Mutmachprogramm ausgleichen. Gottes Lebendigkeit in ihrer Tiefe, ihrer Vielfalt und ihrem Versprechen von Treue, ihrer Kreativität und abgründigen Geduld wahrzunehmen und anzuerkennen, ist ein Weg aus der Erschöpfungsdepression der Kirche. Die Einheit von Glaube, Liebe und Hoffnung zu leben, genau dies ist, so die im Folgenden entfaltete These, die die Kirche belebende Wahrnehmung und Anerkennung von Gottes Lebendigkeit.

2.2 Ein Münchhausentrick?

Ein Einwand ist naheliegend, ja offensichtlich: Wenn Gott ein lebendiger Gott ist, warum setzt er sich dann nicht gegen diese Form der geistlichen Gedanken- und Mutlosigkeit durch? Warum braucht es die Einsicht der Kirche in Gottes Lebendigkeit, damit sich Gott als Lebendiger ermutigend, bewegend, die Herzen und Köpfe der Menschen ergreifend durchsetzt? Und natürlich, man kann noch bohrender fragen: Wenn die belebende Erfahrung von Gottes Lebendigkeit den Glauben an Gottes Lebendigkeit voraussetzt, ist all dies dann doch eine raffinierte Form der Autosuggestion? Entspringt der Appell, Gottes Lebendigkeit wieder zu entdecken, nicht einfach dem Wunsch nach Leben? Ist der Wunsch nicht nur Vater des Gedankens, sondern auch der Erzeuger dieser Realität? Ist auch dies alles vielleicht nur eine schlecht getarnte Coping-Strategie, ein Versuch eben, irgendwie mit der Gegenwart zurechtzukommen?

Diesen Fragen gilt es mutig und mit offenem Visier zu begegnen. Den Kritikern möchte ich ins Gesicht schauen und dann sagen: »Ja, selbstverständlich kann dies so sein! Das ist das Risiko aller Rede von Gott. Und nicht nur der Rede von Gott, sondern aller Rede von Gleichheit, Gerechtigkeit, Liebe, Vertrauen und, nicht zu vergessen, aller Rede von Vernunft!«

Der Vorwurf, dass wir uns als Theologen mit all unseren Vorstellungen auch täuschen könnten und eben auch nur Anthropologie betreiben, ist nicht wirklich beunruhigend. Er ist der Startpunkt der Theologie.

2.3 Abwendung Gottes als Möglichkeit?

Wirklich beunruhigend ist eine andere Möglichkeit, eine viel folgenreichere und viel abgründigere. Es ist eine dunkle Möglichkeit, die in den christlichen Theologien der letzten Jahrzehnte gar nicht mehr erwogen wurde. Sie war undenkbar. Warum? All diese Theologien waren Theologien der Gegenwart Gottes. Strittig war nur, ob es eine starke oder schwache Gegenwart ist. Ist Gott in Schöpfung, Geschichte oder Existenz unstrittig gegenwärtig oder in unscheinbaren Formen der Kreativität und in leisen Gestalten des Mitleidens? Ist Gott leidend schwach oder allwirksam mächtig gegenwärtig? Das waren beliebte Fragen.

Könnte es aber sein, dass sich der lebendige Gott dann, wenn seine Lebendigkeit nicht mehr gesehen wird, abwendet? Könnte es sein, dass in der Weltchristenheit die überall schrumpfenden liberalen Kirchen des Westens nicht die Fackel tragen, sondern sich als ein erschöpfter und ausgezehrter Läufer letztlich selbst aus dem Lauf der Christentumsgeschichte nehmen? Könnte es sein, dass sie eine Episode in der Geschichte sein werden, weil sich Gott von ihnen abgewandt hat? Könnte es sein, dass Jesus das Versprechen »ich bin bei euch alle Tage bis an der Welt Ende« nicht aufkündigt, aber eben an anderer Stelle weiterführt, weil die westlichen Kirchen ihn gar nicht als lebendigen Christus dabeihaben möchten? Könnte es sein, dass Gott sein Angesicht vom westlichen Protestantismus abwendet?

Wenn die Kirche zu denken wagt, dass sich Gott auch zu ihrem Denken, Handeln und Erleben, zu ihrem Sprechen und Feiern frei verhalten kann, ja, dann ist dies kein Ungedanke mehr. Dann ist die Abwesenheit Gottes im Modus der Abwendung eine reale Möglichkeit. Dies ist eine viel beunruhigendere Möglichkeit als die Fragen der philosophischen Nörgler und Besserwisser. Vermeintlich aufgeklärte Geister mögen diese Möglichkeit für theologische Spinnerei halten. Natürlich, irritierend ist dieser Gedanke nur für den, der von einer gewissen Lebendigkeit Gottes ausgeht. Also doch eine Spinnerei? Wer jemals in die eigentümliche Welt der Bibel eintaucht, wird meines Erachtens diese Beunruhigung nicht mehr los. Gott spielt nicht, lässt aber auch nicht mit sich spielen. Wie reagiert Gott auf Kirchen und Theologien, die nicht mehr mit ihm rechnen wollen oder können? Erlauben wir Christen, erlauben die evangelischen Kirchen den Gedanken, dass Gott Widerstand leisten könnte?

Diese Möglichkeit der Abwendung Gottes soll nicht entmutigen. Sie macht aber deutlich: Es geht bei der Entdeckung des Weltabenteuers Gottes nicht um ein Glasperlenspiel. Bei der Verantwortung für die Kirche geht es um eine Verantwortung vor Gott, vor einem lebendigen Gott. Bei jeder Gestaltungsverantwortung für die Kirche geht es um etwas, zu dem sich Gott bestätigend oder kritisch verhalten kann. Um nicht weniger.

2.4 Gottes Einbezogensein

Öffnet sich der Blick für Gottes Lebendigkeit, so wird nicht nur deutlich, dass die Kirche eine Entdeckergemeinschaft des Weltabenteuers Gottes ist. Es werden für eine verunsicherte Kirche auch die Versprechen Gottes wahrgenommen. Wie lässt sich Gottes Lebendigkeit, seine zugewandte und lebensförderliche Lebendigkeit, beschreiben? Im Weltabenteuer Gottes stehend, erkennen wir seine Lebendigkeit. In diesem Abenteuer gibt Gott und empfängt Gott. In ihm begleitet Gott nicht nur, sondern interveniert auch. In ihm lässt sich Gott überraschen und steuert nach. Gott schafft, sieht, bewertet und reagiert. Mit seinem eigenen Glauben, Lieben und Hoffen ist Gott in seinem Weltabenteuer engagiert. In ihm hofft Gott und vertraut den Menschen. In ihm macht Gott weitreichende Versprechen. In ihm gibt es Korrekturen und Neuanfänge. Gott reagiert auf Bedürfnisse, experimentiert zugunsten derer, die Hilfe benötigen.

Man wird so weit gehen müssen und sagen: In ihm lernt Gott. Das Durchhalten der treuen Begleitung und das unbeirrbare Verfolgen seiner Aspirationen fordern von Gott sich ändernde, wechselnde Strategien. Gott reut etwas und es reut ihn seine Reue (1. Mose 6–9). In seinem Weltabenteuer erweist Gott seine zugewandte Lebendigkeit.

Gott sucht Präsenz und Nähe, zieht sich zurück und trauert. Wenn Gott sein Angesicht zuwendet oder abwendet, dann intensiviert er seine Aufmerksamkeit und Dichte der Präsenz. Gott freut sich über Umkehr und Einsicht. Und Gott liefert sich in Jesus von Nazareth einer gewaltdurchsetzten Welt aus. Gott riskiert etwas, bis in die Grenzlage des Kreuzes. Es ist ein Drama mit einem hohen Einsatz.

2.5 Keine Tragödie

Es ist ein Abenteuer, in dem Gottes Mitarbeitern und Partnern oft der Atem stockt. Jeder Blick in ein Nachrichtenportal oder in eine Zeitung kann zweifeln lassen, ob das Abenteuer gut ausgeht. Wird Gott von der Gewalt in dieser Welt überwältigt? Wird er in die passive Rolle des nur noch Empfangenden gedrängt? Geht die Geschichte für dieses Leben noch gut aus? Sehnen wir uns nicht zu oft nach einem Krieger, Rächer und Kämpfer gegen das Unrecht und die Gewalt? Sollte nicht jede Hoffnung auf eine rettende Gerechtigkeit fahren gelassen werden? Verzweifeln wir nicht auch an Gottes Geduld?

Christen hoffen auf eine Selbstdurchsetzung Gottes, die – wie die Auferweckung des Gekreuzigten – keine Vernichtung der Feinde erfordert, sondern Gottes gesteigerter Kreativität entspringt. Christen hoffen unentwegt, dass Gott sie jenseits ihrer eigenen Möglichkeiten überrascht und produktiv verstört.

Christen wissen, dass sie allzu oft individuelles Leben, soziale Formationen, ja die Schöpfung insgesamt nicht gut zu Ende führen können. Das Leben Jesu, das von der Menschwerdung bis zur Auferweckung als Moment des jesuanischen Lebens reicht, ist ein Versprechen. Es ist das erneuerte Versprechen, dass das Weltabenteuer Gottes nicht als Tragödie endet.

2.6 Gottes Risiko und seine Kritiker

Gottes kleines Abenteuer mit unserem persönlichen Leben endet auch nicht mit dem Tod. Zu oft ist es von dem dunklen Schatten eines zu großen Risikos geprägt. Wollte Gott, dass der vierjährige Junge im Hochwasser ertrinkt? Nein! Akzeptiert Gott letztlich dieses tödliche Risiko? Nein! Ist dies, zu hoffen, dass Gott diesem Leben nochmals schöpferisch begegnet, eine Illusion, ein »pie in the sky«, Opium oder schlicht frommes Wunschdenken? Nein!

Wer hier als Christ nicht mehr mit theologischem Wagemut »Nein!« zu sagen vermag, der ist schon weichgekocht. Die einzige offene Frage ist, worin weichgekocht. Weichgekocht in der scharfen Brühe des Vitalismus, weil er auf Sieg und Stärke setzt? Weichgekocht im heißen Sud verzweifelter Hoffnung, weil er lieber heroisch die Verzweiflung genießt, statt wie ein Kind radikal zu hoffen? Weichgekocht in der süßen Honigmilch des Neostoizismus, sodass die unguten Geschichten schon gar nicht mehr berühren?

Wer hier vorschnell mit den theologischen Helden Dietrich Bonhoeffer »Ergebung« oder mit Friedrich Schleiermacher »schlechthinnige Abhängigkeit« ruft, sollte vielleicht doch in einem vier Wochen freien Probeabo den Buddhismus oder den Islam testen. Protestierende Hoffnung gehört zur DNA des Judentums und des Christentums. Der lebendige Gott sucht auch Kritiker.

Wer also radikal auf die kommende Lebendigkeit hofft, d. h. hofft, dass das Weltabenteuer Gottes letztendlich die Menschenfreundlichkeit Gottes verwirklicht, wer hofft, dass Gott all die glimmenden Dochte nicht löscht und die geknickten Rohre nicht bricht (Jesaja 42,3), der muss hoffen wie ein Kind. Denn so zu hoffen, ist uns nur als einem Kind Gottes möglich. Das ist schwierig zu akzeptieren. Aber diese schöpferisch antwortende Lebendigkeit Gottes ist auch Grund zu kindlicher Freude.

2.7 Gottes Beweglichkeit
Gott lässt sich nicht bestimmen, aber bewegen. Sowohl die Klage als auch das Lob erreichen Gott, berühren und

bewegen ihn. Das Leben der Welt und der Menschen versetzt Gott in Bewegung, überrascht, betrübt, entsetzt und erfreut ihn. Gottes Lebendigkeit spiegelt sich auch in den dynamischen Beziehungen zwischen Vater, Sohn und Geist Gottes. Blicken sich die Christen vergleichend sozusagen über die Schulter, so wird ihnen deutlich: Der Gott Abrahams, Isaaks und Jakobs, der Vater Jesu Christi hat nicht wie so manche ostasiatische Gottheit vier Köpfe und ungefähr 22 Arme. Bei aller auch dramatischen Lebendigkeit ist Gott nicht chaotisch und widersprüchlich oder gar in einem ewigen Kampf stehend. Denn sicher ist noch ein Anderes: Gott ist kein Spieler. Die Welt ist kein Abenteuerspielplatz Gottes. Das göttliche Drama ist kein »playful gambling«. Gott setzt sich selbst ein. In Jesus Christus setzt sich Gott den Folgen seiner Taten aus. Weil wir als Menschen auch immer unsere Grenzen sehen, fiebern wir mit.

2.8 Allzu menschliche Vorstellungen?

Ist dies nicht eine allzu menschliche Rede von Gott? Bleibt dieser Versuch, Gott zu denken, nicht in bildhaften Vorstellungen gefangen? Erfordern nicht Gottes Erhabenheit, seine Weltüberlegenheit und die Eigenschaft eines höchsten Wesens ein angemesseneres Denken und Sprechen? Darauf sind vier Antworten zu geben:

Die Bibel als Sprachschule des Redens von Gott hat mit dieser zutiefst menschlichen Sprache und Denkweise keine Probleme. Und: Wie soll man Gott denn anders als in menschlichen Vorstellungen beschreiben? Wer will den Bildern und Metaphern entkommen? Auch Begriffe bleiben menschliche Begriffe. Hinzu kommt: Nur so lässt sich Gottes Lebendigkeit ausdrücken. Nur so versuchen wir ihr, sprachlich zu entsprechen. Wenn vermeintliche philosophische Klarheit und begriffliche Schärfe sozusagen Gott das Leben kosten, was ist dann die Wahl? Nicht zuletzt verbietet die Selbsterschließung Gottes im Christusereignis, anders von Gott zu sprechen. Der Gott, der im Geist Gottes eine störende und tröstende Nähe zu uns sucht, will nicht in eine abstrakte Ferne entsorgt werden.

2.9 Vergeblichkeiten

Gerät Gottes Lebendigkeit im Denken und Handeln der Kirche aus dem Blick und ist sie nur noch Teil der irgendwie dekorativen Liturgie, so verstärkt dies das Gefühl der Überlastung und der Vergeblichkeit auf zweifache Weise. Eine Kirche, für die Gott kein Akteur mehr ist, kann nicht mehr auf die Treue Gottes in seiner Fürsorge für die Kirche setzen. Löst sich Gott ganz auf in unsere Handlungen – einige Theologen würden darin eine Variante eines sogenannten Panentheismus erkennen –, dann kann die Kirche nur noch sich selbst und ihren gegenwärtigen und zukünftigen Ressourcen vertrauen. Die Kirche ist dann dazu verdammt, mal eher trotzig und heroisch, mal eher depressiv und mutlos auf ihr Kapital zu vertrauen – sei es ihr finanzielles, personelles, symbolisches oder kulturell-spirituelles Kapital. Diese Alternative kann nur eine Theologie überwinden, die Gottes Gegenwart als Heiliger Geist mit einer fürsorglichen, Räume und Zeiten übergreifenden Freiheit verbindet. Gott kann uns bewahrend und rettend voraus sein.

2.10 Kirche, als gäbe es keinen Gott

Darüber hinaus verliert eine solche Kirche, die Gottes Lebendigkeit vergisst, auch jegliche Adresse für eine verzweifelte Klage. Dietrich Bonhoeffer hat in seinen Briefen aus der Haft das Leben der Menschen unter den Bedingungen der Säkularisierung mit einer Formel beschrieben, die der Jurist Hugo Grotius für das Recht und den Staat in der Zeit nach dem furchtbaren Dreißigjährigen Krieg vorgeschlagen hat. Weil dieser Krieg auch ein Religionskrieg war, war Hugo Grotius' Lösung: Recht und Leben, *etsi deus non daretur* – Recht und Leben, »als gäbe es keinen Gott«. Wird dies jedoch zur Formel für das Leben der Kirche, so zeigt diese Formel ein echtes Problem an. Wird darüber hinaus aus dieser Formel durch das Vergessen von Gottes Lebendigkeit der Konjunktiv gestrichen, so ist dies fatal. Mein Eindruck ist: Genau dies ist in vielen Kirchen des Westens und in ihren Theologien geschehen.

2.11 Weltverantwortung

Wird die Theologie in letzter Konsequenz allein auf ethisch-politische Weltverantwortung umgestellt, so hat dies weitreichende Folgen für die Arbeit und für die Aufgabe der Theologie. Mit dieser Umstellung auf alleinige und vollständige Weltverantwortung vollzieht sich zugleich eine Verabschiedung Gottes als eines handelnden und vor allem beurteilenden Akteurs. Theologie entledigt sich dann einer Frage, die irritiert, die schwer zu beantworten ist, die ihr aber letztlich Gewicht verleiht und die von ihr eine letzte Demut des Denkens abfordert: Wie verhält sich Gott selbst zu unserem Sprechen über Gott, zu unserer Theologie, zu unserem Handeln und Sprechen als Kirche?

Findet sich Gott mit seinen Absichten darin wieder? Diese Frage mag auf den ersten Blick komisch erscheinen.

Sie ist aber, zugespitzt formuliert, die wirklich brennende Frage nach der Religionskritik Ludwig Feuerbachs. Die Frage selbst ist aber schon eine Art Notbremse, um die Rede von Gott nicht dazu verkommen zu lassen, eine Waffe zur Verfolgung kirchlicher, politischer oder sonstiger Interessen zu werden. Gegen diese Verzweckung der Rede von Gott hat der Schweizer Theologe Karl Barth in den dreißiger Jahren des letzten Jahrhunderts Protest eingelegt.

Ohne diese Notbremse ereignet sich zu oft Folgendes: Nehmen wir an, es gibt in der Gesellschaft ein Problem »Schiefergrau« (RAL7015, um eine Farbe jenseits des politischen Farbenspiels zu verwenden). Es gibt ein strittiges öffentliches Gespräch über »Schiefergrau« und auch die ersten Wissenschaftler, die sich dem Problem »Schiefergrau« zuwenden. Nach einiger Zeit finden sich auch in der Kirche Aktivisten, die sich das Problem »Schiefergrau« zu eigen machen. Zur Mobilisierung der großen Mehrheit der Mitchristen und zum Anschluss an die gesellschaftliche Diskussion um »Schiefergrau« ertönt wenig später der Ruf: »Wir brauchen eine Theologie des Schiefergrauen«. Die einzige offene Frage in diesem Prozess ist dann die, ob die Theologie des »Schiefergrauen« behauptet, dass die Kirche dies schon immer gesagt habe, oder, dass die Kirche dies eher noch nie gesagt habe, und dementsprechend eine radikale Umkehr fordert. Nachdem ein Pfarrer über einige Zeit im Nebenamt Beauftragter für »Das Schiefergraue« war, richtet die Kirche dann zum Schluss eine Sonderstelle für »Das Schiefergraue« ein. Die Kirche ist dann stolz und froh, endlich wieder »Anschluss« an die gesellschaftlichen Debatten gefunden zu haben – und vergisst zu fragen, wie sich wohl der lebendige Gott dazu verhalten könnte.

Ich möchte mich damit nicht über die Theologien lustig machen, die sich in den letzten Jahrzehnten konkreter gesellschaftlicher Probleme angenommen haben. Ich beobachte hier nur eine Atemlosigkeit, eine große Sorge, nicht den Anschluss zu verlieren. Die Betonung der Dringlichkeit verbirgt die drohende Beliebigkeit. Die Behauptung der starken Relevanz verdeckt die tiefe Sehnsucht nach Relevanz in der Krise der Relevanz. Selbstverständlich muss die Theologie, evangelische Theologie allzumal, die Gegenwart adressieren. Die ständige Betonung der »Weltverantwortung« in der Theologie der letzten 70 Jahre hat allerdings enorm die Versuchung wachsen lassen, dass ein letztlich toter Gott zur rhetorischen Waffe im Kampf der politischen Interessen wird. Auch dann, wenn die politischen Interessen wichtig und berechtigt sind – die Menschen außerhalb der Kirche haben, so meine Beobachtung, ein Sensorium für diesen Prozess. Sie merken, ob ein lebendiger Gott auch die Theologie der Kämpfer für Frieden und Gerechtigkeit zu beunruhigen vermag. Die Menschen nehmen wahr, wenn Gott missbraucht wird, pausbäckig gewiss oder in beliebiger Variante »Gott 8.0«.

Sicher, viele Menschen finden das, was die Kirche tut, irgendwie ethisch wichtig und gut. Im besten Fall gibt es öffentlichen Applaus. Aber sie sehen auch, dass ein für die Menschen in der Kirche zum rhetorischen Werkzeug moralischer Forderungen gewandelter Gott letztlich verzichtbar, uninteressant und ohne Faszination ist. Darum sind moralische Bündnisse und ist öffentlicher Applaus nicht genug!

2.12 Weltfluchten

Mein Eindruck ist, dass es eine eigentümliche Ironie der Geschichte gibt. Es gibt zweierlei Weltfluchten, die sich eigentümlich spiegelbildlich ähneln. Es gibt zweifellos die religiöse Weltflucht in eine spirituelle Hinterwelt. Der Soziologe Max Weber hat dies zu Beginn des 20. Jahrhunderts scharfsinnig und ironisch beobachtet. Die Philosophen Ludwig Feuerbach und Friedrich Nietzsche haben diesen Verrat an der Treue zu dieser Erde, den so viele Kirchen während der industriellen Revolution begangen haben, zu Recht mit ätzendem Spott überzogen. Es gibt aber auch eine moralische Weltflucht in eine *moralische* Wunschwelt, die nicht weniger Weltflucht in eine Hinterwelt ist. Nur eben eine andere. Diese zweite Variante der Weltflucht ist jenseits von kleinen Reservaten harter pietistischer, charismatischer Frömmigkeit oder herrgottsfrommer Volkskirchlichkeit in den Kirchen des liberalen Protestantismus die Standardform. Aller gezielt weltgestaltender Glaube hat hier seinen wunden Punkt oder seine extreme Grenzlage. Die traditionelle Weltflucht in die spirituelle Hinterwelt ist im Übrigen barmherziger im Umgang mit der Welt. Sie überlässt diese sich selbst, während die moralische Weltflucht zumindest in ihrer schärferen politischen Variante die Möglichkeit einschließt, die Welt zu vergewaltigen und für diejenigen, die zu widersprechen wagen, Internetscheiterhaufen und Redeverbote aufzustellen.

3. LEBEN IN DER MIT GOTT VERSÖHNTEN, ABER NOCH UNERLÖSTEN WELT

Das stete Schwanken der Kirche zwischen Selbstüberschätzung und Depression, zwischen Aktivismus und quälender Lähmung hat seinen Grund in einer zu ungenauen und teilweise falschen Verortung in Gottes Weltabenteuer. Die unübersehbare Spannung zwischen einem mutigen »Wir schaffen das mit der Gerechtigkeit und dem Frieden« und einer schon wieder schmerzhaft-peinlichen Selbstillusionierung hinsichtlich der eigenen Möglichkeiten hat hier ihre Ursache. Es ist die unzureichende Wahrnehmung des eigenen Ortes im Weltabenteuer Gottes – eben des Raumes zwischen Versöhnung und Erlösung.

3.1 Der Ort im Weltabenteuer Gottes

Für einen zugleich realistischen und hoffnungsvollen Blick der Kirche auf sich selbst und auf die vielfältigen Umgebungen ist es entscheidend, zu fragen: Wo in Gottes Weltabenteuer stehen wir? An welchem Punkt sind wir als einzelne Christen und als Kirche in dieses Abenteuer einbezogen?

Wo steht die Kirche im Weltabenteuer Gottes? Die Entdeckergemeinschaft der Kirche entdeckt, dass sie »zwischen« Versöhnung und Erlösung der Welt steht. Es ist die doppelte Entdeckung der gegenwärtigen Versöhnung und der kommenden Erlösung der Welt. Keine Entdeckung ist ohne die andere zu haben. Christen stehen »nach« der Auferweckung des Gekreuzigten, »nach« der Versöhnung der Welt mit Gott in Christus. Wir stehen aber zugleich noch »vor« der Erlösung. Diese Unterscheidung zwischen Versöhnung und Erlösung gilt es auszubuchstabieren und geduldig zu entfalten. Hier handelt es sich weder um religiöse Erbsenzählerei noch um einen schlicht unwichtigen Gegenstand des Theologengezänks. Nicht umsonst bestimmt die Barmer Theologische Erklärung den Kontext des kirchlichen Handelns gegenüber der Politik als die »noch nicht erlöste [...] Welt«.

3.2 Erlösungsoptimismus oder »Law and Order«

Mein Eindruck ist, dass sich die protestantischen Kirchen in den finanziellen und kulturellen Aufbrüchen der westlichen Nachkriegsgesellschaften zu Recht faktisch gegenüber so manchen dunklen und pessimistischen Theologien der Sünde umorientierten. Offen, aber auch vielfach untergründig und unausgesprochen, sind entschlossene Theologien einer Weltverantwortung optimistisch-hoffnungsvolle Theologien der Auferstehung. Sie führen geradlinig zu Programmen politischer Zuversicht. Es sind diese Theologien der Auferstehung, die im Kern Theologien der Erlösung sind, denen es aber in aller Vorwegnahme des Reiches Gottes nicht gelingt, den Versuchungen einer politischen Romantik zu widerstehen. Sie stehen, zumindest im Rückblick, in der steten Gefahr der Selbstillusionierung. Warum? Weil sie trotz aller politischen und moralischen Klage über die Unerlöstheit der Welt *theologisch* die Unerlöstheit der Welt nicht anerkennen wollen oder sie nicht Gott überlassen wollen.

Aber es gibt zweifellos auch das umgekehrte Problem. Eine Theologie und eine Kirche, die die Versöhnung der Welt mit Gott nicht ernst nehmen, sondern stets gebannt auf die Sünde und den Kampf gegen sie starren, werden nicht aus einer »Law and Order«-Haltung herauskommen. Die Neigung vieler konservativer Lutheraner der Vergangenheit zu verbotsorientierten Ethiken, die Verantwortungsräume einschränken und auf Ordnungserhalt pochen, spricht eine deutliche Sprache. Auch viele Evangelikale haben sich noch nicht von diesem Denkzwang durch den Blick auf die Sünde befreit. Wer sich theologisch dazu berufen fühlt, mit allen politischen Mitteln gegen Sünde und Chaos zu kämpfen, kann am Ende des Tages die Demokratie, den Pluralismus und den fördernden Sozialstaat nicht bejahen. Wer primär gegen Sünde kämpft, wird die Entwicklung neuer partnerschaftlicher Lebensformen nur mit Widerwillen begleiten können.

Darum ist für das Denken und Handeln der Kirche die entscheidende Unterscheidung nicht die zwischen Sünde und Versöhnung, sondern die zwischen Versöhnung und Erlösung.

3.3 Die Wirklichkeit der mit Gott versöhnten Welt

Die Versöhnung der Welt mit Gott ist keine Möglichkeit, die jeder Glaubende erst durch die Bekehrung, die Wiedergeburt oder das christliche Leben zur Wirklichkeit werden lässt. Letzteres war die These des Schweizer Theologen Emil Brunner und ist noch heute die tragende Einsicht vieler evangelikaler und charismatischer Kirchen. Hier haben Karl Barth und Dietrich Bonhoeffer schärfer gesehen. Beide haben den Apostel Paulus besser verstanden. In der Menschwerdung Gottes, im Leben Jesu, im Ereignis des Kreuzes und in der Auferweckung des Gekreuzigten haben sich nicht nur neue Möglichkeiten erschlossen. Es ist ein weiterer Schritt, eine wirkliche Wende, eine reale Korrektur im Weltabenteuer Gottes.

Die in der Geschichte Jesu Christi Ereignis gewordene Versöhnung der Welt durch Gott ist der Rahmen, innerhalb dessen sich die Welt für uns ereignet. Im Weltabenteuer Gottes ist dies ein besonderes Ereignis göttlicher Barmherzigkeit, Treue, Freiheit und rettender Liebe. Es hat seine Pointe darin, dass es auf heilsame Weise ganz unabhängig ist von menschlichen Reaktionen, von den Konjunkturen der Frömmigkeit oder der Säkularisierung, von den Möglichkeiten und Neigungen der Menschen. Es ist selbst unabhängig von dem menschlichen Widerwillen gegen Gott. Pointiert formuliert: Dieses Geschehen der Versöhnung der Welt mit Gott ist nur darum ein Geschehen für die Menschen und für die Welt, weil sie als Handelnde davon ausgeschlossen sind. Die Menschen sind dabei, aber nicht als aktive Partner. Sie leisten dazu keinen Beitrag. Nur auf der Basis eines heilvollen Ausschlusses des nicht-religiösen wie des religiösen Menschen kann im Rahmen der Versöhnung der Mensch als Befreiter und Handelnder auch wieder hineingenommen werden in das Weltabenteuer Gottes.

3.4 Universalität von Gottes Feindesliebe

Paulus von Tarsus beschreibt dies so: »Denn Gott war in Christus und versöhnte die Welt mit ihm selber und rechnete ihnen ihre Sünden nicht zu und hat unter uns aufgerichtet das Wort von der Versöhnung« (2. Korinther 5,19). In diesem Moment des Weltabenteuers Gottes kommen wir nur als wohltuend Ausgeschlossene und deshalb Begünstigte vor. Gottes Rücksichtslosigkeit der Barmherzigkeit ereignet sich in dieser Geschichte. Nicht Gott muss versöhnt werden, sondern in Christus versöhnt Gott die Welt mit sich – »als wir noch Sünder waren« (Römer 5,8). Nicht Gottes vermeintlich durch die Sünde des Menschen provozierte Feindschaft, sondern die notorische Feindschaft der Menschen gegen Gott wird in der Gerechtigkeit Gottes angegangen – »als wir noch Feinde waren« (Römer 5,10).

In der Geschichte Jesu von Nazareth, wie sie über das Kirchenjahr liturgisch vergegenwärtigt wird, erfährt die Welt eine Wendung vom Unheil zum Heil. In und trotz ihrer Krisen und ihrer Geschichten des Scheiterns, trotz ihrer Brüche und Verwerfungen und angesichts ihres Willens zur Gottlosigkeit wird sie Gott nicht los. Gott lässt sich durch nichts von seiner Feindesliebe abbringen. »Im Leibe Jesu Christi ist Gott mit der Menschheit vereint, ist die ganze Menschheit von Gott angenommen, ist die Welt versöhnt mit Gott. [...] Es gibt kein Stück Welt und sei es noch so verloren, noch so gottlos, das nicht in Jesus Christus von Gott angenommen, mit Gott versöhnt wäre«, so formulierte Dietrich Bonhoeffer in den 1940er Jahren in seiner Ethik.

Mit der Versöhnung der Welt mit Gott in der Geschichte Jesu Christi »reagiert« Gott auf die Risiken und Selbstgefährdungen einer guten, aber in ihrer Güte überbietbaren Schöpfung und interveniert mit wirklicher und universaler Feindesliebe. Die »Verlorenheit« der Welt ist vorüber, die Unterscheidung von erwählt/verworfen, Heil/Unheil betrifft nicht mehr die Menschheit, bezieht sich nicht mehr auf die Welt.

Im Modus einer heilvollen Missachtung des Menschen gibt Christus nicht auf, genau die zu suchen, die ihn ablehnen. Diese jesuanische Respektlosigkeit der Liebe weiß um eine letzte Hilflosigkeit des Menschen, weiß um die Unfreiheit und Ohnmacht des Sünders und verbietet es, zu »sortieren«. Die Versöhnung der Welt mit Gott als Moment in Gottes Weltabenteuer zielt für den

Menschen aber nicht nur auf ein heilvoll ausschließendes, sondern auch auf ein partnerschaftlich einschließendes Handeln Gottes. Die Absichten Gottes mit der Versöhnung übersteigen ein allgemeines Schöpfungshandeln.

3.5 Eröffnung neuer Möglichkeiten

Die Versöhnung ist die wirkliche Wirklichkeit, die anderen Ereignissen neue Möglichkeiten eröffnet. Nicht Sünde, Dummheit, Torheit und Blindheit des Menschen sind die letzte Wirklichkeit. Nach der Versöhnung der Welt mit Gott leben wir nicht mehr nur in einer Welt, die das sogenannte Lamechlied im ersten Buch der Bibel so treffend besingt: »Und Lamech sprach zu seinen Frauen: Ada und Zilla, höret meine Rede, ihr Frauen Lamechs, merkt auf, was ich sage: Einen Mann erschlug ich für meine Wunde und einen Jüngling für meine Beule. Kain soll siebenmal gerächt werden, aber Lamech siebenundsiebzigmal« (1. Mose 4,23–24). Gegen das Lamechlied ist festzuhalten: Gewalt muss und Gewalt kann begrenzt werden, sei es auf der natural-biologischen Ebene (Coronavirus, Ebola), auf der sozialen oder auf der politischen Ebene. Dies kann aber nicht durch eine Eskalation der Gegengewalt geschehen.

Der mit Gott definitiv versöhnten Welt eröffnen sich neue Möglichkeiten. Die Schöpfung ist ein durch die Auferweckung des Gekreuzigten aufgespannter Gestaltungsraum, in dem die Gestaltung eine Richtung kennt. Das Leben kann nicht nur in Grenzen bewahrt, sondern auch in Grenzen verbessert werden. An diesem Bau und an dieser Bewahrung wie Verbesserung der Welt arbeiten Christen mit – durch Technik, durch Recht, durch medizinische Forschung, durch die Erziehung und Bildung von Menschen. Sie tun dies, auch wenn sich darin noch nicht der Einbruch des Reiches Gottes ereignet. Jeder Heizungsbauer und jeder Sozialarbeiter, jeder Anwalt und jeder Chemiker arbeitet mit an dem Bau, der Bewahrung und der Verbesserung dieser mit Gott versöhnten Welt. Christen beteiligen sich intensiv an der Entfaltung und Verbesserung eines guten Lebens. In Zeiten von Covid-19 arbeiten alle mit durch Social Distancing, ringen andere mit der Krankheit auf Intensivstationen. Es ist ein weites und offenes Spektrum an Intensitäten der Bewahrung und Verbesserung – auf allen Ebenen, der biologischen, der sozialen und der kulturellen Ebene des Lebens.

Es bleibt selbstverständlich die Frage im Raum stehen, warum der Universalität der Versöhnung der Welt keine in demselben Maße universale »Wendung« aller Menschen hin zu Gott entspricht. »Was an Christus geschah, war an der Menschheit geschehen«, formuliert Dietrich Bonhoeffer und setzt gleich fort: »Es ist ein Geheimnis, für das es keine Erklärung gibt, dass nur ein Teil der Menschheit die Gestalt des Erlösers erkennt.« Meine Antwort ist: Es ist die für uns irritierende und oft schmerzhafte Geduld Gottes.

Was kennzeichnet die noch unerlöste Schöpfung? Es sind zumindest vier Elemente, die den Unterschied zwischen der Versöhnung mit Gott und der letzten Erlösung der Welt durch Gott ausmachen. Diese vier Elemente spannen den Raum auf, in dem wir leben: 1. die machtvolle Gegenwart des Bösen, 2. das vielstimmige Seufzen der Schöpfung, 3. die noch ausstehende Überwindung des Todes und – positiv – 4. die sich durch den Geist Jesu Christi und mittels der Kirche vollziehende Kommunikation des Glaubens, der Liebe und der Hoffnung.

3.6 Die Erlösung von dem Bösen

Jeden Sonntag läuft mit dem Feiern des Gottesdienstes das Vaterunser-Gebet um den Globus. In Millionen von Stimmen wird an Gott die Bitte gerichtet: »Und erlöse uns von dem Bösen«. Man muss beim Blick auf die Welt nicht depressiv sein, um die Berechtigung dieser Bitte zu erkennen. Auch dann, wenn nach der Auferstehung des Gekreuzigten die neue Welt Gottes – in den Worten von Jochen Klepper formuliert – »schon tagt«, ist die Welt auch noch von der Gewalt gezeichnet, von der schon die Geburt Jesu begleitet war. Auch dann, wenn wir uns heute von der fehlgeleiteten Vorstellung eines personhaften Bösen, eines Teufels, befreit haben, verschwindet die zugrundeliegende Erfahrung eines zu überwindenden Bösen nicht. Auch dann, wenn wir nur noch von relativen und deshalb auch zu überwindenden Übeln sprechen möchten: Die Existenz und Wirksamkeit von Kräften, in denen wir die überwältigende Macht des Bösen erleben, ist schwerlich zu leugnen. Aus diesen Erfahrungen heraus beteten die ersten Christen »Maranatha«, d. h. »Oh Herr, komm bald« (vgl. 1. Korinther 16,22). Was sie damit meinten, war die unleugbare und unaufhaltbare universale Durchsetzung der Wirklichkeit der Auferstehung, mit der auch die Erlösung von dem Bösen einhergeht. Die Erlösung von dem Bösen durch Gott selbst wird tief greifen. Sie wird auch die Opfer des Bösen in der Geschichte erreichen. Gott selbst wird reuige Täter von ihrer Ohnmacht gegenüber der Unumkehrbarkeit der Geschichte befreien. Nur Gottes Erlösung von dem Bösen wird auch Gerechtigkeit in die vermeintlich abgeschlossene Vergangenheit bringen. Kein moralischer Akt der Gegenwart kann die Vergangenheit vor dem Bösen retten.

Darum beten Christen mit dem Vaterunser ein Gebet intensiver Hoffnung.

3.7 Das Ende des Seufzens der Schöpfung

Das »zwischen« Versöhnung und Erlösung angesiedelte Leben ist ein Leben in dem, was ich »eschatologische Differenz« nennen möchte. In schwer zu überbietender Weise hat Paulus im Römerbrief, im 8. Kapitel, dieses Leben in der eschatologischen Differenz auf den Punkt gebracht. Wenn die Christen die erste Gabe des Geistes empfangen (Römer 8,23), so nehmen sie das Seufzen der Schöpfung wahr und werden in tiefer Solidarität wiederum selbst Seufzende. Es ist der Geist Jesu Christi, der Christen in diese problemsensibilisierende, neue Wahrnehmung des Kosmos führt.

Im Zusammenhang der wahrnehmenden Teilhabe der Christen am Seufzen der Schöpfung finden sich bei dem Apostel Paulus zwei Weisen der Wirksamkeit von Gottes Geist. In beiden Weisen geht es darum, dass der Geist neues Leben gibt und intensiviert. Paulus kennt eine Wirkweise, bei der es um ein »mehr oder weniger« der Gegenwart und Wirksamkeit des Geistes geht. Die andere, die zweite Wirkweise, ist in der Auferweckung Jesu Christi gegenwärtig. Hier ist der Geist die Leben gebende Macht, die Christus aus dem Tod in das Leben der Auferstehung gerufen hat. Die schöpferische Macht des Geistes ist in der Auferweckung Jesu Christi in einer Weise intensiviert, dass sich ein qualitativer Sprung ereignet: die Überwindung des Todes. In der Auferweckung Jesu zeigt sich darum die andere, ungemein intensivierte Weise des Geistwirkens. Wenn sich der Apostel Paulus mit der Gemeinde in Korinth auseinandersetzt, dann zeigt er: Die

Überwindung des Todes im äußerst intensivierten, dem geradezu stürmischen Geistwirken steht noch aus – obwohl der Geist in der Gemeinde in einer Fülle an Charismen unstrittig schon machtvoll am Werk ist bzw. sein kann. Der Sturm des Geistes Gottes über die Totenfelder der Geschichte steht noch aus. Kein Sturm der Empörung kann ihn ersetzen. All die Menschen, die diese Schwelle der noch ausstehenden Überwindung des Todes für das christliche Leben für nicht relevant erachten, hält Paulus für »die elendsten unter allen Menschen« (1. Korinther 15,19b).

Ist der Geist Gottes die Macht der Auferstehung, so fällt auf, dass beide Wirkintensitäten des Geistes von Paulus in der Unterscheidung von Gegenwart und Zukunft eingeführt werden bzw. gegeneinandergestellt werden. Offensichtlich ist die Zeit der eschatologischen Differenz durch beides gekennzeichnet, aber eben unterschiedlich: durch analoge Prozesse der relativen Nähe und relativen Präsenz der Wirklichkeit der Auferstehung im Wirken des Geistes und doch zugleich auch durch eine scharfe Grenze des Geistwirkens, d.h. einen für Christen noch ausstehenden radikalen Akt Gottes. Dieses noch ausstehende Ereignis zeigt in der Gegenwart auch eine Distanz, Differenz und Abwesenheit an. Zweifellos verbindet der Geist das neue Leben der Glaubenden mit dem Leben des Auferstandenen. Menschen gewinnen an diesem Leben des Auferstandenen klar Anteil. Doch diese Anteilgabe ist in der Zeit der eschatologischen Differenz grundsätzlich begrenzt. Die Anteilgabe an der Todesüberwindung steht noch aus. Und dies hat Konsequenzen für das Leben.

3.8 Überwindung des Todes

Die Zeit der eschatologischen Differenz ist also trotz der Wirksamkeit des Geistes noch unentrinnbar durch die wirksame Gegenwart des Todes gekennzeichnet. Die Hoffnung auf die Überwindung des Todes markiert ein fundamental unterbrechendes Ereignis, eine echte qualitative Differenz – wie auch immer die Auferstehung selbst theologisch gedacht werden kann. Die Pointe der paulinischen Überlegungen besteht darin, anhand der Auferstehung Jesu Christi zwei Zeiten scharf zu unterscheiden: die Zeit, in der nur Christus auferstanden ist, und die Zeit, in der dies dann auch für andere Menschen Ereignis wird. An diesem Punkt der Totenauferweckung gibt es für Christen keine Imitation der Christusperson. Hier würde jeder Versuch einer Antizipation, einer realen Vorwegnahme oder einer modellhaften Inszenierung die Sache selbst, die Überwindung des Todes in der Auferstehung der Toten, banalisieren. Wer meint, Auferstehung heißt schlicht, in diesem Leben aufstehen, hofft im Format eines Schrebergartens. In der Zeit der eschatologischen Differenz ist dieses todesüberwindende, radikal unterbrechende Wirken des Geistes strikt auf Christus beschränkt.

Ohne die allgemeine Überwindung des Todes wird sich das Leben unausweichlich als eine dynamisch-gegensätzliche »Einheit aus Leben und Tod zugunsten des Lebens« vollziehen. Diese Einheit wird stets in einem Kampf um das Leben und gegen den Tod gewonnen. Zu oft nimmt er die Gestalt eines Kampfes gegen anderes Leben an. In einer noch unerlösten Welt vollzieht sich dieser Kampf der Selbstbehauptung des Lebens in den Grauzonen des Moralischen und in vielfältigen Konfliktzonen des Politischen, des Künstlerischen und Ökonomischen, um nur wenige Felder zu nennen. Das theologische Feld dieses Kampfes ist u. a. die Klage. Von Christen verlangt Paulus ein Doppeltes: 1. sich aus Hoffnung nicht mit dem Tod zu versöhnen und darum 2. die Spannung zwischen der Zeit der gleichzeitigen Gegenwart des Geistes und des Todes und der anderen kommenden Zeit der Überwindung des Todes nicht aufzulösen.

Anders als der Philosoph Martin Heidegger in seinem epochalen Werk »Sein und Zeit« annahm, führt das »Vorlaufen zum Tode« nicht in eine Eigentlichkeit der Existenz, sondern in eine Krise der Existenz. Das »Vorlaufen zum Tode« befördert die dem bedrohten Leben eingeschriebene Gier nach mehr Leben. Solange der lange Schatten des Todes über dem Leben liegt, wird das Leben Kampf um das Leben bleiben. Die Gier nach Leben wird die Begrenzung von Gewalt erfordern. Die »Gewalt in allem Fleisch« (vgl. 1. Mose 6,11), die in der Sintfluterzählung der Grund für die Flut war, ist auch nach der Flut nicht vom Erdboden verschwunden. Gewandelt hat sich, in der Erzählung, nur Gott selbst. Gott bereut, die Schöpfung bereut zu haben. Aber es bleibt bis heute strittig, mit welchen Mitteln die »Gewalt in allem Fleisch« begrenzt werden kann und muss. Sie in einem romantisierenden Naturverständnis und einem nicht weniger romantisierenden Gesellschaftsverständnis zu leugnen, hilft wenig. Covid-19 ist eine harte Erinnerung.

Gegenläufig zu allen Tendenzen, sich in dieser Welt der Endlichkeit zu gemütlich einzurichten und eine falsche Versöhnung mit dem Elend anzustreben, betont der Apostel Paulus (1. Korinther 15): Die Überwindung des Todes steht auch nach der Auferweckung des Gekreuzigten noch aus. Der Tod darf darum auch für Christen ein

Feind bleiben, dem sie erliegen. Heldenhaft zu sterben ist für Christen in der auf die Überwindung des Todes hoffenden Welt kein Gebot. Christen müssen in ihren letzten Stunden keine Stoiker werden. Um ein altes abendländisches Motiv aufzurufen: Christus starb nicht so souverän wie der griechische Philosoph Sokrates.

Die Unterscheidung von Versöhnung und Erlösung zeigt an, dass Gottes ganz eigenes Werk auch nach der Auferweckung des Gekreuzigten und der Ausgießung des Geistes noch nicht vollendet ist. Gottes Weltabenteuer ist auch in den Aspekten, von denen die Menschen ihnen zugute ausgeschlossen sind, noch nicht abgeschlossen.

3.9 Versuche, die Spannung zwischen Versöhnung und Erlösung aufzulösen

Inmitten dieser Welt des Bösen, der seufzenden Schöpfung und des Todes leben Christen. Inmitten dieser Welt sind Glaube, Liebe und Hoffnung auszubreiten. In dieser spannungsreichen Welt nimmt der Geist Gottes Christen dafür in Anspruch. Doch genau dies ist nicht leicht.

Nicht umsonst redet das Neue Testament so oft von der Geduld und konfrontiert mit dem Gebetsruf »Maranatha«, »Oh Herr, komm bald« (vgl. Offenbarung 22,20). Die Spannung zwischen Versöhnung und Erlösung hat etwas existentiell Ungemütliches. Diese Spannung aufzulösen war und ist die Dauerversuchung der Christenheit. Die Gegenwart macht hier keine Ausnahme. Die Kräfte, die in den Kirchen des politischen Westens diese Spannung aufzulösen versuchen, sind mächtig und in der Tat »erfolgreich«.

Was geschieht, wenn die Spannung zwischen Versöhnung und Erlösung vergessen, verschliffen oder willentlich aufgelöst wird? Dann kommt es zu theologischen Fehlern. Dann kommt es zu Fehlwahrnehmungen von Gottes Weltabenteuer. Dann beginnt die Kirche eigene Abenteuer. Zwei Möglichkeiten lassen sich unschwer beobachten:

Wird die Erlösung aus dem Auge verloren, so wird christlicher Glaube gemütlich und gefährlich tiefenentspannt. »Alles gut!«, »Bewahrung der Schöpfung!«, »Alles so herrlich regiert!«: Am Ende steht dann eine christliche Variante des Neostoizismus oder des religiösen Vitalismus. Wer die Erlösung der Welt aus den Augen verliert, wird sich auf eine zu entspannte Endlichkeit einlassen, die in Wirklichkeit nur eine falsche Versöhnung mit dem Tod ist. Wer die zukünftige Erlösung vergisst, vergisst den noch ausstehenden Überschuss an Neuheit in der Auferweckung des Gekreuzigten und in der Ausgießung des Geistes, der in dieser Zeit noch nicht eingelöst ist. Versöhnung ohne den Ausblick auf die Erlösung steht in der Gefahr, sich als Kirche in dieser Welt mit all ihrer notwendigen und unvermeidlichen Diesseitigkeit allzu gemütlich einzurichten. Gegenüber dem Sozialphilosophen Theodor Litt, der die Diesseitigkeit des Glaubens scharf akzentuiert hat, erinnert Dietrich Bonhoeffer daran, »daß der Christ bei aller Hingabe an die Brüder und aller Treue zur Erde doch um der Gegenwart Gottes in Christus willen schon um den Abbruch dieser Erde und um die Zukunft einer neuen Erde und eines neuen Himmels weiß, und danach Verlangen trägt« (Dietrich Bonhoeffer).

Alle Theologien, die gegen eine Jenseitigkeit polemisieren und sofort eine Weltflucht wittern, übersehen die das Leben zerstörerisch überschattende Macht des Todes.

Sie erliegen der Versuchung, die noch zu überwindende Macht des Bösen und der Sünde grob zu unterschätzen.

Wann immer die Versöhnung zugunsten der Erlösung vergessen wird, eröffnet sich eine doppelte Möglichkeit: Erlösung hier und jetzt. Erlösung wird so verdiesseitigend verharmlost, dass es wie bei der Verabsolutierung der Versöhnung doch zu einer falschen Versöhnung mit dem Elend kommt, zu einer christlichen Kombination aus Neostoizismus und tragischem Fatalismus. Die Erlösung wird entspannt und vergemütlicht. Sich vergeben oder sich wohlfühlen ist auch schon Erlösung. Heilung unter den Bedingungen von Endlichkeit ist schon Erlösung. Auch die gemütliche Erlösung fordert die Versöhnung mit dem Tod, mit der menschlichen Endlichkeit – wenngleich dies einen fatalistischen Heroismus fordert.

Oder aber Erlösung wird sehr ernst genommen, stark gemacht und zugleich gefordert: Erlösung hier und jetzt. Dann kommt es zu einer unangemessenen Radikalisierung der Christen. Schon dieses Leben muss Erlösung bieten. Destruktiv und gefährlich wird es, wenn das Handeln der Kirche auch auf Erlösung zielt. Dies erscheint mir gegenwärtig die manifeste Versuchung in den liberalen westlichen Kirchen zu sein. Auch im gegenwärtigen kulturellen Großklima von einer kommenden, noch ausstehenden Erlösung zu sprechen, erfordert Mut. Aber es ist das notwendige, das befreiende Wort.

Das trotzige, aus einer Mischung von Enthusiasmus und Verzweiflung geborene »Doch, wir können die Welt verändern. Wir können dafür sorgen, dass Gerechtigkeit und Frieden einkehren« (Margot Kässmann/Heinrich Bedford-Strohm) lebt, so meine Überzeugung, von der Verwischung der Grenze zwischen Versöhnung und Erlösung – zugunsten der »Erlösung jetzt«. Wer von Menschen und nicht von Gott »Erlösung jetzt« fordert, hat langfristig nur drei Optionen: 1. Depression und Enttäuschung; 2. weltflüchtige Selbstillusionierung; 3. Gewalt. In allen Gulags des 20. Jahrhunderts steckten Menschen, die einer großformatigen Weltverbesserung, einem umfassenden Programm einer Erlösung, der Schaffung einer neuen Welt im Wege standen.

In diesem Leben schon das Böse überwinden? Dann werden auch innerkirchlich aus Abenteurern in Gottes Weltabenteuer Jakobiner und Zeloten. Christen berauschen sich dann daran, dass der Ausnahmezustand revolutionär auf Dauer gestellt wird. Wann immer Menschen Gottes ganz eigenes letztes Kapitel im großen Weltabenteuer zu übernehmen versucht haben, hat es blutig geendet. Verzweifelte politische Hoffnung kann das Gesicht des Terrors tragen.

4. WARUM KIRCHE? VERANTWORTUNG DER KIRCHE ZWISCHEN VERSÖHNUNG UND ERLÖSUNG

In den Debatten der letzten Jahrzehnte um die Bewältigung der Mitgliederkrise der Kirchen wurde immer wieder auf die anthropologische Bedürftigkeit des Menschen verwiesen.

Ich meine, dass es eine Sackgasse darstellt, die Kirche auf einem mehr oder weniger unvermeidbaren, tief sitzenden anthropologischen Bedürfnis aufzubauen: dem Bedürfnis nach Sinn, nach Transzendenz, nach Kontingenzbewältigung, nach moralischer Orientierung. Dass die Kirche solche Bedürfnisse faktisch aufnimmt und beantwortet, entspricht nicht nur der Realität, sondern auch der Barmherzigkeit Christi. Diesen Bedürfnissen sollte nicht hochnäsig und mit religiöser Verachtung begegnet werden. Sie anzuerkennen heißt, die Menschlichkeit des Menschen anzuerkennen.

Gegenläufig zu klassischen liberalen Theologien und ihrer Fokussierung auf die Religion des Individuums haben eher befreiungstheologische Ansätze auf die soziale Bedürfnislage abgestellt. Die soziale Welt braucht die Kirche für die Sorge nach Gerechtigkeit und Frieden. Beide Wege führen nicht aus der Krise, sondern weiter in die Krise. Die Anhänger der anthropologischen Bedürftigkeit, eingebaut in eine Religionstheorie, können nur schwer begründen, warum man dafür nicht auch ins Kino gehen, Yoga praktizieren oder Ernst Jünger lesen kann. Die Verfechter einer sozialmoralischen Begründung der Kirche können wiederum kaum beantworten, warum man in einem modernen Sozialstaat mit einem breiten Parteienspektrum und einer nicht weniger reichen Fülle an NGOs und Bewegungen eigentlich Mitglied einer Kirche sein soll. Für beide Begründungen spricht manches, aber sie reichen aus zwei Gründen nicht aus: Sie greifen empirisch nicht wirklich. Und: Gott erscheint in beiden nur als Symbol einer Problemlösung.

So bleiben die Fragen: Warum soll man also heute Christ sein? Warum sollte man heute in der Kirche sein? Wozu sollte es Kirche geben? Diese Fragen werden mit guten Gründen hier am Ende des dritten und nochmals im neunten Kapitel aufgeworfen.

4.1 Partner Gottes

Mein Vorschlag ist: Eine Kirche, und damit Christen, soll es geben, weil Gott in seinem Weltabenteuer Partner, Freunde, Mitstreiter und kritische Begleiter haben möchte. Nur in Gott lassen sich die Kirche und so auch die Kirchenmitgliedschaft begründen. Die sich in Gottes Weltabenteuer entfaltende Lebendigkeit Gottes möchte Menschen beteiligen, rufen. Gott möchte eine aktive Antwort auf die Versöhnung. Gott kann warten, wird aber nicht aufhören zu erwarten. Darum hat nach den Evangelien Jesus bei der Berufung der Jünger keinen nach seinen Bedürfnissen gefragt. Diese Antwort gestaltet sich als die Einheit der Kommunikation von Glaube, Liebe und Hoffnung.

Dies schließt nicht aus, sondern gerade auch ein, dass die Menschen und die sie bewegenden Bedürfnisse, Nöte und Fragen in dem umfassenderen Weltabenteuer Gottes ihren Platz haben. Aber es gibt ihnen einen anderen dynamischen Rahmen. Als Klagende, als Lobende, Dankende und Bittende, und in all dem letztlich als Medium des Geistes Christi, nimmt die Kirche in ihrer Kommunikation von Glaube, Liebe und Hoffnung an den Nöten der Welt teil.

Die Kirche lebt, redet, handelt und erlebt in der Zeit »zwischen« der Versöhnung der Welt mit Gott und der Erlösung der Welt. Sie entdeckt sich immer wieder und weiß sich neu als Moment des Weltabenteuers Gottes. In dieser ihrer Zeit wirkt der Geist Gottes, sodass sie Glaube, Liebe und Hoffnung kommuniziert, im Raum der Kirche und in die verschiedenen Umwelten hinein.

4.2 Doppelte Verantwortung

Im Weltabenteuer Gottes stehend gibt es eine doppelte Aufgabe der Verantwortung der Kirche. Für die Kirche in ihrem Verantwortungsbereich müssen Christen eine Gestaltungsverantwortung übernehmen – wissend um Gottes fürsorgende Lebendigkeit. Die Kirche fällt nicht vom Himmel. Und, damit eng verbunden, muss dann die Kirche wiederum Verantwortung in der Welt in dem ihr entsprechenden Verantwortungsraum übernehmen. Beide Aspekte hängen eng miteinander zusammen.

Die Kirche ist daher Raum und Gegenstand verantwortlicher Gestaltung. Verantwortungslose Kirchen sind zunächst solche, für die niemand Verantwortung übernimmt. Darum nochmals: Die Kirche ist kein Stück Treibholz auf dem Meer der sozio-kulturellen Entwicklung. Angesichts der unleugbaren Herausforderungen sind Entscheidungen erforderlich. Aus der Perspektive der Soziologie betrachtet, bestehen alle Organisationen, und so auch die Kirche, im Kern aus Entscheidungen. Doch woran orientieren sich Entscheidungen? Im Weltabenteuer Gottes stehend nimmt die Kirche als Organisation die Spannung zwischen der Wahrnehmung der Welt und der Wahrnehmung des Weltabenteuer Gottes wahr, erfährt und erleidet diese Spannung. Ein Ort, an dem diese Spannung artikuliert wird, ist der Glaube der Kirche und dessen Durchdenken in den verschiedenen Varianten der Theologie. Im Angesicht von langfristiger Finanzplanung, Personalplanung und Strukturentwicklung vergegenwärtigt sich die Kirche der fürsorgenden Treue Gottes und ihres Ortes in dessen Weltabenteuer.

Ist dies nur eine religiöse Vertröstung für die späten Abendstunden und den Sonntagmorgen? Ist dies fromme Theologie »fürs Herz«, der man sich zuwenden kann, wenn alle anderen vernünftigen Planungen schon abgeschlossen sind? Ist dies eine Selbstbeschreibung, die auch nichts anderes bietet als spirituelles Coping? Wer es braucht, soll es auf sich wirken lassen, wer es nicht braucht, soll es eben lassen? Was zählt, ist kluges Management der Organisation und ihrer Abläufe? Sind diese Überlegungen nur theologischer Puderzucker auf dem robusten Alltagsgeschäft des Kirchenmanagements und der moralischen Agentur? Diese theologische »Gleich-Gültigkeit« ist verbreitet, findet sich in den evangelischen Kirchen auf allen Ebenen der Organisation. Zu oft befördert die evangelische Kirche in der Öffentlichkeit den Eindruck, sie sage: »Die wirkliche Achtung der Menschenrechte und die Befolgung der goldenen Regel, das ist sehr gut und eigentlich reicht das auch. Wer zur Stütze, Begründung und Motivation Religion braucht, soll sich halt irgendeine aussuchen. Es sind alle gleich gut. Wer das Christentum nicht schlecht findet, auch gut. Wenn es dann auch noch Protestantismus sein muss, dann ist dies durchaus zu akzeptieren. Wir sind ja tolerant.«

4.3 Welche Erwartung in welchem Raum?

Dieses Buch wurde geschrieben, weil ich diese mit wenigen Pinselstrichen skizzierte und natürlich etwas überakzentuierte Haltung für falsch halte. Sie ist auch in ganz pragmatischer Hinsicht nicht zielführend. Es ist in der Tat für das Handeln und das Selbsterleben der Kirche wesentlich, dass sie weiß, dass sie an einen lebendigen Gott glaubt, weiß, wo sie im Weltabenteuer Gottes steht – und im Weltabenteuer welchen Gottes. Und: an welchem Ort. Nur so erkennt die Kirche, worin ihre Verantwortung liegen kann und wo sie auch verantwortungslos sein darf. Alles Handeln in dem Raum, der durch die *Unterscheidung* von Versöhnung und Erlösung aufgespannt wird, lebt von einer grundlegenden Unterscheidung: Was ist im Wirkungsfeld des Geistes Gottes – innerhalb und außerhalb der Kirche – und was ist nur von Gott erwartbar? Wer diese Unterscheidung aus den Augen verliert, muss die Last der ganzen Welt tragen – mit allen möglichen Konsequenzen.

Um es nochmals theologisch zu formulieren: Der Streit zwischen Politiken der Skepsis und Politiken der Zuversicht (Michael Oakeshott), zwischen Kosmopoliten und Regionalisten, zwischen Progressiven und Konservativen, zwischen Revolutionären und Reaktionären ist im Kern ein theologischer Streit: Wie viel Veränderung hin zu Solidarität, Liebe, Friede und Gerechtigkeit ist möglich in einer Welt »nach« der Versöhnung der Welt mit Gott und »vor« der Erlösung der Welt durch Gott? Wie viel Antizipation oder gar Realisation des Reiches Gottes ist möglich in einer Welt »nach« der Auferweckung des Gekreuzigten, aber »vor« der vollständigen Überwindung des Bösen, der Sünde und des Todes? Wie viel Licht der Neuschöpfung scheint schon in diese alte Welt (Jürgen Moltmann)? Für die Kinder und Enkel der alten 68er Kämpfer: Hat Theodor Adorno mit seinem schwachen Licht der Erlösung oder hat Ernst Bloch mit der hoffnungsgetragenen Dynamik der Geschichte Recht? Kurz: Wo gilt es, kirchlich und politisch mutig zu sein? Wo beginnen aber auch Torheit und Dummheit? Wann werden Hoffnungen hoffnungslos illusionär und Illusionen trostlos und destruktiv? Dies sind die Fragen, die die westlichen protestantischen Kirchen heute zu zerreißen drohen. Dies sind die Fragen, in denen sich ein intensiver Blick auf den Zusammenhang von Glaube, Liebe und Hoffnung lohnt.

IV DIE MORALISCHE ATEMLOSIG-KEIT EINER GRENZENLOSEN KIRCHE IN GRENZENLOSER WELTVERANTWORTUNG – ODER: DIE NOTWENDIGKEIT VON GRENZMANAGEMENT

1. KEIN TREIBHOLZ AUF DEM MEER DER ZEIT

Was die evangelische Kirche heute benötigt, ist ein Grenzmanagement. Von den Kirchenleitungen bis zur Ortsgemeinde, von kirchlichen Werken bis zu kirchlichen Kindergärten, das Grenzmanagement ist das Problem. Ohne Grenzmanagement lebt die Kirche in moralischer Atemlosigkeit bei gleichzeitiger tiefer Erschöpfung. Woran liegt dies? Was ist mit Grenzmanagement gemeint?

Die Krise der evangelischen Kirchen ist nicht nur eine sich mit den Folgen von Corona rascher abzeichnende Finanzkrise. Es ist nicht nur eine gegenwärtige Organisationskrise. Die Kirche steckt auch in einer Orientierungskrise. Eine Folge dieser Krise ist, dass die Kirche auf vielen Feldern ihre Grenzen nicht mehr sehen und verstehen kann. Gleich mehrere Entgrenzungen haben sich ereignet, die ein Grenzmanagement zur dringlichen Aufgabe machen. Das organisatorische Grenzmanagement scheitert, weil das theologische Grenzmanagement ausgefallen ist.

Die These dieses Buches ist ja, dass diese Orientierungskrise nicht nur, aber ganz wesentlich eine theologische Krise ist. Theologische Krisen zeigen sich nicht so eindeutig wie Finanzkrisen. Etwas passt nicht mehr. Die Ideen begeistern nicht mehr. Der Vorrat an theologischen Einsichten wirkt schal und kalt. Große Begriffe werden zu leeren Worthülsen. Sie motivieren nicht mehr richtig. Es ist ein Gefühl des Unwohlseins. Theologische Krisen entfalten sich schleichend. Sie lähmen allmählich. Zweifel sickert ein wie Wasser durch eine undichte Decke. Tröpfchenweise, aber hartnäckig. Aufbruchsgeister werden von Nörgelgeistern bedrängt oder gar überwältigt. Dazu gehören auch immer Menschen, die partout die Krise nicht wahrnehmen, nicht sehen, nicht fühlen. Theologische Krisen sind in ihrer Erzeugung eines Gefühls des Unwohlseins schwer beschreibbar. Sie erzeugen ein Gefühl der Ohnmacht, erzeugen den Eindruck, die Kirche sei Treibholz auf dem Meer der gesellschaftlichen Entwicklungen.

Dieser vielfach unausgesprochen gegenwärtigen These, dass die Kirche letztlich wie ein Stück Treibholz auf dem Meer der Zeit ohnmächtig kulturellen und sozialen Großtrends ausgeliefert ist, soll hier widersprochen werden. Und: Es soll ein Vorschlag einer Krisenbeschreibung vorgelegt werden. Knapp, mit breiten Pinselstrichen skizziert.

Die Mitgliederkrise, die die Ressourcenkrise verstärkt hat und noch massiv verstärken wird, hat nicht einfach mit schicksalhaft über die Kirchen gekommenen äußeren Faktoren zu tun. Die Kirchen sind nicht einfach dieses Stück Treibholz auf dem Meer der gesellschaftlichen Entwicklung. Auch dann, wenn sie sich zu den Kräften und Mächten der sozio-kulturellen Umwelt verhalten müssen, werden sie niemals vollständig von außen bestimmt. Mit ihrem Reden, Handeln und theologischen Denken verhalten sie sich zu den Prozessen in ihrer Umgebung. Was auch immer in und mit den evangelischen Kirchen geschieht, d.h. jede konkrete Krise, ist das Resultat der Umgebungsfaktoren, ihrer internen organisatorischen und theologischen Verarbeitung und der aktiven Selbstgestaltung. Die vielfältigen Selbstbeschreibungen, mit denen sich die evangelischen Kirchen offen oder untergründig selbst beschreiben und orientieren, können dabei die gefährdenden, erodierenden und beschädigenden Prozesse aus der Umgebung verstärken. Die Selbstauffassungen der Kirche können die Kirche, ihre Pfarrer und ihre Gemeinden diesen Prozessen schutzlos ausliefern. Die Kirche kann, durch eigene Fehloptimierungen ihrer theologischen Orientierungen, manisch-depressiv werden, schwanken zwischen Relevanzinflation und Heroismus auf der einen Seite und einer tiefen, bleiernen Erschöpfungsdepression und metaphysischen Verzweiflung auf der anderen Seite. So unwahrscheinlich dies ist, ist genau dies doch geschehen. Wie konnte es dazu kommen?

Mein Deutungsvorschlag ist: Die Kirche ist gefangen in einer lähmenden Addition von ursprünglich wohl richtigen Weichenstellungen, die aber große neue Probleme erzeugt haben. Bisher wurde die Addition zu wenig gesehen und Folgeprobleme nicht klar erkannt.

2. WEICHENSTELLUNGEN AUF DEM GROSSEN RANGIERBAHNHOF

Christliche Theologie ist wie ein Rangierbahnhof. Sie wandelt sich durch neue Umgebungen, durch Korrektur von Fehlern, durch anders laufende Entscheidungen an Punkten, an denen es in der Tat Alternativen gibt. Obwohl es ein technisch schon wieder überholtes Bild ist, kann man sich die theologische Ideen- und Erkenntnisgeschichte wie einen riesigen Güterbahnhof vorstellen, auf dem Güterwaggons sortiert und entsprechend ihrer Zielbestimmung geleitet werden. Dutzende Gleise liegen parallel, verbunden mit hunderten von Weichen. Auf welchem Gleis am Ende der Wagen der Theologie einer Kirche ankommt, hängt von vielen Weichenstellungen im vermeintlichen Gleisgewirr des Güterbahnhofs ab. Manche Gleise enden an einem Prellbock. Viele führen hinaus, aber in verschiedene Richtungen. Manche Gleise sind vielbefahren und glänzen hell in der Sonne. Andere Gleise und viele Weichen sind unter Buschwerk versteckt und überwuchert.

Stellt man sich die Theologie nun als einen solchen Güterbahnhof vor, so wird von Theologen selten ein neues Gleis gelegt. Meistens werden Weichen anders gestellt und einige zuvor unter viel Gestrüpp verborgene Gleise oder Weichen werden wieder neu entdeckt. Theologen – und dies sind für Protestanten in unterschiedlicher Intensität alle Christen – sind in diesem Modell Weichensteller, die versuchen, den Wagenlauf zu steuern. Anhand welcher Manuale und Einsichten sie versuchen, den Wagenlauf zu entscheiden, darüber wird heftig gestritten. Nur zu oft klemmt aber eine Weiche und der Wagen der Kirche läuft – ihr zugute oder ihr nicht zugute kommend – doch ganz anders. Das Problem unbeabsichtigter Folgen gibt es auch bei den theologischen Weichenstellungen.

Die verschiedenen Theologinnen und Theologen, die den Wagenlauf beobachten und planen, haben durchaus verschieden ausgestattete Manuale und Handbücher. Die einen bevorzugen die Philosophie Martin Heideggers, die anderen arbeiten mehr mit dem Apostel Paulus oder mit Martin Luther. Nicht wenige kommen vor lauter vertieftem Lesen ihres Handbuches gar nicht mehr zum Weichenstellen. Aller Streit um das richtige Handbuch drängt die Frage auf: Was soll letztlich das Weichenstellen orientieren? Worin liegt die Begründung für das Umlegen einer Weiche? Weichensteller, die evangelische Theologen bleiben möchten, werden nicht anders können als zu sagen: Es sind die so gewisse wie selbstkritisch relative Wahrnehmung von Gottes zugewandter Lebendigkeit und die Wahrnehmung von Gottes Weltabenteuer, die eine neue Weichenstellung nahelegen. Ob der ins Auge gefasste Wagenlauf der richtige, der wahre und angemessene ist, dies kann, auch nach Abwägung aller guten Gründe und intensiver Debatten unter den Weichenstellern, nur von Gott selbst beurteilt werden. Dies ist das ultimative Risiko dieser Tätigkeit.

Was das Modell des Güterbahnhofs nicht so gut erfasst, ist, dass sich manche Entscheidungen additiv verstärken. Die eine Weiche weiß nichts von der anderen. Mit einem anderen Bild gesprochen: Viele kleine Entscheidungsbäche können sich zu einem kräftigen, ja reißenden Strom vereinigen – ohne dass dies von der Bachquelle aus je hätte vorhergesehen werden können.

Die hier vertretene These ist: Innerhalb der letzten zwei Jahrhunderte sind in der evangelischen Theologie westlicher Gesellschaften mehrere Entscheidungen gefallen, d.h. Weichenstellungen vorgenommen worden. Sie fügen sich ganz ungeplant zusammen und prägen doch »den Lauf« der Kirche. Sie verwandeln die Kirche in einen moralischen Akteur, der in der Öffentlichkeit im Wesentlichen als »Moralagentur« (Hans Joas) wahrgenommen wird. Eine Einheit von Glaube, Liebe und Hoffnung wird nicht mehr intensiv genug gesucht. Dies gilt sicherlich nicht für jede Gemeinde und jeden Wirkungsbereich jedes Pfarrers. Aber es gilt für die öffentliche Gesamtwahrnehmung des deutschen Protestantismus und, so mein Eindruck, letztlich des Protestantismus der westlichen Gesellschaften.

Geschichten sind immer ganz eigenwillige Verknüpfungen von auch ganz eigenständigen Ereignissen – mit dem Anspruch, ein entstandenes übergeordnetes Muster zu klären. Hier nun also die Geschichte der acht Weichen, die den Wagen der Kirche dahin laufen lassen, wo er heute steht.

3. ACHT WEICHEN – WEGE IN DIE ENTGRENZUNG UND DIE SELBSTÜBERFORDERUNG DER MORALISCHEN AGENTUR

Um die folgenden Weichenstellungen in ihrem Entstehen und in ihren Folgen richtig zu verstehen, muss man sie als sogenannte Fehloptimierungen begreifen. Fehloptimierungen sind ein Fall von problemschaffenden Lösungen. Bei Fehloptimierungen wird ein reales Problem richtig angegangen. Die Lösung wird aber so perfektioniert und optimiert, dass sie selbst wieder echte Probleme erzeugt.

Beim Kuchenbacken ist Zucker oft hilfreich und gut. Mehr Zucker macht den Kuchen aber nicht unbedingt besser. Er verdirbt ihn. Wer dann auch noch in Ermangelung von Mehl dieses durch Zucker ersetzt – der stützt doch toll den Geschmack –, der ruiniert durch Optimierung den Kuchen. Das andere Problem, dass zu viel Zucker dem Body-Mass-Index der Menschen nicht zuträglich ist, kommt zu der Lösung noch hinzu. Wenn sich dann zusätzlich noch Randbedingungen ändern, wenn also der Kuchen statt beim Kindergeburtstag ungeplant auf einer Diabetikerparty landet, dann ist die Katastrophe perfekt. So funktionieren problemschaffende Lösungen und speziell Fehloptimierungen.

Alle acht Weichen, die ich im Folgenden kurz beschreiben möchte, sind

a) für sich alleine jeweils Fälle solcher problemschaffenden Lösungen. In ihnen finden sich immer mindestens drei Elemente: ein Ausgangsproblem, eine Lösung und ein neugeschaffenes Problem.

b) Hinzu kommt: Die Folgeprobleme addieren sich auf. Sie verstärken sich gegenseitig in ihrer Problemschaffung.

c) Sie tragen zur Entgrenzung und Selbstüberschätzung der Kirche bei.

d) Die wenigen Pinselstriche in der Darstellung sind für die Experten für die Geschichte theologischen Denkens selbstverständlich grob vereinfachend. Sie sollen sich freuen, dass sie es besser verstehen.

e) Die aktuellen Verfechter der Weichenstellungen werden, sollten sie sich wiedererkennen, den Urteilen schwerlich zustimmen können. Widerspruch ist das unvermeidbare Risiko, wenn man verstanden wird.

3.1 Die erste Weiche: Das Drama des Glaubens findet nur im Kopf statt

Diese Weiche findet sich in einer Überlegung, die, nach Vorarbeiten durch Johannes Calvin, prägnant ausformuliert wurde bei dem sogenannten Kirchenvater des 19. Jahrhunderts, Friedrich Schleiermacher.

Diese Weiche war ursprünglich angesichts eines nicht mehr tragfähigen Realismus in der Rede von Gott umgelegt worden, eines Realismus, der nicht mehr im angemessenen Kontakt mit den Umbrüchen in den naturwissenschaftlichen und philosophischen Erkenntnisbemühungen seiner Zeit war. Diese Weiche nimmt ernst, dass alle Aussagen, auch die über Gott, zunächst Aussagen unseres Bewusstseins sind. Und wo liegt das Problem?

In der Sprache religiöser Praxis, d.h. in Predigten, in Liedern und in Gebeten, reden wir von Sünde, von Schöpfung, von Kreuz und Auferweckung, von dem Jüngsten Gericht oder der Vergebung, von Gottes Treue und von seiner Fähigkeit zu hören, zu handeln und zu empfangen. Wir reden so, als seien dies Sachverhalte im dramatischen Weltabenteuer Gottes. Als seien dies Aussagen über Gott und unsere geteilte Welt. Wird diese Weiche umgelegt, so wird dies anders gesehen. Von der hohen Warte der vernünftigen Einsicht aus beobachtet, stellt sich die Sache aber ganz anders dar. In der durchdachten wissenschaftlichen Sichtweise – und kompetente Religionsmanager sollten sich diese Sicht zu eigen machen – sind all die genannten Aussagen in Wahrheit nur sprachliche Bezeichnungen verschiedener Prägungen unseres Bewusstseins. Wird Gott selbst Güte und Treue zugeschrieben, so sind dies letzten Endes nur allzu menschliche Rede- und Empfindungsweisen über das unbestimmte »Woher« dieses Bewusstseins. Es sind in Wahrheit Varianten der Prägung und des Ausdrucks religiösen Bewusstseins.

Es sind wiederum unsere Ausdrucksgestalten dieses Bewusstseins, die die Eindrücke in anderen schaffen. Dieser Kreislauf – Eindrücke werden ausgedrückt und Ausdrücke schaffen neue Eindrücke – öffnet langfristig eine interessante Tür: Religiöses Bewusstsein kann durch die Gestaltung der religiösen Symbole geformt, geprägt und im weitesten Sinne gesteuert werden. Nun wird heute kein Theologe, der sich selbstkritisch über die Schulter schaut, leugnen wollen, dass wir als Menschen immer auch in der Rede von Gott konstruieren, basteln und mit Werkzeugen unterwegs sind. Natürlich! Wie sollte es anders gehen?

Dennoch stehen nach dieser Weichenstellung drei Probleme im Raum. Zuerst: Hat die Theologie keinen Widerhalt, keine Grenze und kein Korrektiv in der zugewandten Lebendigkeit Gottes? Schauen Menschen in all ihren religiösen Vorstellungen und Einsichten letztlich nur in einen Spiegel? Oder wird der Spiegel nicht hoffentlich doch von »der anderen Seite« durchbrochen? Dann: Diese Entscheidung stellte eine eigentümlich leidenschaftliche Entdramatisierung des Weltabenteuers Gottes dar. Glaube erfasst für die vernünftige Einsicht kein Drama »da draußen«, kein kosmisches Drama. Es ist nur noch ein Drama in der Wahrnehmung. Es ist ein Drama im Kopf. Nur dort. Ich denke, dies ist ein zu gemütlicher Blick auf die Welt und ein nicht weniger gemütliches Verständnis des lebendigen Gottes.

Das dritte Problem ist: Eine Theologie ohne Widerstand in Gott droht, eine von aktuellen Interessen geleitete Phantasie zu werden. Ein Beispiel: Was ist zu tun, wenn ich anlässlich eines Vortrages vor fünfzig in der kirchlichen Umweltarbeit Angestellten und Engagierten dazu eingeladen werde, eine Umwelttheologie 4.0 zu »liefern«? Eine Theologie zu schreiben, die schlicht und einfach zu ihrem Anliegen passt, es aufnimmt, würdigt und in der Wirkung verstärkt? Was geht eigentlich vor, wenn zu jedem einigermaßen brennenden gesellschaftlichen Thema »X« mit etwas Verspätung erst eine »Ethik von X« und noch etwas später prompt eine »Theologie von X« gebaut wird? Die Gefahr ist mit Händen zu greifen: Wird die Theologie dann zur Waffenschmiede im Kampf der jeweiligen Moral? Sind Pfarrer und Pfarrerinnen vornehmlich Waffenhändler auf dem heißen moralischen Markt der Empörung und des Achtungsentzuges? Ist die Theologie dann wirklich mehr als ein Mikrofon, ein Verstärker und ein Lautsprecher für das, was andere im kulturellen Raum und im politischen Prozess ohnehin schon sagen? Macht nicht die Fülle der Spezialtheologien aus jedem Wahrheitsanspruch jenseits der Macht der Rhetorik eine Karikatur? Wie viel erscheint im Rückblick einfach als spirituelle Agitationslyrik? Dies sind die Probleme, die die Lösung schafft.

Eine Theologie, die nicht mehr damit rechnen muss, in Gottes eigener Lebendigkeit einen Widerstand zu finden, ist in ihrer eigenen Arbeit im Dschungel der Ideen letztlich entgrenzt.

3.2 Die zweite Weiche: Religion ist Moral

Diese Weiche ist mit dem Namen Immanuel Kant verbunden. Für Theologen und Kirchen, die sich mit Pathos als »nachkantianisch« begreifen, ist Theologie schlicht Ethik. Religion ist Moral. Punkt. Alles andere ist schlechte Metaphysik, man könnte auch sagen: fehlorientierte religiöse Lyrik, die dies leider nicht selbst durchschaut. Was die Theologie über Gott, seinen Geist, über Christus und die Propheten zu sagen hat, kann nur noch eingebracht werden, wenn es als Stütze der Motivation zu moralischem Handeln taugt.

Zweifellos drängt diese Weichenstellung die Kirche zu klären, in welchen Wissensräumen sie sich in einer wissenschaftlich durchdrungenen Welt bewegt. Diese Weichenstellung erinnert daran, dass die Auffassungen des Glaubens ein Bestandteil dessen sind, was die Experten die Psychologie der Moral nennen. Nicht zuletzt macht sie der Kirche klar, dass ihre Sorge das verantwortliche Handeln in dieser unserer Welt ist.

Die mit der Lösung dieser Weichenstellung geschaffenen Probleme sind unschwer zu übersehen. Zunächst: Alle theologischen Aussagen müssen letztlich in ethische übersetzt werden können. Im aufgeklärten Raum der Universität und im vermeintlich vernünftigen Raum der Öffentlichkeit kann die Kirche nur mit Ethik punkten. Dieser Denkzwang durchdringt mittlerweile die verunsicherten Kirchen, ihre Bildungsinitiativen und ihr öffentliches Selbstverständnis. Aber er führt zu einer Erschöpfung durch Entleerung. Hinter dem moralischen Engagement steht nicht mehr eine lebendige, auf Gott gerichtete Erkenntnissuche. Die Forderung, alle Aussagen des Glaubens in Moral zu übersetzen, entfaltet eine selbstzerstörerische Dynamik. Nach der Umstellung auf Moral sind das Einzige, was die Kirchen auf dem Markt der vielen Moralen unterscheidet, ihre Sprachtraditionen. Religiöse Folklore. Aber das ist zu wenig. Und: banal.

Hinzu kommt: Warum sollten die Kirche und die Theologie Kant in der Kritik der Gottesrede überhaupt folgen? Ein kurzer scharfer Blick dieser philosophisch orientierten Theologie auf das, was in der mythisch-medialen Religionspraxis alles aufgenommen wird, sollte die heimlichen und offenen Verehrer Immanuel Kants verunsichern: Was Menschen zumindest für 90 Minuten oder zwei Stunden in den mythisch-medialen Erzählmaschinen bereit sind, für wahr und existent zu halten, ist mehr als erstaunlich. Was heißt das? In ihrer Fehloptimierung führt diese Weichenstellung dazu, das, was Menschen für wirklich halten, und das, was sie zu bewegen vermag, grob zu unterschätzen. Und dennoch ist bis heute Immanuel Kant einer der mächtigsten Berater der protestantischen Kirchen.

Ist diese Weichenstellung eine Entgrenzungsentscheidung? Ja! Die Musik spielt nicht im muffigen Binnenraum der Kirche und ihrer Vorstellungen, sondern im grenzenlosen und hellen Raum der öffentlichen Vernunft. Die Grenzen der »dogmatischen« Gotteserkenntnis sind mutig zu überschreiten. So hört man es schon lange.

3.3 Die dritte Weiche: Universalität des Heils

Für diese dritte und auch für die vierte Weiche stehen im deutschsprachigen Kontext die Namen Dietrich Bonhoeffer und Karl Barth. Die von ihnen vorgenommene Weichenstellung ist enorm folgenreich, auch wenn sie auf den ersten Blick ganz unscheinbar ausschaut.

Die Versöhnung mit Gott ist nicht in der Kirche eine Wirklichkeit und für die Nichtchristen in der Welt nur eine Möglichkeit. Vielmehr hat Gott in Christus, wirklich alle Menschen einschließend, die Welt mit sich versöhnt. Definitiv und unverrückbar. Alle Menschen sind mit Gott versöhnt, nur wissen sie es noch nicht alle. Alle Menschen sind von Gott erwählt, nur begreifen und bezeugen dies noch nicht alle. Die evangelikale und die charismatische Christenheit sehen in dieser Weichenstellung bis heute einen Akt der theologischen Leichtfertigkeit. Was ist dann über Sünde, Tod, Gericht und Hölle zu denken? In dieser Kritik wird übersehen, dass Barth und Bonhoeffer damit eine Einsicht der Reformatoren unerbittlich ernst nehmen und zugleich einen ehrlichen Blick auf das 19. und 20. Jahrhundert werfen: Die Menschen sind in Sachen Versöhnung mit Gott real ohnmächtig. Und: In den westlichen Gesellschaften des 20. Jahrhunderts wird die Kirche sicher nicht mehr alle Menschen umfassen. Diese doppelte Einsicht öffnet die Augen für den Apostel Paulus: Gott hat die Welt mit sich versöhnt, als wir noch Sünder waren. Gott kommt allen Menschen zuvor.

Die Kirchen in den westlichen Gesellschaften haben diese Einsicht wenig bewusst, aber dennoch tief verinnerlicht. So theologisch überzeugend diese Weichenstellung erscheint, so überwältigend sind die mit der Lösung geschaffenen Probleme.

Für die evangelischen Kirchen hat diese Weichenstellung weitreichende Folgen: Die organisatorische Grenze der Kirche ist nicht zugleich die Grenze des Heils. Die römisch-katholische Kirche denkt hierin, trotz aller Elastizität hier und da, noch klassisch: *Extra ecclesiam salus non est*, so die alte Formel. D.h., außerhalb der Kirche gibt es kein volles Heil, nur gewisse Vorstufen. Wer hier mit guten Gründen anders denkt, kommt nicht umhin zu fragen: Wie ist die Grenze der Kirche dann theologisch zu bestimmen? Was geschieht denn theologisch, wenn Menschen Mitglied einer Kirche werden? Was geschieht, wenn sie die Kirche verlassen? Warum sollte überhaupt jemand in der Kirche sein – wenn es die Versöhnung mit Gott ohnehin, wahrhaft umsonst, gibt?

Um die erstaunliche Attraktivität der Lösung und die verblüffende Blindheit für die damit geschaffenen Probleme zu erkennen, muss man einen Blick auf ein Partykillerthema werfen: Mission im Sinne von Konversion. Abschreckend altbacken formuliert: Bekehrung.

Bonhoeffers und Barths Weichenstellung fördert eine Lockerheit und Gelöstheit im so konfliktreichen, enttäuschungsreichen und kulturell verminten Feld der Mission. Mission im Sinne einer Arbeit an der Konversion von Nicht-Christen zu Christen. Die Enttäuschung aus gescheiterten Missionsbemühungen kann vorweggenommen werden und noch bevor sie eingetreten ist, kann man sagen: »Die brauchen dies letztlich nicht. Christsein ist nicht notwendig. Die sind ja alle schon mit Gott versöhnt.« Das vermeidet Peinlichkeiten. Die westlichen protestantischen Kirchen haben in der Folge ihr Missionsverständnis weitestgehend auf Dialog und Lebensverbesserungen umgestellt.

Nur: Die westlichen Gesellschaften des 21. Jahrhunderts bedrängen die Kirchen erbarmungslos mit einer Einsicht, die schon Jesus dem Nikodemus (Johannes 3,1–21) mitgegeben hat: Menschen werden nicht als Christen geboren. Sie müssen es werden. Irgendwie und irgendwann.

3.4 Die vierte Weiche: Sendung statt Sammlung

Bis ins 19. Jahrhundert dachten sich viele Theologen die Kirche als eine Sammlungsbewegung. Die Menschen werden aus der sündigen Welt in die Kirche gerufen. Sie werden, wie in der frühen Christenheit, in Kirchen gerufen, die Inseln im großen Meer der heidnischen Gesellschaft sind. Im erhofften Idealfall ist dann am Ende die gesamte Kirche so gewachsen, dass sie so groß ist wie die Gesellschaft selbst. Dann gibt es kein umgebendes Meer mehr, nur noch Land. Die Gesellschaft ist dann eine christliche. Dies war eine dynamische Vorstellung, die aber letztlich auf das Gleiche hinauslief wie das Christentum des Heiligen Römischen Reiches: Jeder Bürger ist früher oder später zugleich Christ oder sollte es sein. Die Idee der Sammlung kränkelte zu Beginn des 20. Jahrhunderts so sehr, dass sie abstarb. Es kam zu einer Weichenumstellung, die zugleich eine wichtige und richtige Wiederentdeckung war.

Die Kirche, die an der Sendung Jesu teilhat, ist nun zunächst und zumeist die Kirche, die in die Welt gesendet ist – für das Zeugnis von Wort und Tat. Jesus sendet seine Jünger. Er sendet sie zu den Menschen in ihren Nöten. »Kirche für andere« ist die treffende und wirkmächtige Formulierung, die Dietrich Bonhoeffer aus der Gefängniszelle heraus dem Nachkriegsprotestantismus als Gestaltungsanweisung mitgegeben hat. Das eigentliche Ziel der Kirche ist nicht mehr, Menschen aus der Welt herauszurufen, sondern Menschen in die Welt zur Verwandlung der Welt zu senden. In dieser Sendung suchen und finden die Kirchen Verbündete im weiten Feld der sozialen Transformationsakteure: Gewerkschaften, Parteien, NGOs, Verwaltungen und unstrukturiertere Bewegungen.

»Kirche als Sammlung« wird zum Zeichen eines unerfreulichen religiösen Egoismus oder schon komisch wirkenden Absolutismus. Denn die eigentliche Berechtigung der Kirche liegt in ihrer welt- bzw. gesellschaftsverwandelnden Wirkung. Aus der Welt in die Kirche rufen, das tun die Charismatiker, die Evangelikalen, irgendwelche Fundamentalisten und die restlichen religiösen Spinner. Für einen weltoffen-liberalen Protestanten ist dies unanständig. Sammlung, dies ist schlechter Klerikalismus oder religiöser Besitzindividualismus.

Leider bricht angesichts unübersehbar schrumpfender Kirchen das gleiche Problem wie bei der letzten Weichenstellung auf: Woher kommen die vielen Christen, die in die Welt gesendet werden sollen? Wachsen sie wie Moos im deutschen Wald? Wie viel versteckter religiöser Vitalismus, wie viel falsche Begeisterung für die Zeugnismacht in Wort und Tat stecken in diesem Ansatz? Die Frage, wie sich denn diese Kirchlichkeit im Rostfraß des Lebens regenerieren würde, wurde tunlichst nicht aufgeworfen.

Die Wahrheit ist leider: Die Theologen und Kirchenführer, die Aktivisten und Weltveränderungsbegeisterten, die in den letzten Jahrzehnten laut in das Horn der Sendung geblasen haben, lagen faktisch in der bequemen Hängematte einer noch stabilen traditionellen Kirchlichkeit und schaukelten sich dort in ihre Begeisterung. Bei nur noch drei Prozent Christen in Amsterdam, da ist die bequeme Hängematte weg.

Fehloptimierte Sendungstheologie entgrenzt die Kirche durch die permanente Sendung in die Horizonthaftigkeit der Welt – ohne die personelle Ressourcenfrage stellen zu wollen.

3.5 Die fünfte Weiche: Die Erfindung anonymer Christen

Die fünfte Weichenumstellung folgt mit einer gewissen Schlüssigkeit der dritten und vierten Weiche und fügt doch etwas hinzu. Die Soziologen würden hier von einer Pfadabhängigkeit der Entscheidungen sprechen. Eine Entscheidung macht die nächste wahrscheinlicher und so weiter.

Was heißt es, wenn diese Weiche umgelegt wird? Wenn die Kirche in die Welt gesendet ist, so ist sie dabei nur ein Moment der umfassenderen Sendung Jesu Christi. In der Sprache des Theologen Karl Barth formuliert: Die Kirche hat Anteil an der umfassenderen Prophetie Jesu Christi. Oder: Der Christ, der sich in der Gesellschaft engagieren möchte, kommt immer zu spät. Warum? Weil eben Christus schon vor den Christen in der Gesellschaft wirkt. Diese Idee findet sich in Varianten bei vielen westlichen Theologen des 20. Jahrhunderts. Der katholische Theologe Karl Rahner hat dafür m. E. den prägnantesten Begriff geprägt: anonyme Christen. Anders als die Anonymen Alkoholiker wollen diese anonymen Christen allerdings nicht nur anonym bleiben. Sie wissen selbst nicht, dass sie anonyme Christen sind. Es ist eine reine Außenzuschreibung, keine Selbstzuschreibung.

Selbstverständlich entfaltet die Idee anonymer Christen biblisch wichtige Motive eines die Kirche überschreitenden Handelns Gottes und einer relativen Bekanntheit Gottes in den Umgebungen der Kirche. Nicht nur der Schöpfer wirkt in der Weite seiner Schöpfung. Nicht zuletzt begegnet die Kirche in vielen gesellschaftlichen Feldern Menschen mit einem tragenden Humanismus, mit verschwenderischer Liebe und einem beachtlichen Verantwortungsbewusstsein. Speziell in einer mit Gott versöhnten Welt muss die Kirche mit Menschen und Institutionen rechnen, die Gerechtigkeit und Frieden suchen – aber nicht Christen sein wollen.

Dennoch: Irgendwie ähnelt die Strategie zunehmend einem Taschenspielertrick. Wer keine Asse mehr auf der Hand hat, findet sie im Ärmel oder unter dem Tisch. Die Erfindung des anonymen Christen erscheint spätestens dann als eine Fehloptimierung, wenn es sehr viel mehr anonyme Christen als normale Christen zu geben scheint. Und man fragt sich zu Recht: Wozu braucht man eigentlich noch normale Christen, wenn es die anonymen auch tun? Wozu braucht man Kirche, wenn beide Weisen des Christseins gleich gültig sind? Ist dies eine Weise, wie sich die Theologie und die Kirche selbst belügen? Definieren sie so einfach ein Problem weg? Ist dies eine Vogel-Strauß-Strategie? Wirkt die Vorstellung vieler anonymer Christen nicht wie eine Droge, um sich von unangenehmen Einsichten abzuschirmen? Warum sollte man in der Kirche sein oder gar Kirchenmitglied werden, wenn man Mitglied der Grünen ist und sich bei Amnesty International und in einer nachbarschaftlichen Geflüchteteninitiative engagiert? Genügt nicht das Engagement im Sportverein, bei der freiwilligen Feuerwehr und im Verein zur Bewahrung der Streuobstwiesen? Unterscheiden sich die verschiedenen Initiativen zur Förderung der Menschenrechte nur in ihrer folkloristischen Ausstattung?

Dass diese Fragen von den sich fortschrittlich begreifenden protestantischen Kirchen (solchen mit Heilsuniversalismus ohne Heilsgrenzen der Organisation) notorisch beiseitegeschoben und schon lange laut beschwiegen werden, wirkt wie eine sich langsam ausbreitende Lähmung.

In einem bewussten Akt der Entgrenzung wird die Unterscheidung zwischen Christen und solchen, die es offensichtlich ausdrücklich nicht sein wollen und können, eingezogen.

3.6 Die sechste Weiche: Kirche für die Armen

In der Bundesrepublik ist der wichtigste Weichenwärter der sechsten Weichenstellung Jürgen Moltmann. Auch diese Weiche betrifft das Selbstverständnis der Kirche. Die Kirche ist nicht einfach eine Kirche des gesamten Volkes derer, die in der Organisation der Kirche sind. Nein! Die Kirche wird erst zur Kirche, wenn sie sich den Armen und Entrechteten, den Menschen in Not und den unter Ungerechtigkeit Leidenden zuwendet. Kirche wird erst Kirche Jesu Christi in der Wendung zu den politisch und ökonomisch Armen. Die wirkliche Kirche ist darum immer und durchgehend parteiisch auf der Seite der Armen stehend.

Das Wahrheitsmoment dieser Weichenstellung liegt auf der Hand: In den Kirchen, die lange Zeit einen starken Akzent auf die Rechtfertigung des Sünders und des Gottlosen legten, sind die erbarmenstheologischen Aspekte der Evangelien und der hebräischen Bibel unangemessen in den Hintergrund gerückt. Die Zuwendung zu den Menschen am Rand der Gesellschaft ist eingeschrieben in die Praxis Jesu. Nicht zuletzt macht die weltweite Gemeinschaft der Kirchen globale Wohlstandsgefälle und Armutsverteilung gegenwärtig. Die im Kern befreiungstheologische Spitze prägt viele innerkirchliche NGOs, Initiativen, manche Synodalbeschlüsse und nicht zuletzt auch die neuere Rhetorik der EKD.

Und doch drängen sich die Probleme dieser Lösung unübersehbar in den Vordergrund: Einen Zachäus braucht diese Kirche offensichtlich nicht. Auch ein Zachäus braucht diese Kirche nicht. Die radikal wirtschaftskritischen, auf die Überwindung von Armut zielenden Traditionen der hebräischen Bibel und des Neuen Testaments sind aber nur eine Stimme im innerkanonischen Gespräch. Diese Stimmen sind Teil einer umfassenderen Vision von Erlösung. Nicht zu vergessen ist: Während die reformatorisch-theologische Unterscheidung von Sünder/ Gerechtfertigter alle Menschen gleichermaßen einschließen kann, sortiert die zugleich theologische wie politische Unterscheidung von Armer/Reicher und Opfer/Täter Menschengruppen. Dass dieses Sortieren bei genauerer Betrachtung weder sozial, wirtschaftlich, politisch oder auch theologisch funktioniert, ist unstrittig. Für einen das Handeln der Kirchen orientierenden theologischen Leitbegriff sind die Fragen, was denn nun Armut und welcher Mensch ein Armer ist, schlichtweg zu ungenau. Der umfassende Rahmen für die »Option für die Armen« ist Gottes Feindesliebe. Die schließt niemanden aus und alle ein – nur eben mit unterschiedlichen Konsequenzen für die Praxis der Nachfolge. Gott ist kein Parteigänger. Darum ist Gottes Feindesliebe der daueraktuelle Skandal.

Darum ist meine Frage: Was macht dies aus der Kirche? Und mein Verdacht ist: Die Kirche teilt sich auf in radikal-moralische Salonsozialisten und eine mehr oder weniger große Restgruppe von vermeintlich reichen Tätern mit schlechtem Gewissen. Wer da nicht reinpasst, wartet oder geht. Denn: Wer sich nicht genügend und laut genug empört, steht faktisch unter Verdacht, ein Reicher zu sein.

Solange die evangelischen Kirchen – auf der Basis von guten, richtigen und überzeugenden Gründen – nicht unbeträchtlichen Immobilienbesitz haben, noch vernünftige Gehälter zahlen, Versorgungsrücklagen bilden und Kunst kaufen, solange sie irgendwie in der Mitte der Gesellschaft stehen, ist klar: Das mit den Armen glaubt ihnen eh keiner. Um es deutlich zu sagen: Ja, eine Kirche in der Nachfolge Christi muss sich den Menschen im Schatten und an den Rändern entschlossen zuwenden. Ja! Zur Bestimmung des Kircheseins der Kirche taugt aber die Formel »Kirche für die Armen« nicht. Ein entgrenzter Sozialpaternalismus fördert nicht die Glaubwürdigkeit. Im Gegenteil. Leider.

3.7 Die siebte Weiche: Die Institution Kirche als Akteur der Zivilgesellschaft

Die protestantische Kirche in Deutschland hat als Gesamtkirche in der Zeit des Nationalsozialismus weithin versagt. Ausnahmen bestätigen die Regel. Einzelne Christen und Gemeinden waren mutig, erhoben ihre Stimme, versteckten Juden und widerstanden der Ideologie und dem Regime. Aber es waren eben weithin nur Einzelne und Kleingruppen. Diese Erfahrung prägte den Nachkriegsprotestantismus tief. Die siebte Weichenstellung ist eine wichtige und im Grundsatz berechtigte Reaktion auf diese Problemgeschichte. Sie ist eine mögliche Lösung auf ein unbestreitbares Problem.

Der spätere Berliner Bischof und Ratsvorsitzende der EKD, Wolfgang Huber, hat in seiner Habilitationsschrift aus dieser Geschichte die Lehren gezogen und massiv gegengesteuert. Der eigentliche Träger des Zeugnisses der Kirche in der Zivilgesellschaft ist, so seine Überzeugung, die Kirche als Institution und Gesamtkirche. Die vielen Gestalten persönlicher Frömmigkeit sind weniger relevant, ja, eher irrelevant für die öffentliche Wirksamkeit der Kirche. Die Kirche steht in dem Raum zwischen den Einzelnen und der großen Politik mit ihren Verfahren, Regeln, Debatten im Parlament und ihren Entscheidungen. Sie ist, in der Sprache der Soziologen gesprochen, eine sogenannte intermediäre Institution im Geflecht der Institutionen. Die Gesamtkirche muss sprechen. Nur so finden die Impulse des Christentums in der modernen Gesellschaft Gehör. Damit nahm Wolfgang Huber die praktischen Erfahrungen der sogenannten Denkschriften der EKD auf und erweiterte sie unter dem Eindruck der Öffentlichkeitstheorie des Philosophen Jürgen Habermas.

So überzeugend die Ausgangsproblematik und so richtig die Stoßrichtung war und ist, es ist eine klassische Fehloptimierung. Eine enorm problemschaffende Lösung. Zunächst ist zu beobachten: Durch die Hintertür wird faktisch ein moralisches Lehramt etabliert, das der Protestantismus aus guten Gründen nicht kennt. Mit dieser Entscheidung, die einen reformierten Braten-Fond mit einem amtskirchlich-lutherischen Soßenbinder versehen hat, öffnete sich nicht nur vermeintlich das Tor zu »der Öffentlichkeit«, sondern sperrangelweit die Tür zum katholischen moralischen Lehramt. Experten und Bischöfe sprechen verbindlich für ›die Kirche‹.

Nicht zu übersehen ist: Der tagtägliche Beitrag von Millionen von Laien wird systematisch und nachhaltig entwertet. Da es weniger um die Bildung von Christen zu kompetenten Bürgern geht, sondern eher um die direkte und machtvolle Einflussnahme auf die Entscheidungsträger in der Politik, hilft dieser Ansatz, auch die repräsentative Demokratie auszuhöhlen.

Wie der deutsch-schweizerische Ethiker Johannes Fischer und der Religionssoziologe Hans Joas schlussfolgern: Die Kirche wird eine moralische Agentur oder eine Lobby-Gruppe wie der Automobilclub oder der BUND, die als Riesen-NGO Themen pusht und Forderungen an die Politik adressiert. Unterstützt wird sie dabei von vielen innerkirchlichen kleineren NGOs mit spezielleren Anliegen auf den Feldern Frieden, Gerechtigkeit, Zweite Welt, Gender etc. Nur: Dazu braucht es weder Glaube noch Gemeinden. Dazu braucht es auch keine Mitgliedschaft in der Breite, sondern nur quasiprofessionelle Akteure und eine Unterstützung durch Geld, Strukturen der Institution und Beifall.

In der Entgrenzung des politischen Einflussbegehrens ist die persönliche Frömmigkeit der Laien unbedeutend. Die Gemeinden sind zu poplig. Nur die Gesamtinstitution und ihre kompetenten Sprecher zählen. Warum sollte jemand in diesem Club Mitglied werden?

3.8 Die achte Weiche: Gott hat nur unsere Hände

Die evangelischen Kirchen und auch die Theologie des Protestantismus wurden angesichts der Gräuel des 20. Jahrhunderts wie nie zuvor zur konstruktiven Verarbeitung der Theodizeefrage gezwungen. Nach ersten Nachkriegsjahrzehnten der Verdrängung brachen in den frühen 1970er Jahren notwendige Fragen mit aller Macht auf: Wo war der mächtig rettende Gott in Auschwitz, in Hiroshima, in den Gulags dieses Jahrhunderts? Die Frage nach dem Leiden und der Macht Gottes erforderte notwendig andere Antworten, als die Tradition zu bieten hatte.

Die Verabschiedung eines allmächtigen Gottes war eine Konsequenz. Durch eine radikale Hinwendung zu dem leidenden Christus am Kreuz entwickelte ein ganzes Ensemble von Theologinnen und Theologen Modelle eines mitleidenden und ohnmächtigen Gottes. Nur der mitleidende und eben nicht allmächtige Gott kann helfen und retten. Die Macht Gottes ist die Macht mitleidender Liebe. So der *basso continuo* von Dietrich Bonhoeffer über Jürgen Moltmann bis hin zu Michael Welker.

Eine weitreichende Schlussfolgerung für die Theologie und Politik der Kirche hatte in den 1970er Jahren schon Dorothee Sölle gezogen, die oft den eindrücklichen Satz eingespielt hat: »Christus hat keine anderen Hände als unsere Hände.« In den Händen der bewussten und anonymen Christen liegt es, für Gerechtigkeit einzutreten, für das Leben und Überleben aller zu kämpfen, Parteinahme für die Unterdrückten und die Armen zu praktizieren.

Die radikale Diesseitigkeit Gottes setzt die Einsicht frei: Kein irgendwie jenseitiger, kein irgendwie überweltlicher Gott kann die Wende der Not der Welt bewirken und Gerechtigkeit bringen. Wir Menschen müssen es tun – mit der Kraft, die von Christus ausgeht, in der Bewegung des Geistes, der in uns wirkt. Aber: Bei aller Betonung der Kraft Christi und der Macht des Geistes sind es letztlich wir Menschen. Sonst ist da niemand. Die Weltverantwortung, ja, die Verantwortung der ganzen Welt, aller Menschen aller Kontinente und Staaten liegt in der Hand derer, die Weltverantwortung übernehmen wollen. Nicht mehr und nicht weniger. Die Kirche ist daher nicht nur Kirche für andere, sondern für alle. Und sie hat nur die eigenen Hände. Alle Hoffnung auf Gott selbst ist fahren zu lassen. Kinderphantasie, die durch die Phantasie der Revolutionäre zu ersetzen ist.

So berechtigt die Betonung der Diesseitigkeit vor dem Hintergrund der biblischen Erzählungen ist, so tief biblisch die Suche nach echter Gerechtigkeit und lebenseröffnendem Frieden ist, so zentral der Impuls der Verbesserung des Lebens und so ermutigend und befreiend die Mitarbeit an Gottes Weltabenteuer – am Ende sind es allein die Menschen guten Willens, die, wie in der griechischen Mythologie die Person des Atlas, die Weltverantwortung auf den Schultern tragen.

Die problemschaffende Seite dieser Lösung tritt deutlich hervor, betrachtet man eine ihrer Weiterentwicklungen. Um die Mitarbeit der Menschen am Weltabenteuer Gottes hervorzuheben, hat der Genfer Reformator Johannes Calvin eine weithin rezipierte Formel geprägt: »Christus will nicht ohne die Seinen sein.« Dies ist ein Satz der Würdigung, des Trostes und der Ermutigung. Der Geist Gottes, in dessen Macht der Gekreuzigte auferweckt wurde, nimmt die Christen in die Bewahrung und Verwandlung der Welt mit hinein. Sie werden als vom Geist Gottes ergriffene Menschen ganz menschliche Mitarbeiter und Partner Gottes. Versteht man den Satz aber so, als sagte er: »Christus will *nie ohne* die Seinen sein«, so verwandelt er sich klammheimlich in eine Variante des Satzes von Dorothee Sölle.

Wo steckt nun das Problem in der Lösung? Der Dorothee Sölle zugeschriebene Satz, so meine These, ist ein mit einer frommen Schleife verzierter Satz der Hoffnungslosigkeit. Er ist in Wahrheit ein ›Satz der Verzweiflung‹. Biblisch-theologisch gewendet: Zu oft gilt von den Jüngern der lapidare Satz aus dem Markusevangelium: »[...] sie konnten's nicht« (Markus 9,18).

Der Satz, dass Christus keine anderen Hände hat als unsere Hände, bündelt zwei problematische Haltungen. Er ist zunächst ein moralisches Spiegelbild einer technischen Machbarkeitsvision der gleichen späten Nachkriegszeit. Er atmet auf der Seite der Veränderung der sozialen Wirklichkeit den gleichen optimistischen Geist der grenzenlosen Machbarkeit. Eben der sozialtechnischen und moralpolitischen Machbarkeit. Der Satz ist darum nicht frei von einem machtsuchenden Heroismus. »Wir können, weil wir müssen«. Hinzu kommt: Da er ganz grundsätzlich von Gott so wenig erwartet, dass selbst die Klage sinnlos ist, ist er zugleich ein Satz abgrundtiefer spiritueller Verzweiflung.

War diese Weichenstellung in den späten 1970er Jahren ein Akt der ehrlich-optimistischen Selbstaufforderung, so trifft dies heute nicht mehr zu. Die heroische Selbstaufforderung lackiert die Depression. Aber der Lack hat Risse. Ein nur halbwegs realistischer Blick auf die Nöte der Weltgeschichte, auf die im Ergebnis hoch zweideutigen Versuche der großformatigen Weltverbesserung in der zweiten Hälfte des 20. Jahrhunderts, auf die große politische Problematik nicht beabsichtigter Folgen zeigt, wie fragwürdig die mit diesen Händen verbundene Hoffnung ist.

Das Haus des gesellschaftlichen Optimismus, das in den »Habermas-Jahrzehnten« in den westlichen Gesellschaften gebaut wurde, ist eine Ruine, durch die der kalte Wind der interessengeleiteten Geo-Politik pfeift. Die Hütte einer religiös gestützten globalen Zivilgesellschaft steht windschief auf unsicherem Fundament. Das ist nicht zu bejubeln, aber auch nicht zu verleugnen. Wer dies in Frage stellt, sollte m. E. einen Blick auf die Bewegungen »Fridays for Future« oder »Extinction Rebellion« werfen: Die Verwirklichung der Utopie hat sich in die »dystopische« Abwendung des Unheils verwandelt.

Damit soll nicht einem kultivierten Zynismus, einer Kombination aus kühlem Weißwein und gelegentlichen Hinweisen auf die Menschenrechte das Wort geredet werden. Damit soll aber ein Fragezeichen an ein optimistisches kirchliches »Wir schaffen das schon mit der Gerechtigkeit und dem Frieden« angebracht werden. Es gilt offen zuzugeben: Zu glauben »Wir schaffen das mit unseren Händen, was die biblischen Traditionen sonst Gott zuschreiben«, erfordert nicht weniger Glauben, als an die morgige Wiederkunft Jesu Christi zu glauben! Deshalb dürfen die Hände nicht in den Schoß gelegt werden, natürlich! Aber was ist zu tun, wenn der Lack der heroischen Selbstüberschätzung über der Depression und Verzweiflung abblättert? Was ist zu tun, wenn sich die lähmende Erkenntnis einschleicht, dass das Fass der Not der Welt bodenlos ist und die Kräfte der Kirche begrenzt sind? Was sagt die manisch-depressive Kirche, wenn schon bald die verzweifelte Hoffnung auf der Straße zu Gewalt greift? Was sagen Christen, wenn angesichts einer Virenpandemie romantische Vorstellungen einer Bewahrung der Schöpfungsidylle zerbröseln? Beginnt dann die Wiederentdeckung der Apokalyptik? Beginnt dann messianisches Denken?

Die Begrenzung von Gottes Lebendigkeit auf die eigenen Kräfte und die entgrenzten politischen Sehnsüchte hat ihren Preis: Sie führt entweder in eine Doppelmoral oder in aller Entbehrung in eine spirituelle Erschöpfung.

4. THEOLOGISCHE ENTGRENZUNGEN UND DIE GRENZENLOSE KIRCHE

Neben den acht Weichenstellungen gilt es noch einen kurzen Blick auf zwei weitere, äußerst folgenreiche theologische Entgrenzungen zu werfen: Die Entgrenzung des Geistwirkens über die Grenzen der Kirche hinaus und die Entgrenzung der Christusgegenwart über die Grenzen der Kirche hinaus.

Für viele einflussreiche Theologen des 20. Jahrhunderts ist es in inhaltlicher Hinsicht entscheidend, dass die Wirklichkeit des in Christus und im Geist Christi anbrechenden Neuen weder auf den einzelnen glaubenden Menschen noch strikt auf die Gemeinde eingeschränkt werden kann. Der auferstandene Christus und der erneuernde Geist Jesu Christi sind auch in sozialen, kulturellen und politischen Kontexten jenseits der Kirchen gegenwärtig, wirksam und erfahrbar. Damit die Welt die neue Welt Gottes wird, muss sie – anders als noch in der Theologie des 19. Jahrhunderts – nicht mehr zuerst Kirche werden. Der Geist des Lebens, auch der Geist des neuen Lebens, so die weithin geteilte These, darf nicht in einer Art Miniaturisierung des Gotteshandelns gedacht werden. Wer nur an den persönlichen Glauben und die Kirche denkt, wird der Erneuerung der Welt im Versöhnungshandeln Christi nicht gerecht. Der neuschöpferische Geist Gottes darf nicht in die Kirche eingehegt werden, wie dies noch viele charismatische Christentümer tun. Programmatisch hat der Theologe Paul Tillich den Geist der Erneuerung in eine große Kulturtheologie eingelagert. Das von Ostern und Pfingsten ausgehende Verwandlungsgeschehen greift aus und übergreift die

Kirchentümer, die Kleingeisterei der Gemeinden, den Provinzialismus der empirischen Kirche. Die Welt ist eine Welt in der Bewegung Gottes – auch dann, wenn dies wenige jenseits der Kirche zu glauben oder gar zu sehen vermögen.

Für viele Beteiligte der ökumenischen Bewegung und der interreligiösen Gespräche stehen Christen nicht nur in einer Wirkungsgeschichte des jesuanischen Lebens, sondern in einer umgreifenden Gottesgeschichte, die auch andere Religionen einschließt. Darum ist der Gestaltungs- und Verantwortungsraum der Christen weiter als die Kirche.

Die Reformatoren haben die weite Welt vornehmlich als den Wirkungsraum des Schöpfers betrachtet. Spiegelbildlich dazu war für sie die Kirche der Ort, an dem der Geist Jesu Christi wirkte und Christus gegenwärtig wurde. Dagegen haben im 20. Jahrhundert viele Theologinnen und Theologen protestiert. So hat Dietrich Bonhoeffer dieses Denken in zwei Räumen heftig zurückgewiesen. Für ihn gab es nach Inkarnation, Kreuz und Auferstehung nur noch einen universalen Christusraum. In vielen Ansätzen der Theologie des 20. Jahrhunderts werden also – trinitätstheologisch betrachtet – nicht nur das Schöpfungshandeln Gottes, sondern auch die Präsenz und das Handeln Christi und des Geistes Christi über die Kirche hinausgehend »universalisiert«. In direkter Analogie zu Karl Barths berühmtem, 1919 gehaltenem »Tambacher Vortrag«, lässt sich feststellen: Der Christ begegnet nicht nur dem Christus in der Gesellschaft, sondern auch der breiten und tiefen Wirkmächtigkeit des Geistes Jesu Christi. Sicherlich: Die Bewegung, die von Christus ausgeht, erfasst auch heute die Christen und erzeugt die Kirche immer wieder neu – und doch wäre es theologisch verfehlt, die empirische Kirche zum Indikator und Maßstab für das erneuernde und verwandelnde Handeln Gottes zu machen.

Ohne Zweifel werden hier wichtige biblisch-theologische Impulse rezipiert, ökumenische Anschlüsse geschaffen und die Begrenztheit der Kirche wird wahrgenommen. So dürfen der Geist der Schöpfung und der Geist Jesu Christi nicht auseinanderfallen. Nicht wenige Gemälde im Apsisgewölbe alter Kirchen haben mit guten Gründen den Auferstandenen als Herrscher über den Kosmos beschrieben. Der Reichsapfel mit Kreuz in vielen Darstellungen des Auferstandenen symbolisiert den als Kugel vorgestellten Kosmos, über den der auferstandene Christus herrscht.

Mit diesen Entgrenzungen des Geistwirkens und der Christuspräsenz wird die Kirche herausgefordert, die Gegenwart der Hoffnung und des Geistes jenseits ihrer selbst wahrzunehmen, anzuerkennen und mit Kräften zu unterstützen.

Doch die wahrhaft weltgeschichtliche Dimensionierung des Christusgeschehens und der Geistausgießung wirft auch viele Fragen auf: Woran ist z. B. das Wirken des Geistes in den weiten Bezügen der Politik erkennbar? In welchen Aufbrüchen ist der Auferstandene gegenwärtig? Wie wird in Wirtschaft, Sport, Bildung, Medizin und Politik die Bewegung von der Alten Schöpfung hin zur Neuen Schöpfung sichtbar?

An dieser Stelle wiederholen sich dann auch die Fragen, die im letzten Abschnitt zu den Weichen aufbrachen. Wie sind angesichts eines universalisierten Wirkens des Geistes und einer universalisierten Präsenz Christi die

Grenzen der Kirche bestimmbar? Warum in der Kirche sein? Reicht nicht aufrichtige Humanität? Genügen nicht die Menschenrechte als Basisorientierung für alle, die kein Bedürfnis nach religiöser Folklore und religiöser Gefühlskommunikation haben? Ist die Charta der Vereinten Nationen nicht ausreichend für die, die an Weihnachten ohnehin dem Kitsch entfliehen?

Wenn der Christus in der Gesellschaft ist und der Geist sich in verwandelnder Kreativität bemerkbar macht, sollte da nicht der Besuch der documenta und der Biennale mit guten Gründen die Kirchenmitgliedschaft ersetzen können – zumindest dann, wenn man an die etwas leichte Ästhetik noch etwas moralisch Ernsthafteres (Sören Kierkegaard) anbaut, wie z. B. ein oder zwei NGO-Mitgliedschaften?

5. ENTGRENZUNGEN DER VERANTWORTUNG

Jede Kirche, die für sich beansprucht, in irgendeiner Weise Weltverantwortung wahrzunehmen, ist gegenüber früheren Jahrhunderten unweigerlich und unvermeidbar mit einer ungeheuren Entgrenzung der Verantwortung konfrontiert. Zumindest sechs die Gegenwart prägende und miteinander verknüpfte Tendenzen der Entgrenzung gilt es, sich zu vergegenwärtigen. Sie alle dramatisieren die von der Kirche wahrgenommene d. h. gesehene und anerkannte Weltverantwortung.

1. Im Vordergrund steht zweifellos eine Entgrenzung des räumlichen und sozialen Wahrnehmungsraumes durch die modernen »Echtzeitmedien«. Schon in der Antike wurde der soziale Wahrnehmungsraum durch Briefe

und Reisen überschritten und damit erweitert. Der Buchdruck, die Telegraphen, das Radio und das Fernsehen beschleunigten die Wahrnehmung ferner Not. Speziell die audiovisuelle Kommunikation vom Fernsehen bis zum Smartphone führte zu besonderen Formen der technischmedialen Gegenwärtigkeit. Es entsteht allerdings kein globales Dorf, sondern Reisegesellschaften sind in den Landschaften der Not und des Schmerzes unterwegs. Der Tod von George Floyd wurde durch Medien zum ›Weltereignis‹.

2. Technologische Entwicklungen wie die Gentechnik oder die Atomkraft, aber auch die Tiefe des Eingriffs in natürliche Umgebungen zeigen eine Entgrenzung der Zeithorizonte an. Verantwortung bezieht sich nun nicht mehr nur auf nahe räumliche Umgebungen wie ein Jahr oder wie eine Lebenszeit, sondern muss die ferne Zukunft kommender Generationen mitbedenken. Gegenwärtige Handlungen haben langfristige, aber auch so schwer kalkulierbare Folgen, dass verantwortliches Handeln selbst in Frage gestellt wird.

3. Insbesondere in ökologischen Zusammenhängen kommt es zu einer immer mehr ins Kleine gehenden Größenentgrenzung von Handlungen und dann auch von Verantwortlichkeiten. Eine einzelne Plastikflasche im Biomüll erzeugt doch kein Problem, oder? Doch! Eine Plastiktüte im Ozean macht doch keinen Unterschied, oder? Selbstverständlich! Es gibt in politischen, in ökologischen und nicht zuletzt in vielen sozialen Handlungsräumen Summeneffekte, durch die sich auch viele sehr unbedeutend erscheinende Einzelhandlungen zu starken Wirkungen aufaddieren können. Plötzlich erfordern viele kleins-

te Handlungen im Alltag große Entscheidungen der Verantwortung.

4. Die klassischen Ethikentwürfe der Vergangenheit lebten von einer heimlichen Voraussetzung: Nur natürliche Personen, also Menschen, sind moralische Akteure und folglich verantwortlich. Aus vielerlei Gründen erachten wir heute auch Unternehmen, Vereine, Kirchengemeinden und sonstige Großunternehmen für moralische Akteure, die Verantwortung tragen. Wie viel moralische Verantwortung tragen Kirchengemeinden, Kindergärten und Schulen als Organisation? Ist es moralisch statthaft, das Gebäude des Kindergartens nicht ökologisch zu sanieren? Jede Pommesbude und jeder Schachclub trägt Weltverantwortung.

5. Die fünfte Entgrenzungstendenz hängt mit den vorausgehenden eng zusammen. Menschen sind heute für Dinge verantwortlich, die in der Vergangenheit niemals Gegenstand verantwortungsethischer Erwägungen gewesen wären: Großereignisse und Handlungsräume wie Wetter, Klima, die Weltmeere oder der Weltraum. Saubere Luft war kein Thema, und der CO_2-Ausstoß von Mooren oder Rindern war für die Menschen der frühen Neuzeit kein Sachverhalt, der sie vor die Frage »verantwortlich oder unverantwortlich handeln« stellte. Ist eine Kirchengemeinde auch für das »kulturelle Klima« in einem Stadtteil verantwortlich? Ist die Evangelische Kirche in Deutschland für die Migranten verantwortlich, die über das Mittelmeer Europa erreichen wollen?

6. Der kulturelle Common Sense einer jeden Kultur setzt sich aus den Handlungen, Erlebnisweisen und Kommunikationen zusammen, die einfach so sind, wie sie sind. Der Common Sense ist ein ganzes Gewebe aus Selbst-

verständlichkeiten – die natürlich für jemanden aus einem anderen Common Sense überhaupt nicht selbstverständlich sind. Wäre jedes Einzelereignis an einem Tag Resultat bewusst verantwortlicher Entscheidungen, so wären wir durch Stress blockiert. Doch genau hier setzt die Verantwortungsentgrenzung in den kulturellen Kämpfen der Gegenwart an: Frühstück? Hoch umstritten! Zur Arbeit fahren? Da fallen Entscheidungen! Kleidung? Da müssen die Herkünfte und Arbeitsbedingungen geklärt werden! Der Vesperapfel oder die Bestandteile des Pausenbrotes? Gegenstand von langen Debatten! Wie auch immer man diese Liste fortsetzt, eines ist klar: Es gibt im Alltag immer weniger Selbstverständliches, immer mehr wird Gegenstand der verantwortlichen Entscheidung. Je weniger Selbstverständliches es gibt, desto mehr wird in moralischen Kulturkämpfen entschieden.

Aus all diesen Tendenzen der Verantwortungsentgrenzung kann sich die Kirche nicht einfach herauswünschen oder herausträumen. Aus ihnen erwachsen Zumutungen, gegenüber denen ein Schulterzucken nicht ausreicht. Da aber die Kirche ganz besonders verantwortlich handeln möchte, wirken diese Tendenzen umso mächtiger im Raum der Kirche. Diese Faktoren wirken dann in einer Kirche, die aus gutem Grund meint, Weltverantwortung tragen zu müssen.

Diese Gestalten der Entgrenzung von Verantwortung treffen auf eine Kirche, die in einer Mediengesellschaft lebt. Dort will sie »präsent« sein und wahrgenommen werden. Vor diesem Richter will die Kirche unter allen Umständen das Urteil einer Weltabgewandtheit vermeiden. Mit großer Autorität, aber auch hektisch und nervös bewegen die Medien den Scheinwerferkegel der moralischen Aufmerksamkeit. Sollte sich die Kirche mit ihrer Öffentlichen Theologie dies zunutze machen? Unterwirft sie sich dann dem Diktat der medial gesteuerten Aufmerksamkeit? Hat sie die Kraft und die Macht, hier eigenständig Aufmerksamkeit anzuziehen und zu lenken? Wie auch immer man diese Fragen beantwortet, die Verantwortungsentgrenzung in einer Mediengesellschaft trägt machtvoll zu einer moralischen Atemlosigkeit und zu einem raschen Wechsel zwischen Zukunftsdepression und Relevanzphantasien bei. Wie kann die Kirche hier zugleich »cooler« und »heißer« werden?

6. UND NUN? ÜBERLASTUNG, RELEVANZ-INFLATION, SELBSTRADIKALISIERUNG UND TIEFE ERSCHÖPFUNG

Je nachdem, worauf man den Blick richtet, könnte man meinen, den protestantischen Kirchen gehe es nicht nur irgendwie passabel, sondern richtig gut. Es gibt genügend Zweckoptimismus, es gibt viele tragende Routinen. Es gab, zumindest bis zu der durch Covid-19 ausgelösten weltweiten Wirtschaftskrise, ein sagenhaft hohes, nie dagewesenes Kirchensteueraufkommen. Es gibt eine einigermaßen ausfinanzierte, unglaublich gewachsene Diakonie, genug Theologiestudierende und eine Entschlossenheit, sich mutig und kompetent für Menschenrechte, für einen wahrhaft gerechten Frieden und gegen Armut zu engagieren.

6.1 Unendliche To-do-Listen
Doch der Schein trügt. Hinter diesem Funktionieren lugen eine tiefe Erschöpfung, eine stille Verzweiflung und viel-

fach eine bleiern lähmende Depression hervor. Für Weltenretter mit Weltverantwortung sind die To-do-Listen unendlich. Bei Menschen, die die Nöte der Welt wirklich an sich heranlassen oder an sich heranlassen müssen, keimen Zweifel an dem Optimismus des »Wir schaffen das mit unseren Händen«. Der medial befeuerte moralische Daueralarmismus zermürbt. Wenn Verantwortungsräume immer weiter und Verantwortung immer kleinkörniger werden, dann kämpft eine Begeisterung der Mobilisierung mit einer resignativen Anerkennung von Endlichkeiten.

Unter dem dünnen Furnier des Zweckoptimismus (»Wir schaffen das mit der Gerechtigkeit und dem Frieden«) findet sich eine doppelte Verzweiflung: die Verzweiflung über den Zustand der Welt sowie den gegenwärtigen und vor allem den kommenden Zustand der Kirche. Diese doppelte, intensivierte Verzweiflung und Überforderung kann nur in eine tiefe Erschöpfung oder in Hass, Wut und offene Feindschaft gegenüber den »Verantwortungslosen« führen.

Ist es gut, dass eine Gemeinde, wie ein Freund unlängst seine eigene Gemeindeerfahrung bilanzierte, zu einer »AWO (Arbeiterwohlfahrt) mit sonntäglicher Rede« wird? Beim Blick auf die protestantische Kirche haben viele Menschen, wie schon erwähnt, den Eindruck, dass die Kirchen eigentlich das Folgende sagen: »Wirkliche Achtung der Menschenrechte und eine Befolgung der goldenen Regel, das reicht! Am Ende meinen wir alle eh dasselbe.« Nur: Dieser Eindruck ist keine Lösung, sondern markiert ein Problem im theologischen Selbstbewusstsein der Kirche. Zu oft hörte ich: »Kirche, ja, das ist ein grüner SPD-Ortsverein mit zusätzlicher Beratung an den

Schwellen und Abbruchkanten des Lebens.« Das Beunruhigende daran ist, dass dies nicht als Kritik, sondern entspannt-gleichgültig als vermeintliche Feststellung eines Sachverhalts vorgetragen wurde.

Gibt es immer mehr anonyme und immer weniger offene Christen, so bohrt sich der Zweifel durch so manches dicke theologische Brett. Wer möchte im liberalen Protestantismus zu den Letzten gehören, die am Ende das Licht ausmachen? Wer traut der Kirche noch etwas zu, wenn selbst unter evangelischen Eltern die Taufquote immer weiter sinkt? Nicht wenige registrieren aufmerksam die Häme der Medien darüber, dass die Kirche als ihr mächtigster gesellschaftlicher Konkurrent in Fragen der Aufmerksamkeitssteuerung und Mobilisierung von Gefühlen doch zunehmend schwächelt.

Jede Reform erzeugt neue Aufgabenfelder. Jede Suche nach Relevanz schafft einen neuen Job. Unzählige Pfarrer zieht es wegen Überlastung aus dem Pfarramt und in die Sonderdienste. Es gibt manche Aufbrüche. Ja, es gelingt vieles. Alles schlecht zu reden, um dann auf einen »Turnaround« zu hoffen, ist die falsche Strategie. Und doch beschleicht manchen das Gefühl, dass der christliche Glaube mehr ist als Moral. Der Suche nach Anschlussfähigkeit und Resonanz sind möglicherweise zu viele Eigenheiten und Inhalte zum Opfer gefallen. Christlicher Glaube ist mehr als Moral, etwas dekoriert mit vager Transzendenz. Dabeisein ist eben nicht alles. Irgendwann wirkt die Inflationierung von Relevanzansprüchen bei gleichzeitig schrumpfender Originalität der Beiträge unfreiwillig komisch. In dieser Situation hilft auch keine Suche nach Bündnispartnern in der Region oder nach Bündnispartnern unter anderen NGOs.

6.2 Vergessen durch Schweigen

In aller Munde ist der Traditionsabbruch, eine weitreichende Gottvergessenheit als deren Folge. Kommunikationsgesellschaften vergessen dadurch, dass über etwas nicht mehr geredet wird (Elena Esposito). Vergessen heißt, aus dem Kommunikationshaushalt verdrängen. Das Wissen mag noch in Spezialeinrichtungen vorhanden sein, in Archiven, Bibliotheken und unter wenigen Spezialisten. Im allgemeinen Kommunikationshaushalt ist es aber vergessen, einfach weil es nicht öffentlich zur Sprache kommt. Darum die Frage: Was hat die Kirche vergessen? Worüber spricht sie nicht mehr? Wo sind strategische Fehler in den Umlauf des eigenen Orientierungswissens eingebaut? Was wird beschwiegen? Woher kommt an vielen Orten die Freudlosigkeit?

6.3 Freudlosigkeit als Kriterium

Woran erkennt man die schon mehrfach erwähnte Depression und Verzweiflung in der Kirche? Mein Eindruck ist: an der Abwesenheit einer Freude des Glaubens. Mein weitergehender Verdacht ist, dass viel verächtliche Ablehnung charismatischer Christentümer im politisch-engagierten Protestantismus einen einfachen Grund hat. Sie gründet in dem Ärgernis darüber, dass diese anderen wagen, sich zu freuen. Für die engagierten Ankläger der Welt ist eine Freude des Glaubens letztlich spirituell obszön. Eine Freude des Glaubens kann nur ein Anzeichen von Konterrevolution sein. Ernst zu nehmende, wahre Revolutionäre und Weltenretter müssen freudlos, frei von Humor und Ironie sein. Darin gleichen sie oftmals den vom Dichter Heinrich Kleist so treffend beschriebenen Jakobinern der Französischen Revolution. Christliche

Revolutionäre, die im lauten Konzert der Empörungen aktiv sind, können es Jesus nicht verzeihen, dass er tatsächlich mit echten, d. h. unbekehrten Sündern feierte und sich genau so den Ruf des Fressers und Weinsäufers einhandelte (Matthäus 11,19).

6.4 Moralische Häresien (Irrlehren)

Symptomatisch ist, wie sich die Verurteilungen von falschen Lehren, sogenannten Häresien, gewandelt haben. Gibt es noch Häretiker, die ausgegrenzt zu werden verdienen, die man der Verdammnis anheimgeben kann – passiv oder ein bisschen aktiv? Weil sie nicht nur anders sind, sondern gefährlich falsch liegen? Ein Christ, der alle acht Weichen ›richtig‹ gestellt hat, streitet doch nicht über den richtigen Glauben! Nein! Und doch, es gibt noch Häresien! Sie sind nur auf ein anderes Gebiet ausgewandert. Was Gemeinden zerreißt, Synoden belastet, was Familien spaltet und Freundschaften zerrüttet und im Internet wahre Glaubenskriege entfacht, sind moralisch-politische Häresien. Wer wissen will, wie es um die Einheit von Glaube, Liebe und Hoffnung steht, muss nur schauen, bei welchen Themen die Empörung und der Entzug von Achtung Fahrt aufnehmen. Anders herum formuliert: Über die Wahrheit macht man keine Witze. Worüber man keine Witze machen darf, das sind die gegenwärtigen festen Glaubenssätze. Hier, auf dem Feld der Moral, sind in den evangelischen Kirchen heute die Kämpfer für die Wahrheit unerbittlich und entschlossen unterwegs.

6.5 Schleichende Katholisierung

Und was wird aus dem Erbe der Reformation nach all den öffentlichen Feiern im Lutherjahr? Schwierig! Wer in der Gegenwart faktisch auf ein moralisches Lehramt der bischöflichen Kirchenleitung und der Experten setzt (angeschmiegt an politische Trends), wer auf die moralische Hochgeschwindigkeit des außeralltäglichen Christseins in den engagierten inner- und außerkirchlichen NGOs setzt, wer auf die vorbildlichen modernen Heiligen wie Jakob Augstein, Dunja Hayali oder Gregor Gysi setzt, der ist im Grundsatz bei der katholischen Kirche besser aufgehoben. All diese Veränderungen deuten auf etwas, was ich schleichende Katholisierung nennen möchte.

6.6 Und nun?

Was ist der hier vorgelegte Vorschlag? Warum braucht sich die Kirche angesichts der inneren und äußeren Herausforderungen weder von einer Hektik und einem Alarmismus anstecken noch von einer bleiernen Depression und lähmenden Verzweiflung befallen lassen? Warum darf auch im liberalen, mal eher volkskirchlichen, mal eher politisch-aktivistischen Protestantismus eine Freude des Glaubens wachsen? Warum könnte auch Protestantismus ansteckend sein? Warum müssen nicht nur, sondern dürfen sich Gemeinden und Pfarrer auch begrenzen?

Mein Vorschlag besteht aus den vier schon in der Einleitung erwähnten Teilen:

1. Es gilt, den weiten Horizont von Gottes dramatischem Weltabenteuer zu entdecken. Klage, Bitte, Dank und Lob sind Weisen, sich in dem Weltabenteuer zu verorten, Weisen, heute zu glauben.

2. Um dies zu erfassen, gilt es, Gottes Lebendigkeit zu erfassen. Die Welt, die Kirche und jeder Christ stehen in einem dynamischen Resonanzverhältnis mit Gott. Ob Gott lebendig ist, dies ist die grundlegende Frage, die m. E. im Raum steht.

3. Für die Kirche gilt es zu verstehen, wo in Gottes Drama wir heute stehen. Kirche und Theologie müssen ausbuchstabieren, was es heißt, zwischen geschehener Versöhnung und kommender Erlösung zu leben. Diese Unterscheidung wird etwas später noch eingehender erläutert.

4. Es gilt heute, im Leben der Kirche und im Leben der einzelnen Christen die vom Geist Gottes zu schaffende Einheit von Glaube, Liebe und Hoffnung wiederzuentdecken.

Wenn dies geschieht, dann werden Menschen innerhalb und außerhalb der Kirche nicht nur von den Überwältigungen durch einen Vitalismus, durch eine verzweifelte Hoffnung oder einen Neostoizismus befreit. Nein. Dann entdecken sie ihren Ort im Weltabenteuer Gottes. Dann erkennen sie, welche Absichten Gott in diesem Abenteuer verfolgt. Dann ergreifen sie schon jetzt das Versprechen eines guten Endes. Dann verstehen sie, dass Gott die Kirche zu Partnerschaft ruft.

V DIE KOMMUNIKATION VON GLAUBE, LIEBE UND HOFFNUNG

Wenn Christen von Glaube, von Liebe und von Hoffnung sprechen, dann sprechen sie von der Wirksamkeit der Macht des Geistes Gottes. Als Geist Jesu Christi verweist der Geist auf das vergangene, gegenwärtige und zukünftige Leben Jesu. Es ist der Geist, der das Leben Gottes mit seinen Geschöpfen teilen möchte.

Manchmal können sehr einfache Fragen irritieren und zugleich auch ungemein fruchtbar sein. Eine solche ist: Welche Kräfte leben durch mich? Welchen Kräften erlaube ich, durch mich zu leben? Christen sind Menschen, durch die der Geist Jesu Christi als Macht lebt. Es ist die Macht der Lebendigkeit Gottes, die aus dem Tod zu rufen vermag und zugleich zerbrechliches Leben tröstet, ein Geist der Freude und der Klage. Ein christlicher Verlag meinte vor einigen Jahren, das Christsein unter das Motto fassen zu können »Dem Leben trauen«. Das ist ein grober Irrtum. Dass dem Leben nicht zu trauen ist, darüber kann ein einfacher Besuch einer Kinderklinik aufklären. Wer diesen Geist eines neuen Lebens erfährt, wird in eine Bewegung des göttlichen Lebens, des göttlichen Weltabenteuers hineingenommen. Christen trauen dem dynamischen, vielgestaltigen Leben Gottes, das geschöpfliches Leben und seine Zeiten übergreift, ermöglichend, würdigend, erhaltend und erneuernd. Im Geist Jesu Christi lässt sich Gott mit dem Leben, ja mit dem Leben der Welt verwickeln und verweben – aber eben kritisch-korrigierend, erleidend, bewertend und schöpferisch. Gottes Verwicklung mit dem Leben der Welt im Geist ist keine Determination, sondern ein Begleiten, Wahrnehmen, Erleiden und Nachsteuern geschöpflicher Freiheit.

Im Schweizerdeutsch gibt es einen wunderbaren Ausdruck: aufgleisen. Wenn etwas begonnen wird, wird es aufgegleist. Aber es muss auf das richtige Gleis aufgegleist werden, denn später sind nur sehr eingeschränkt Korrekturen möglich. Wie etwas aufgegleist wird, ist für den Fortgang der Bahnfahrt entscheidend. Das Aufgleisen steuert weithin den Verlauf. In diesem Sinne versuchen die nächsten beiden Abschnitte, die Frage nach Glaube, Liebe und Hoffnung aufzugleisen. Im ersten Abschnitt geht es um theologische Grundentscheidungen, im zweiten Abschnitt um den methodischen Ansatz mit Kommunikation und Medien.

1. HINTERGRÜNDE

1.1 Die Verankerung von Glaube, Liebe und Hoffnung bei Paulus

Für den Apostel Paulus ist die Dreiheit aus Glaube, Liebe und Hoffnung eine Kennzeichnung des christlichen Lebens – sowohl seiner persönlichen wie auch seiner gemeinschaftlich-kirchlichen Gestalt. Mit diesen drei Begriffen in ihrer Einheit umreißt er ein Leben in der Christusnachfolge. Es ist die knappste Beschreibung des christlichen Lebens.

Schon im ältesten Paulusbrief, dem ersten Brief an die Gemeinde in Thessaloniki, schreibt er: »Wir danken Gott allezeit für euch alle und gedenken euer in unserem Gebet und denken ohne Unterlass vor Gott, unserem Vater, an euer Werk im Glauben und an eure Arbeit in der Liebe und an eure Geduld in der Hoffnung auf unseren Herrn Jesus Christus« (1. Thessalonicher 1,2f.). Der Glaube der Gemeinde ist trotz Bedrängnissen getragen von »Freuden im Heiligen Geist« (1. Thessalonicher 1,6) und kann so zum ausstrahlungsstarken öffentlichen Vorbild werden. Dass es hier um ein Leben in heftigen Auseinandersetzungen mit den Mächten und Kräften der sozialen Umgebung geht, macht die militärisch gefärbte Wiederholung der drei Elemente kenntlich: »die wir Kinder des Tages sind, wollen nüchtern sein, angetan mit dem Panzer des Glaubens und der Liebe und mit dem Helm der Hoffnung auf das Heil« (1. Thessalonicher 5,8). Glaube, Liebe und Hoffnung schützen in zersetzenden, in bedrohlichen und feindseligen Umgebungen.

Im ersten Brief an die Gemeinde in Korinth entfaltet Paulus im dreizehnten Kapitel in dem berühmten »Hohelied der Liebe« detailliert die Eigenschaften der Liebe. Am Ende der Ausführungen zur Liebe kommt er auf die Dreiheit zurück – allerdings mit drei besonderen Pointen. »Nun aber bleiben Glaube, Hoffnung, Liebe, diese drei; aber die Liebe ist die größte unter ihnen« (1. Korinther 13,13). Alle drei sind Gaben, Gegenwarten und Wirkungen des Geistes Gottes. Alle drei sind nicht voneinander zu trennen. Darum steht im griechischen Text »bleiben« im Singular. Und: Die Liebe ist die größte Gabe des Geistes.

Paulus kommt in sehr unterschiedlichen Zusammenhängen auf diese für ihn wesentliche Dreiheit zurück. Der Gemeinde in Rom schreibt er im Jahr 56 mit einer Betonung der Hoffnung und des Heiligen Geistes: »Da wir nun gerecht geworden sind durch den Glauben, haben wir Frieden mit Gott durch unseren Herrn Jesus Christus [...] und rühmen uns der Hoffnung auf die Herrlichkeit, die Gott geben wird [...]. Hoffnung aber lässt nicht zuschanden werden; denn die Liebe Gottes ist ausgegossen in unsre Herzen durch den Heiligen Geist, der uns gegeben ist« (Römer 5,1–5).

Auch im Brief an die Gemeinde in Ephesus nimmt Paulus die Formel auf, diesmal in einer lobenden Beschreibung der Gemeinde: »Darum, nachdem auch ich gehört habe von dem Glauben bei euch an den Herrn Jesus und von eurer Liebe zu allen Heiligen, höre ich nicht auf zu danken für euch [...], dass der Gott unseres Herrn Jesus Christus [...] gebe euch erleuchtete Augen des Herzens, damit ihr erkennt, zu welcher Hoffnung ihr von ihm berufen seid« (Epheser 1,15–18).

In dem wohl ungefähr auf das Jahr 55 zu datierenden Brief an die Gemeinde in der Region Galatien verbindet Paulus die Dreiheit mit dem Motiv der Gerechtigkeit und der verwandelnden Kraft der Liebe: »Denn wir warten im Geist durch den Glauben auf die Gerechtigkeit, auf die wir hoffen. Denn in Christus Jesus gilt weder Beschneidung noch Unbeschnittensein etwas, sondern der Glaube, der durch die Liebe tätig ist« (Galater 5,5f.).

In dem Paulus zugeschriebenen späteren Brief an die Gemeinde in Kolossä verschieben sich die Akzente hin zu einer Beschreibung des inneren Lebens der Gemeinde. »[...] da wir gehört haben von eurem Glauben an Christus

Jesus und von der Liebe, die ihr zu allen Heiligen habt, um der Hoffnung willen, die für euch bereitliegt im Himmel« (Kolosser 1,4f.).

Dass diese Dreiheit nicht nur in der Theologie des Paulus diese tragende Rolle hat, zeigt sich im sogenannten Hebräerbrief. Dort verknüpft der Autor einen »vollkommenen Glauben« mit einem »Bekenntnis der Hoffnung« und einem »Anreizen zur Liebe« (vgl. Hebräer 10,22–24).

Diese wenigen Hinweise sollten ausreichen, um zu erkennen: Hier handelt es sich speziell in der Kombination von Glaube, Liebe und Hoffnung um echte Grundbestimmungen des christlichen Lebens.

In dem, was nun folgt, soll nicht eine Theologie des Apostels Paulus vorgestellt werden. Es soll aber seine zentrale Einsicht aufgenommen werden: Das vom Geist Gottes getragene und getriebene Leben von Christen und der Kirche lässt sich als die dynamische Einheit aus Glaube, Liebe und Hoffnung verstehen. Dass diese Einsicht nicht nur für die Kirche im ersten Jahrhundert ein wichtiger Impuls war, sondern auch heute einer sein kann, ist die Überzeugung, die dieses Buch trägt.

1.2 Der Antwortcharakter

Einer der scharfsinnigsten Kritiker des christlichen Glaubens, der Soziologe Niklas Luhmann, hat Theologie und Kirche ins Stammbuch geschrieben: »In der christlichen Tradition zumindest ist Glauben nicht einfach eine Eigenkonstruktion aufgrund eigener Erfahrungen, sondern Antwort auf eine Kommunikation. Nur in der Kommunikation über diese Kommunikation kann eine Glaubensgemeinschaft entstehen, kann Glauben [...] zum Kommunikationsmedium werden.« Der soziologische Kritiker hat hier tiefer gesehen als viele Theologinnen und Theologen. Alle menschliche Kommunikation von Glaube, von Liebe und von Hoffnung ist im Kern eine Antwort auf die Anrede und Selbsterklärung Gottes. Zugespitzt formuliert: Sie ist Antwort auf Gottes Vertrauen, Liebe und Hoffnung.

Der Geist, der in der Kommunikation der Christen wirksam gegenwärtig wird, ist der Geist Jesu Christi. Es ist der Geist, der auf Gottes Feindesliebe verweist. Alle Hoffnung, die Christen kommunizieren, lebt daher von der in Christus erschlossenen Hoffnung. Alle Liebe, die Christen innerhalb und außerhalb der Gemeinde kommunizieren, lebt von der verwegenen und risikobereiten Weltliebe Gottes. Aller Glaube, der von Christen kommuniziert wird, hat seinen Ausgangspunkt in dem tiefen, letztlich durch keine Enttäuschung zerstörbaren Vertrauen Gottes, das er in Menschen setzt und das er ihnen mitteilt. Die Kommunikationen der Christen und der Kirche gründen in Gottes barmherziger und zugewandter Lebendigkeit, die ihn die Menschen schaffen, umsorgen und anreden lässt. Wer einen Blick auf Hollywood, Bollywood oder auf die Religionsgeschichte wirft, weiß: Angesichts dieser Welt kann der Schöpfer auch ein rettender Krieger, gewaltsamer Rächer und vernichtender Kämpfer werden. Und: Wer möchte behaupten, diese Sehnsucht nicht auch schon verspürt zu haben? So ist es der Glaube, der mit einer Lokalisierung in dem Weltabenteuer eines vertrauenden, rufenden und versprechenden Gottes die Herausforderungen der Liebe und die Gestalten der Hoffnung erschließt.

1.3 Entlastung für Erschöpfte

Für die gehetzten und erschöpften Menschen der Leistungsgesellschaft, für all die Menschen, die den Eindruck haben, »die Zitrone ist ausgepresst«, stellt sich allerdings eine grundlegende Frage. Diese Frage betrifft Überlegungen zu Mitgliedschaft und Taufe, dem öffentlichen Bild der Kirche und nicht zuletzt dem innerkirchlich diskutierten Verhältnis von Kirche und Politik. Ist die Kommunikation von Glaube, von Liebe und von Hoffnung nicht im pointierten Sinne unerträglich? Wird damit den Müden und Beladenen nicht noch eine neue Last auferlegt? Bekommen die erschöpften Menschen noch einen Zweit- oder Drittjob? Erfordert das Leben im Weltabenteuer Gottes einen 28-Stunden-Tag? Zerrt jetzt auch noch die Kirche an mir? Diese Fragen sind nicht aus der Luft gegriffen. Der sich in ihnen meldende Verdacht ist begründet. Manche Aspekte der öffentlichen Erscheinung der Kirchen bestätigen ihn. Religion ist gefühlt weithin mit Mehrarbeit verbunden. Es geht ja um Verantwortung, Engagement und mutige Taten. Revolutionen fallen nicht vom Himmel.

Man könnte auch fragen: »Wovon befreit Glaube?« Drei Antworten sind angesichts von Glaube, Liebe und Hoffnung zu geben.

Glaube, Liebe und Hoffnung befreien von der Überwältigung durch die Mächte und Kräfte des Vitalismus, des Neostoizismus und der verzweifelten Hoffnung. In dem Abschnitt IX 3. möchte ich darauf eingehen.

Hinzu kommt auch: Die Mitarbeiter und Freunde Gottes bleiben in evangelischen Kirchen Bastler und dürfen dies auch bleiben. Sie improvisieren ohne Drang zur Perfektion. Sie bauen Modelle, mal größere, mal kleinere.

Ihre Projekte werden selten beendet. Ihre Baustellen bleiben offen. Sie werden unkonzentriert und müde. Sie scheitern, nicht nur wegen ihrer Torheiten, sondern auch mit ihren besten Absichten. Manche mutigen Prophetien stellen sich Jahre später als Dummheiten heraus. Die Mitarbeiter Gottes bleiben Menschen. Was Christen anpacken, bleibt Fragment. Die Kirche bleibt ein Laboratorium, das ab und zu in Flammen steht – trotz aller steten Umbauten und aller theologischen und kirchenrechtlichen Brandschutzmaßnahmen. Die Kirche wird nie die feste Burg. Wem all dies weniger Trost als Beunruhigung ist, der sollte den Mut fassen, katholisch zu werden. In allen Aspekten der christlichen Existenz bleiben alle Mitarbeiter am Weltabenteuer Gottes und bleibt die Kirche durchweg auf die Barmherzigkeit Gottes angewiesen. Es ist so bitter wie befreiend, so peinlich wie beglückend: Wir bleiben Bastler! In den Worten Martin Luthers: Bettler!

Die dritte Antwort geht noch weiter. Sie ist riskant, ja brandgefährlich. Sie verleitet zu Missverständnissen. Sie ist geeignet, einen theologischen Shitstorm auszulösen: »Weltflucht«, »Verrat«, »billige Gnade« oder noch Schlimmeres wird dann empört gerufen. An dieser dritten Antwort hängt aber, ob Christen Grenzen annehmen können. An ihr hängt, ob Glaube befreit. An ihr hängt, ob das anarchische Moment des Glaubens zugelassen wird. Die dritte Antwort wurde oben schon gegeben: Gottes Lebendigkeit entlastet die Christen und seine Kirche. Weil Gott ein lebendiger ist, kann die Kirche auch etwas sein lassen, ja unterlassen. Von Gottes Geist des Trostes bewegt, kann die Kirche Gott etwas überlassen. Genau darin kann sie sich auf Gott verlassen. Ihr Tun ist umfangen von Gottes

Sorge und Fürsorge. Etwas Gott überlassen zu dürfen, ist ein Aspekt von Gottes Barmherzigkeit. Diese Barmherzigkeit bricht den prophetischen Stolz, unterläuft die Selbstbehauptung des religiös-moralischen Heroen. Sie öffnet einen Handlungsraum für Erschöpfte und Entmutigte. Evangelium heißt nicht nur, aber auch, Gott zu überlassen, was wir nicht tun können und müssen. Gottes Handeln öffnet den Raum, in dem endliche und erschöpfte Menschen zur Kommunikation von Glaube, von Liebe und Hoffnung gelockt werden. Menschen dürfen an Gott die Bitte richten: »Dein Reich komme!« Jedes Gebet des Vaterunsers ist eine Einübung in dieses Überlassen.

Was wären die Alternativen zu diesem Überlassen? Der Blick in die Religionsgeschichte und auch in die Christentumsgeschichte lehrt: religiöser Größenwahn, Verzweiflung, Doppelmoral oder Rückzug in mystische Kontemplation. Ich halte alle vier Möglichkeiten nicht für sympathische Alternativen.

Im Vorausblick ist mir noch theologisch wichtig: Allen drei Elementen, dem Glauben, der Liebe und der Hoffnung, wird eine feste und geprägte Form, eine schon im Neuen Testament gegenwärtige Praxis zugeordnet. Der Kommunikation des Glaubens die Taufe, der Kommunikation der Liebe das Gebet des Vaterunsers und der Hoffnung die Feier des Abendmahls. Alle drei Formen sind wirksame Erinnerungen und Vergegenwärtigungen. Sie enthalten alle ein Moment des Trostes, der Entlastung und des Versprechens, aber auch ein Moment der Inanspruchnahme und des Aufbruchs.

2. KOMMUNIKATION UND MEDIEN – EIN GRIFF IN DIE WERKZEUGKISTE

Viele Theologen haben Glaube, Liebe und Hoffnung als christliche Tugenden beschrieben. Tugenden haben ihren Ort in einzelnen Menschen. Dort machen sie bestimmte Handlungen wahrscheinlich. Wer die Tugend der Umsicht besitzt, hört sich im Konflikt geduldig die verschiedenen Parteien an. Die passenden Handlungen wirken wiederum zurück und verstärken die Tugendhaftigkeit. Tugenden sind die Schubkräfte in Selbsttrainingsprogrammen. Deshalb waren die Reformatoren an diesem Punkt mit guten Gründen skeptisch.

2.1 Tugenden?

Die Einordnung von Glaube, Liebe und Hoffnung in einen Katalog von Tugenden überzeugt nicht. Was Paulus in seiner Beschreibung von Glaube, Liebe und Hoffnung vor Augen hatte, ist etwas anderes. Richtig ist sicherlich, dass sich Glaube, Liebe und Hoffnung *in* bestimmten Handlungen konkretisieren. Menschen sind dabei beteiligt. Liebe ist aber ein anderer Typ von Handlung als Auto fahren und die Spülmaschine beladen. Was mit der Vorstellung der Tugend aus dem Blick gerät, ist für Glaube, Liebe und Hoffnung wesentlich: Es sind gemeinschaftliche, sich in Kommunikation realisierende dynamische Sachverhalte. Sie strahlen aus, stecken an und provozieren Handlungen, die Umgebungen von Menschen verändern und Grenzen überschreiten. Wenn der Apostel Paulus von den Geistesgaben des Glaubens, der Liebe und der Hoffnung spricht, dann werden damit Menschen und zugleich ein gemeinschaftliches Leben beschrieben. Darum ist eine Umorientierung notwendig, weg von dem religiösen Besitzindividualismus privater Tugenden hin zu einem Verständnis, in dem Glaube, Liebe und Hoffnung im Rahmen von Kommunikation und Medien gedeutet werden. Kurz: Es geht in allen drei Gestalten der Wirksamkeit des Geistes Gottes um Kommunikationsprozesse.

2.2 Medien und Rahmen

Zwei Einsichten aus dem soziologischen Werkzeugkasten der Theologie sind für ein Verständnis der Kommunikation von Glaube, Liebe und Hoffnung wesentlich: Medien und Rahmen. Wenn man so ansetzt, lässt sich anders fragen und Neues entdecken. Zunächst gilt: In allen Kommunikationsprozessen sind Medien erforderlich. Aber wir sprechen in und mit sehr verschiedenen Medien. Wer einer anderen Person Zuneigung kommunizieren möchte, kann dies in einer natürlichen Sprache wie Französisch oder Deutsch tun, kann mit Rosen oder Weinflaschen arbeiten oder auch den Duft eines Parfüms einsetzen. Bestimmte Mitteilungshandlungen nehmen so verschiedene Medien der Kommunikation in Anspruch. Die verzweifelte Suche nach dem passenden Geschenk ist oft in Wahrheit eine Suche nach dem passenden Medium. Das Problem dabei ist nämlich: Nicht in jedem Medium lässt sich das Gleiche sagen. Im Medium eines Bildes oder eines Parfüms lässt sich beispielsweise nicht »Nein!« sagen. Manche Medien drücken stärker Gefühle aus und können sie auch stärker hervorrufen. Andere sind weniger heiß, sind aber kühler und klarer. Ein Plan eines Gartenarchitekten für einen Gartenbauer muss zuerst klar und eindeutig sein und erst an zweiter Stelle bunt und schön.

Im Vorgang der Kommunikation ist aber nicht nur die Frage nach dem richtigen *Medium* wichtig, sondern der *Rahmen*, innerhalb dessen sich die Kommunikation ereignet. Rahmen legen nicht nur Themen, sondern auch eine relativ offene Sammlung an bestimmten Handlungen und Kommunikationen fest. Rahmen steuern Erwartungen und zugleich determinieren sie nicht. Sie sind relativ offen, aber eben nur relativ. Im Rahmen »Liebe« sind am Valentinstag bestimmte Dinge erwartbar. In einer partnerschaftlichen Beziehung den Müll nach draußen zu bringen, gehört nicht zum Standardrepertoire der Handlungen, die man mit dem Valentinstag verbindet. Aber es gibt Zeiten, Orte und Situationen, in denen es eine Kommunikation der Liebe sein kann, außerhalb eingeschliffener Erwartungen den Müll nach draußen zu bringen, das Abendessen vorzubereiten, die Spülmaschine zu bestücken, die notwendige Post zu erledigen und am Ende auch noch nach der Wäsche zu schauen. So offen können Rahmen sein.

Ein Rahmen verführt zu Dingen, die außerhalb von ihm verrückt erscheinen, und zugleich werden Dinge unterlassen, die außerhalb des Rahmens notwendig sind. Wer als überzeugter Veganer in einer guten Fleischerei dem Verkäufer an der Kasse ein Gebet anbietet, hat sachlich vielleicht Recht, aber sicherlich den Rahmen nicht beachtet. Wer im Rahmen »Kino« sitzt, wird bei einem Mord auf der Leinwand nicht die Polizei rufen. Im Rahmen von partnerschaftlicher Liebe sagen und tun Menschen Dinge, die außerhalb dieses Rahmens nicht nur deplatziert, sondern strafbar wären. Im Rahmen von Bildung und Erziehung dürfen heute Körper nicht mehr berührt werden. Sogenannte körperliche Züchtigung ist aus guten Gründen gesetzlich verboten. Rahmen sind plastisch und verändern sich über die Zeit. Im Rahmen »Arztpraxis« oder »Krankenhaus« sind sehr eigentümliche Handlungen und Kommunikationen wiederum erwartbar. Kurz: Rahmen bündeln Erwartungen an die Kommunikation. Sie legen weithin fest, 1. welche Medien man verwenden und erwarten kann und 2. was gesagt werden kann und welche Themen erwartet werden können.

Im Übrigen sind es solche Rahmenfragen und Medienfragen, um die innerhalb von Religionen heftig gestritten wird: Können tanzende Körper im Rahmen »Gottesdienst« Medium der Glaubenskommunikation sein? Oder: Sind männliche Körper in diesem gottesdienstlichen Rahmen ein besonderes Medium der Kommunikation mit Gott – wie Gegner der Frauenordination und der Priesterinnenweihe unentwegt behaupten?

Was kommt zuerst, Kommunikation in bestimmten Medien oder der Rahmen? Um einen Vergleich zu bemühen: Es ist bei Kommunikation so, als würde der Rahmen beim Malen des Bildes entstehen. Beide entstehen gleichzeitig und setzen sich gegenseitig voraus. Zweifellos sind Rahmen stabiler als die Kommunikationen. Rahmen halten relativ zeitübergreifend beides, Erinnerungen und Erwartungen, fest. Anders als bei einem Bild, das man fertig zu einem Laden für Bilderrahmen bringt, ist es bei Kommunikation und Rahmen wie mit dem berühmten Henne-Ei-Problem. Beides entsteht zugleich und braucht sich gegenseitig, obwohl es nicht das Gleiche ist.

Die Umstellung von Tugend auf Kommunikation und Medien eröffnet einen spannenden Raum, in dem neue Fragen aufbrechen und überraschende Einsichten gewonnen werden können. Die beiden Grundfragen in den folgenden Vorschlägen lauten also: Mit welchen *Medien* wird Glaube, wird Liebe und wird Hoffnung kommuniziert? Innerhalb welcher *Rahmen*? Und: Wenn Glaube, wenn Liebe und wenn Hoffnung Rahmen werden, was ist dann auf einmal möglich und kommunizierbar? Wie ist Glaube beschreibbar? Ist die menschliche Kommunikation im Geist stets antwortend, auf was reagiert sie?

VI DIE KOMMUNIKATION VON GLAUBEN

Glaube ist eine durch eine Geschichte ermöglichte Wahrnehmung. Wie schon erwähnt, entdecken sich Glaubende durch die erzählte Geschichte in das Weltabenteuer Gottes verwickelt. Hierdurch eröffnet sich vor allem Tun und Handeln eine neue Wahrnehmung. Im Glauben sehen Menschen nicht etwas als etwas, das auch anders gesehen und erfasst werden könnte. Nein, sie erkennen etwas, sehen, dass sie faktisch im Weltabenteuer Gottes stehen. Sie sind Teil eines großen Ereignisses. Sie erkennen sich und andere als Teil eines Dramas. Glaubende nehmen anders wahr. Sie sehen Gott verwickelt in diese Welt. Gegenüber diesem Abenteuer ist die Rede von Transzendenz – auch wenn sie als ›heilsame Transzendenz‹ ausgeflaggt wird – schlicht langweilig.

1. GLAUBE – ANTWORT AUF GOTTES SEHNSUCHT UND VERTRAUEN

Wenn Menschen sich als Teil des göttlichen Weltabenteuers erkennen, erkennen sie, dass sie Gegenstand von Gottes Sorge und Vertrauen sind. In der mit Gott versöhnten Welt entdecken sich Menschen als in Gottes Weltabenteuer stehend. In dieser versöhnten Welt reagiert Gott nicht mit Feindschaft auf die Feindschaft der Menschen. Es ist eine dem Menschen zugute kommende Geduld Gottes, die für die Welt eine neue Situation geschaffen hat. Gott sehnt sich trotz allen Verrats, aller Gewalt und aller Feindschaft auf Seiten des Menschen nach der Partnerschaft und Freundschaft mit dem Menschen.

Im Wirken des Geistes vertraut Gott den Menschen. Im Glauben erkennen Menschen die Gerechtigkeit Gottes, seine unbedingte und einseitige Gemeinschaftstreue (Römer 1,17). Diese Treue führt zu Vertrauen und überlebt große Vertrauenskrisen. Die hebräische Bibel ist voller Geschichten, in denen Gott den Menschen vertraute und enttäuscht wurde. In der Christusperson hat sich die bis zur Feindesliebe gehende Treue ereignet und kenntlich gemacht. Diese Gemeinschaftstreue erweist Gott den Gottlosen, seinen Feinden, den Zweiflern und Klagenden. Glaubende antworten auf Gottes Feindesliebe in seinem Weltabenteuer. So wissen sie sich als mit Gott versöhnt. Gottes Vertrauen und Gemeinschaftstreue wahrnehmend, reden Menschen Gott vertrauensvoll an: »Abba, lieber Vater« (Römer 8,15). Angesichts der radikalen Feindesliebe Gottes erscheint Gott den Glaubenden als vertrauenswürdig und gewinnend, die Geschichte seines Weltabenteuers als wahr und wirklich. Auf diese Vertrauenskommunikation Gottes reagiert die Kommunikation von Glauben unter den Menschen. Dieses sehnsüchtige Vertrauen Gottes in sie müssen sich Christen immer wieder vergegenwärtigen. In seiner Treue lässt sich Gott nicht mehr vom gescheiterten Vertrauen in die Menschen irritieren. Darum ist die Treue Gottes, Gottes Vertrauen, der Vertrauensanker der Kirche und der Christen.

Der den Glauben als Entdeckung provozierende Geist Jesu Christi verweist auf Christus als Ereignis dieser Geschichte. In dieser Christusgeschichte erschließt sich Gottes Gemeinschaftswille, die bleibende innere Dramatik dieses Geschehens, wie auch Gottes in der Inkarnation dokumentierter Interventionswille. Hier eröffnen sich nicht zuletzt das Ziel und Ende des göttlichen Weltabenteuers, d.h. das Reich Gottes und die Neuschöpfung.

Glaube erwächst aus dem Wirken des Geistes in der Erzählung vom Weltabenteuer Gottes. Glaube hat man nicht. Mit Glauben wird man nicht geboren (Johannes 3,1–21). Der von dem Reformator Johannes Calvin beschriebene ›Keim der Religion‹ in jedem Menschen ist nicht mehr als eine abstrakte Möglichkeit, die auch von der Erzählmaschine des Mediensystems bedient werden kann.

Als Wirken des Geistes Jesu kommt der Glaube als Entdeckung. Menschen finden sich in die Erzählung hineingezogen und können plötzlich nicht anders, als sich in dieser Geschichte zu sehen. Sie sehen sich und die Welt im Weltabenteuer Gottes stehend. Darin ist der Glaube nicht eine ›ewige Menschenmöglichkeit‹, eine Aktualisierung einer weltweiten Struktur. »Irgendwie hat jeder Mensch ein Grundvertrauen!« – das ist zu wenig. Der Glaube *kommt* als Entdeckung und Überraschung.

Die Entdeckung ist aber reicher als nur die Einsicht, dass sich das Leben nicht sich selbst verdankt. Das weiß auch der vitalistische nordische Krieger, und im Zweifelsfall sagt dies der Blick eines Hundes. Wer das Netz des Lebens entdeckt hat, hat noch nicht das Weltabenteuer Gottes entdeckt. Weil Gott nicht mit dem Leben gleichzusetzen ist, ist das Christentum keine raffinierte Naturreligion. Wie gesagt, »Dem Leben trauen« ist kein christlicher Satz. Es ist das Bekenntnis des siegreichen Vitalisten. Das

Leben kann zu oft ein Verräter sein. Das Leben kennt wenig Barmherzigkeit.

Der Glaube ist auch nicht die Erschließung einer zuerst persönlichen Gewissheit, sondern die Entdeckung einer Zugehörigkeit – wie fraglich, wie unsicher, wie bewusst, wie gewiss sie auch wahrgenommen wird. Er ist die Entdeckung einer Sache, die auf weitere Entdeckung wartet. Diese Entdeckung drängt nach einem weitergehenden Verstehen und Begreifen. Es ist letztlich nicht nur die Entdeckung von etwas, sondern von jemandem – dem in Christus erschlossenen und im Geist gegenwärtigen Gott. Wer sich in der Erzählung entdeckt, will die gesamte Erzählung kennenlernen. Der Glaubende will nicht sich selbst, sondern eine Sache verstehen. Er will auch nicht nur eine Story verstehen. Er ist grundlegend an der Geschichte vom Weltabenteuer Gottes als erzählter Geschichte *und* als Ereignisgeschichte interessiert.

2. MENSCHLICH GLAUBEN – JENSEITS VON GEWISSHEIT IM MODUS VON KLAGE, BITTE, DANK UND LOB

Es dürfte eine der weitreichendsten Fehlorientierungen in der Geschichte der Theologie sein, Glaube mit einer wie auch immer gefassten absoluten Gewissheit zu verbinden. Nicht nur die Idee eines so klaren wie durchsichtigen starken Wahrheitsbewusstseins, auch die Idee eines absoluten Grundvertrauens folgt dieser Spur in die Irre.

Im Vertrauen erfahren Christen das Weltabenteuer Gottes und erfahren zugleich bedrängend, ermutigend, erhebend und verzweifelnd die Wirklichkeiten dieser

Welt. Paulus sieht den Gebetsruf »Abba, lieber Vater« als den elementarsten Ausdruck des Glaubens (Galater 4,6; Römer 8,15). Die Verbindung mit dem von Jesus den Jüngern gelehrten Gebet des »Vaterunsers« ist offensichtlich. Ist das Gebet die elementarste Ausdrucksform des Glaubens, dann sind die verschiedenen Gestalten des Gebets zugleich Variationen, Gestalten des Glaubens.

Darum lebt der Glaube in dem Zweifel und dem Protest, in dem Modus der Klage. So ist »Klage der Anfang der Theologie« (Andreas Schüle). Darum lebt der Glaube als Sorge in der Bitte für andere und für sich. Er lebt im Engagement und der Not der Bitte. Manchmal erfährt der Glaube das Weltabenteuer Gottes so, dass er nur noch danken kann. Er lebt daher in den vielen Antwortformen des Dankes. Und letztlich richtet sich der Glaube ganz weg von sich selbst im zustimmenden und staunenden Lob Gottes. So wird Gottes Lebendigkeit anerkennend wahrgenommen im Modus des Lobes. Gottes Treue wartet auf das Lob Gottes durch die Menschen. Kurz: Christlicher Glaube wird vielgestaltig gelebt, entsprechend den vier Gebetsformen der Psalmen.

In allen vier Gestalten des Glaubens ist das Vertrauen, das auf Vertrauen reagiert, der durchlaufende Grundton – auch noch, wenn das Vertrauen in der Klage paradoxe Formen annimmt. Dies gilt auch, wenn der Glaube überhaupt in der Spannung von »Ich glaube, hilf meinem Unglauben« (Markus 9,24) bleiben darf und leben muss.

Die Kirche ist angesichts dieser verschiedenen Gestalten des Glaubens zu jedem Zeitpunkt ein Ort der gelebten Polyphonie des Glaubens – und eben nicht der Ort reinen Glaubens ohne Zweifel. Sie ist der Ort auch eines Glaubens im Modus des vorsichtigen »Als ob«. Dann haben

Menschen in der Kirche einen Platz, die die Erzählung vom Weltabenteuer Gottes nur irgendwie interessant finden und in deren Unglaube der Glauben nur in homöopathischer Dosis vorkommen mag.

Vergegenwärtigt man sich die Stellung der Kirche im Weltabenteuer Gottes, so wird die besondere Aufgabe der Liturgie deutlich: Im Gottesdienst trifft die Freude über die kommende Erlösung auf die Klage über die noch ausstehende Erlösung. Hier trifft die Freude über die geschehene Versöhnung auf die Bedrängnis durch die bleibende Macht des Bösen, der Sünde und des Todes. Der Gottesdienst ist ein Kampfplatz der Definition des »wirklich Wirklichen«. Hier leben und feiern Menschen nicht nach dem Motto *etsi deus non daretur* – als gäbe es keinen Gott (Dietrich Bonhoeffer). Vielmehr sprechen und handeln, singen, beten und reden Menschen *etsi deus daretur*, als gäbe es Gott, den lebendigen Gott. Christen bitten, hoffen und vertrauen, dass sich der lebendige Gott erschließend, korrigierend und tröstend, relativ gewiss machend und, wo notwendig, Zweifel säend zu ihnen verhält. Sie kritisieren Gott, wo sie den Eindruck haben, dass Gott hinter seinen Möglichkeiten zurückbleibt. Sie mahnen und hoffen, wo Gott deutlich mehr versprochen hat, als er gegenwärtig einlöst. Für Mitarbeiter im Weltabenteuer Gottes ist dies auch der Ort, an dem Menschen beginnen, Gottes Rechtfertigung einzuklagen. Sie müssen ja auch als Glaubende und die Welt Wahrnehmende noch in den Spiegel schauen können.

3. KOMMUNIKATION IM RAHMEN »GLAUBE« – STEINE, KLÄNGE, ZEITEN UND THEMENKATALOGE

Ereignisse und Kommunikationen sind immer gerahmt. Selbst der Alltag ist ein besonderer Rahmen. Der Vorschlag in diesem Band ist: Glaube, Liebe und Hoffnung sind auch Rahmen, die erstaunliche Dinge ermöglichen. Auch Rahmen können zerfallen, wenn sie verwahrlosen. Werden sie aber gepflegt, dann ermöglichen sie etwas, das ansonsten äußerst unwahrscheinlich wäre. Rahmen machen Kommunikation ansteckend, wecken und locken, sie strahlen aus.

Zur Erinnerung an das oben Gesagte zu Medien und Rahmen: Rahmen der Kommunikation werden befestigt durch die Kommunikationen, die doch zugleich nur durch den Rahmen so möglich werden. Wo findet sich in diesem Sinne der Rahmen »Glaube«? Wann ist Glaube ein Rahmen? Die Kommunikation des Glaubens kennt ohne Zweifel verschiedene Rahmen. Und die sind aus unterschiedlichen Materialien.

Kirchengebäude sind Glaubensrahmen aus Stein. Sie sind aus Stein gebaute Erinnerungen und Erwartungen der Kommunikation. Hier wird erinnert und erwartet, dass menschliches Reden und Gottes Reden zueinanderfinden. Protestantische Kirchenräume sind nicht heilig. Es sind Orte der Erinnerung und Erwartung von Gottes Gegenwart im Heiligen Geist. Es sind Erlebnis- und Kommunikationsräume. Der ganz reale Raum des ›Gotteshauses‹ grenzt darum nicht einen heiligen Bereich von der profanen Welt ab. Kirchengebäude und speziell Kirchtürme verweisen nicht nur ganz unbestimmt auf Transzendenz. Kirchtürme erinnern vielmehr auf schweigende und doch eigenwillig beredte Weise eine Öffentlichkeit daran, dass die Welt im dramatischen Abenteuer Gottes existiert. In ihrer Größe und Höhe machen sie deutlich, dass es noch eine andere Sicht auf die Städte unter ihnen gibt. Das Gebäude der Kirche selbst ist ein räumlicher Rahmen, der die Erwartung prägt: Hier geht es um Glauben. Hier geht es um Gott, der provoziert.

Es ist der Raum einer Gegenwelt im Alltag, in dem ganz erstaunliche Dinge passieren: Menschen sprechen mit Gott so, als wäre er irgendwie da. Menschen verhandeln mit Gott. In diesem Raum machen Menschen ganz eigentümliche Sachen. Menschen behaupten, Gott zu hören, von ihm angeredet zu werden. Menschen feiern Gott. Hier geht es jetzt um Glauben. Hier, jetzt, in diesem Diesseits macht sich Gott gegenwärtig. Jetzt vergegenwärtigen sich Menschen das Weltabenteuer Gottes und erzählen sich wahre Geschichten. All dies kann in diesem Rahmen geschehen, auf dem »Glaube« steht. Im Übrigen verlangen just die Provokationen stabile Rahmen. Es soll ja jeder merken, dass nun Rahmen sabotiert werden. Je klarer der Rahmen, desto größer die Provokation, wenn er verletzt wird.

Das Glockenläuten der Kirchen ist Teil der gegenwärtigen Klanglandschaften. Um sie toben heftige Auseinandersetzungen. Glocken, die Gottesdienste oder Gebete anzeigen, sind zeitliche Rahmenmarkierungen. Die Glocke ist ein zweiseitiger Rahmen – sie kehrt nach außen, was innen ist, und nach innen, was außen ist (Fachleute sprechen hier von einem Moebius-Band). Die Glocke ruft die Menschen nach innen in den Gottesdienst und zeigt nach außen an, dass sich hier jetzt Gottesdienst ereignet. Damit ist das Läuten ein Rahmen, der im akustischen Raum über den Kirchenraum hinausweist. Damit ruft das Glockengeläut ins Gedächtnis, dass sich hier nicht ein religiöser Ortsverein trifft, sondern dass sich eine Gemeinde im Raum der Welt Kirche versammelt. Im Fluss der Zeit markieren die Glocken eine Schwelle, eine besondere Eigenzeit – die Zeit eines Wartens auf Gott und Feierns vor Gott. Sie zeigen an, dass es jetzt dort etwas zu hören gibt. Mit ihrer Fähigkeit, starke Gefühle zu wecken, verweisen die Glocken in weite Erinnerungslandschaften. Davon konnten die Kirchen in Zeiten des Corona-Lockdowns profitieren.

Die Feier des Kirchenjahres schafft einen thematischen Rahmen, der eine klare Erwartung ausspricht. Dies sind die Themen, die uns das Weltabenteuer Gottes vergegenwärtigen. Dies sind die Themen, die uns am Leben der weltweiten Kirche teilhaben lassen. Diese Bindungen durch thematischen Rahmen eröffnen zugleich Freiheiten der Kommunikation, die in der Predigt in Anspruch genommen werden können.

4. MEDIEN DER KOMMUNIKATION DES GLAUBENS

Glauben ist keine Tätigkeit wie Schreiben oder Zähneputzen. Die hier vertretene These ist: Glaube steckt aber auch nicht zuerst und zumeist in den Menschen, sondern Menschen kommunizieren Glauben. Natürlich sind ihr Bewusstsein, ihr Denken und ihr Fühlen auch in der Kommunikation von Glauben immer dabei. Ja! Hoffentlich! Aber es ist eben nicht nur eine subjektive Angelegenheit. Nicht nur ein Abenteuer im Kopf.

Glaube ist etwas Öffentliches und Gemeinschaftliches. Genau dies gerät in allen privatisierten Formen von Christlichkeit aus dem Blick. Bestimmte konkrete Handlungen werden zu Medien, in denen Glaube unter Menschen kommuniziert wird. Wird Glaube kommuniziert, so kann er anstecken, sich ausbreiten, Menschen neugierig machen und affizieren. Er kann auch Zweifelnde trösten und ermutigen. Er kann Menschen provozieren und verärgern. Aber er versiegt, wenn er nicht mehr kommuniziert wird.

Der Glaube als Entdeckung, sich im Weltabenteuer Gottes zu befinden, wird in Medien wie Liedern, im gemeinschaftlichen Gebet, im Bekenntnis und in dem Gegenüber von Prediger und Hörer, wie auch in mehr konversationsorientierten Formen kommuniziert.

Alle Sprach- und Redeformen, die Gott als vertrauenswürdig ansprechen, die eine Rede Gottes unterstellen, kommunizieren Glauben. Als solche tragen sie dazu bei, dass Glauben entstehen kann, Menschen Gott vertrauen. Man kann auch sagen: Glaube wird kommuniziert, wenn Menschen in die Selbstverständlichkeit der Rede über das Weltabenteuer Gottes (Predigt) hineingezogen werden. Er wird kommuniziert, wenn sich Menschen in die Selbstverständlichkeit der Rede zu Gott (Gebet) einfinden. Er wird kommuniziert, wenn sie die Gegenwart Gottes gemeinschaftlich als selbstverständlich feiern. All dies erzeugt nicht die Entdeckung des Glaubens, wie ein Hammerschlag den Nagel in die Wand treibt. Aber es macht sie wahrscheinlicher. Warum? Die Beobachtung von Vertrauen wirkt ansteckend. Vertrauen ist fast so ansteckend wie Gähnen.

Selbstverständlich kann man am liturgischen Leben auch im Modus des »Als ob« teilnehmen. Es kann alles auch nur Dichtung sein, Worte, die sich Menschen zur Ermutigung zusprechen, um sich wie Münchhausen selbst aus dem Sumpf zu ziehen. Das Erstaunliche ist ja, dass dies für viele Menschen auch funktioniert. Es könnte also die Erzählung von Gottes Weltabenteuer einfach eine raffiniert gute Gutenachtgeschichte für die Nachtseiten des Lebens sein. Darüber sollte niemand spotten. Zu dunkel können die Nächte des Lebens sein. Erfahrungsgesättigte Dichtung tröstet. Es könnte auch sein, dass das alles nur wahr und wirklich erscheint, während der 60 Minuten, also während des Ereignisses des Gottesdienstes – eben in dieser kleinen Gegenwelt. Dann wäre vieles des christlichen Glaubens so wahr und gewiss wie die Handlung in einem Kinofilm. Es könnte aber auch sein, dass die Erzählung auch außerhalb des liturgischen Ereignisses wahr und wirklich erscheint. Für den Zweifel und für den Unglauben ist die Kommunikation des Glaubens riskant. Wenn Menschen überraschend ihre Gottlosigkeit verlieren, werden sie Gott nicht mehr los. Sie werden von der Geschichte von Gottes Weltabenteuer, vom Geist Gottes gefesselt – mehr oder weniger. Sie sind dann von Gottes Geist erfasst. Wohlwollend überwältigt. Für die damit einsetzende Dynamik des Glaubens ist aber wesentlich: Es ist kein allgemeines Gottvertrauen, sondern ein Vertrauen in das in Jesus Christus erschlossene Weltabenteuer.

In der Kommunikation des Glaubens in Gebet, Predigt, Bekenntnis und Lied wird das Weltabenteuer Gottes so vergegenwärtigt, dass sich Menschen mittendrin finden. Im Gesang überlassen sich Menschen einer gemeinsamen Aufmerksamkeitssteuerung, einer gemeinschaftlichen Führung des Bewusstseins. Darum ist das gemeinsame Singen als Akt des Vertrauens ein riskanter Verlust an Selbststeuerung. Das Gebet verführt dazu, Gott anzusprechen.

Im Anschluss an den österreichisch-britischen Philosophen Ludwig Wittgenstein haben manche Theologen den Glauben mit dem Erlernen einer Sprache verglichen. Dieser leistungsfähige Vergleich hinkt allerdings an einem äußerst interessanten Punkt. Man kann eine Sprache lernen und dann doch nicht sprechen. So kann man den Wortschatz des christlichen Glaubens lernen und seine Grammatik studiert haben. Ja. Aber es ist eine andere Sache, wirklich im Sprechen darauf zu vertrauen, dass die Sprache in der Wirklichkeit greift, zu vertrauen, dass sich Verständigung ereignet. Dass dies geschieht, dass jemand selbst »Abba« sagt und Gott vertrauensvoll, d. h. wütend klagend, verzweifelt bittend, freudig dankend oder selbstlos lobend anredet, dies ist nicht zu machen. Dies ist ein Wunder.

Menschen können so in ein ernstes Spiel mit der Wirklichkeit Gottes hineingenommen werden, sodass diese Wirklichkeit möglich und vielleicht wirklich wirklich wird. Wenn dies geschieht, dann hat, so denken sich dies die Christen, mitten in der menschlichen Kommunikation des Glaubens doch Gott selbst gesprochen. Alle Kommunikation des Glaubens wächst aus der Erinnerung und aus der Hoffnung, dass dies in der Gegenwart auch geschehen kann. Dann erkennen Menschen, dass das Weltabenteuer Gottes kein Trug ist und auch keine gute Gutenachtgeschichte. Dann wird gute Poesie über Gott zu Gottes eigener Erzählung.

In der Unterstellung von Glauben provozieren Glaubende Glauben. Im Spiel des Vertrauens kann Vertrauen in Gott »kommen«. Dies ist gemeint, wenn gesagt wird, dass Menschen auf Gottes Wort »hören«. Als Wartende »haben« sie es nicht. Aber sie können selbst dennoch Erzähler und Erzählerinnen werden. Sie werden geradezu als Erzähler und Erzählerinnen gewürdigt. Im Rückverweis auf das Weltabenteuer Gottes in Christus provoziert der Geist Gottes die immer wieder neue Entdeckung, die den Glauben ausmacht. Die Darstellung des Glaubens im Gottesdienst ist deshalb nur die halbe Miete. Dass das Dargestellte auch wahr, wirklich und wirksam ist, dass es die »wirkliche Wirklichkeit« (Clifford Geertz) erfasst, ist selbst nicht zu machen. Wenn dies geschieht, dann wird das Spiel erfreulich ernst. Dass sich die Feiernden von Gott angesprochen erleben, bleibt so erstaunlich wie unverfügbar.

Für Glaubende ist das gesamte liturgische Geschehen mit einer nicht selbst zu erfüllenden Erwartung verbunden. Menschen sprechen von Gott, zu Gott und über Gott als einer lebendigen, antwortfähigen und schöpferischen Person. In einer polemisch spitzen Bemerkung hat der Religionsphilosoph Ulrich Barth gemeint, die Kirchen daran erinnern zu müssen: »Mit dem transzendenten Grund des Lebens ›spricht‹ man nicht, auf ihn ›besinnt‹ man sich.« Dem kann man nur zustimmen. Christen sprechen mit Gott, weil er eben nicht nur der transzendente Grund ihres Daseins, sondern der lebendige Gott ist. Natürlich kann man das als großes Theater betrachten. Als großes Spiel des »Als ob«. Christen tun so, als ob man zu Gott, von Gott und über Gott sprechen könnte, ja, noch viel mehr so, als ob Gott sprechen könnte. Richtig. Daher bleibt auch die Kirche in der Bitte »Hilf meinem Unglauben!«

Im Sprechen der Christen vergegenwärtig sich Gott als Sprechender. Wird Gottes Weltabenteuer nicht mehr erzählt und gefeiert, dann droht Gott zu schweigen. Oder: Dann sucht er sich fremde Propheten. Dann schüttelt er sich den Staub von den Füßen. Dann zieht er weiter. Wenn er nicht schweigt, sondern Vertrauen hervorlockt, dann kommt es zu dem nach dem Apostel Paulus elementarsten Ausdruck des Glaubens: »Abba, lieber Vater« (Römer 8,15).

5. GLAUBE ALS UNTERSCHEIDUNG – STATT ABGRENZUNG UND VERGLEICHGÜLTIGUNG

Eine Kirche, die nicht mehr wagt, sich zu unterscheiden und sich selbst stets im Vergleich vergleich-gültigt, braucht sich nicht zu wundern, wenn ihr die Menschen zunehmend mit Gleichgültigkeit begegnen.

Wenn es keinen wichtigen Unterschied mehr macht, ob man Protestant oder Katholik ist, ob man Christ oder Muslim ist, ob man in der Kirche oder in einer NGO ist, dann hat dies langfristig Folgen. Wer bei jeder Unterscheidung gleich hysterisch »Abgrenzung und Ausgrenzung« ruft oder gar »intolerante Fundamentalisten« brüllt, hat nichts begriffen. Nur wenn sich die Kirche unterscheidet – mutig ihr Leben und ihren Lebensstil im Weltabenteuer Gottes feiert und vom Geist Jesu Christi bewegt Glaube, Liebe und Hoffnung kommuniziert –, dann und nur dann ist auch Mitgliedschaft plausibel. Nur eine Kirche, die wagt, sich faktisch zu unterscheiden – in ihrem

Leben, Denken, Handeln und Erleben –, kann Mitgliedschaft in ihrer Organisation plausibel machen. Nur wenn Menschen wissen, in welcher sich von Alternativen unterscheidenden Kirche sie sind, werden sie dort Mitglied sein und im Zweifelsfall auch bleiben wollen. Deutlich ist aber: Unterscheidungen werden nicht reklamiert, sondern in einer Selbstverständlichkeit gelebt. Abgrenzungen werden plakatiert.

Der so verständliche Wunsch, (von »der Öffentlichkeit«) verstanden zu werden, das Bedürfnis, Bündnisse (mit Parteien, anderen Religionen und Akteuren im Sozialraum) einzugehen, die Angst, ausgegrenzt zu werden – all dies führt zu oft dazu, dass die Unterscheidungsfähigkeit verloren zu gehen droht. Wer identisch sein will, ist nicht mehr identifizierbar (Jacques Ellul). Wenn die Kirche auf den Ritterschlag der Politik oder die Liebeserklärung der Medien wartet, wird sie noch lange warten. Was heute die evangelische Kirche tief prägt, ist ein Wille zur Unterscheidungslosigkeit, der sich letztlich zu einer Unterscheidungsunfähigkeit auswächst.

Worin unterscheidet sich die Kirche ganz ohne Abgrenzungsdeklarationen von ihrer Umgebung? Sie unterscheidet sich auf eine einfache Weise. Sie ist mit Gott im Gespräch. Im Gespräch mit Gott weiß sie sich im Weltabenteuer Gottes stehend. Sie weiß sich von Gott in Anspruch genommen, gewürdigt und zur kritischen Partnerschaft aufgerufen. Darum verliert die Kirche letztlich ihre Unterscheidungsfähigkeit, wenn sie das Vertrauen in Gottes Lebendigkeit verliert. Die Unterscheidung muss weder abgrenzend inszeniert noch lauthals proklamiert werden. Sie wird gelebt.

Die Kirche weiß um eine Adresse für menschliche Klage, Bitte, für Dank und Lob. Sie weiß sich selbst als angesprochen und herausgefordert, nicht nur durch ihre Umwelt und ihre eigenen Richtungskonflikte, sondern von Gott. Die Kirche hofft, nicht nur von ihren Problemen, sondern von Gott angesprochen und bewegt zu sein. Sie hofft, nicht trostlos zu sein. Sie hofft, von dem Geist Jesu Christi angesprochen zu sein. Der Autor des Weltabenteuers Gottes sucht die tröstende und strittige Auseinandersetzung mit dazugerufenen Menschen. Und es ist besonders in einer Zeit der Gottvergessenheit die Aufgabe der Kirche, mit Gott zu streiten. Genau darin ist sie eine die kulturellen Erfahrungen auf spezifische Weise verbreiternde Kraft.

In all ihrem nach außen gerichteten Engagement und ihren Initiativen unterscheidet sich die Kirche wenig, eher unwesentlich von anderen sozialen Akteuren. Unterscheidungen werden selbstbewusst gelebt und furchtlos erklärt. Abgrenzungen werden dagegen nur proklamiert. Empörungsgesten sind Abgrenzungsgesten, die die eigene Unsicherheit verbergen sollen. Umarmungsgesten sind Vergleichgültigungsgesten, die die eigene Leere mit Wichtigkeit bemänteln.

Die Unterscheidung »Mit Gott im Gespräch sein« will nicht wie eine Monstranz vor sich hergetragen werden. Sie will vielfältig ausgemünzt und entfaltet werden. Aber eine Kirche, die im Weltabenteuer Gottes lebt und aus dessen Lebendigkeit und Geistesgegenwart lebt, wird genau dies in all ihren Aktivitäten immer wieder aufleuchten lassen. Die Kirche wird dies auch nicht in ziellosen »Dialogen« und »wichtigen Partnerschaften« verschämt beschweigen oder gar strategisch vergleichgültigen wollen.

Ich möchte noch auf einen Aspekt der gelebten Unterscheidung verweisen, der heikel ist. Was ist der Sinn der Ökumene vor Ort und auf den verschiedenen Ebenen der Organisation? Im Raum der Medien wird der Unterschied – nicht zuletzt aufgrund der Unterscheidungsmutlosigkeit der evangelischen Kirche – kaum noch wahrgenommen. Priester? Pfarrer? Ist eh das Gleiche. Immer wieder treten Menschen aufgrund von Problemen mit der katholischen Kirche aus der evangelischen Kirche aus. Macht ja sowieso keinen Unterschied! Die Chefs unterscheiden sich ja nur bei der religiösen Uniform! Unterscheidungsbewusst wird die evangelische Kirche auch den speziell protestantischen Stil des Einbezogenseins in Gottes Weltabenteuer herausstreichen. Ist es nicht einfach töricht, wenn im Vorfeld des Reformationsgedenkens Protestanten zusammen mit Katholiken erklären, dass das, »was ihnen gemeinsam ist [...], Anlass zu Dankbarkeit und Freude« sei und das, »was sie trennt [...], Anlass für Schmerz und Klage«? Protestanten freuen sich, dass in ihrem Stil des Lebens im Weltabenteuer Gottes Frauen und Männer dieses Abenteuer sakramental vergegenwärtigen und verkündigen! Protestanten sind stolz auf ihre Betonung der Bibel und der Bildungsprozesse, die weltweit mit dem Ausleben ihres Stils verbunden sind. Sie sind froh, dass sie keine Vermittlung durch Heilige kennen und nicht der Fürsprache durch die Gottesmutter bedürfen. Für Protestanten arbeitet Gott mit einer so flachen Hierarchie, dass sie nicht flacher sein könnte. Evangelisch Glaubende sehen eine große Chance darin, dass weder Personen noch die Institution der Kirche für unfehlbar erklärt werden müssen. Sie genießen es, dass die Neuschöpfung nicht wie im Zölibat die Glücks- und

Segenskräfte der Schöpfung denunziert. Die Liste ließe sich fortsetzen. Nur wer meint, nichts Eigenes zu haben, will nur Gemeinsamkeiten suchen. Um an eine der Ausgangsfragen zu erinnern: Es geht ja schließlich auch darum, in der evangelischen Kirche Mitglied zu werden und nicht in der katholischen. Das macht auch heute noch einen Unterschied, oder?

Wer Mitglied in einer evangelischen Landeskirche wird, tritt nicht einem religiösen Regionalverein bei. Wer Mitglied wird, sucht sich nicht einen passenden Club für die Pflege des eigenen spirituellen Lifestyles aus. Wer Mitglied wird, hat schon entdeckt, im Weltabenteuer Gottes zu leben, und will dieses weltweite Projekt Gottes anhand dieser lokalen (landeskirchlichen) Organisation unterstützen. Dazu muss sich – ganz ohne Abgrenzungsdeklarationen – dieses Projekt des Weltabenteuers unterscheiden und natürlich auch der Stil, in dem es gelebt wird. Unterscheidungen erzeugen Besonderheiten. Dies erfordert Chuzpe, Mut und ein keckes Selbstbewusstsein. Aber nur so ereignet sich eine Befreiung von der falschen Alternative Abgrenzung oder Gleich-Gültigkeit.

6. VOM WARTEN UND ERWARTEN GOTTES – MISSION

Gott kann warten. Aber Gottes Geduld ist keine Form der Gleichgültigkeit. Sie verändert nicht Gottes Hoffen und Vertrauen. Nicht jede menschliche Antwort auf die Versöhnung der Welt mit Gott ist für Gott gleich-gültig. Die Lebensmöglichkeiten der Versöhnung wollen ergriffen werden – auch wenn Gott warten kann.

Die liberalen Kirchen des Westens haben das Verständnis der Mission als Teilhabe an Gottes eigener Sendung weithin so umgebaut, dass Mission als Einladung zur Konversion herausfällt. Mission ist Sorge für Gerechtigkeit und Frieden. Mission ist Sorge für ein gutes Leben, für die Verbesserung des Lebens. Mission ist gelebte Diesseitigkeit und darin zu Recht Teilhabe an diesem Aspekt der Sendung Jesu. All dies ist nicht zu kritisieren, weil es ein Wahrheitsmoment enthält. Jesus wendet sich, ohne nach Glauben zu fragen, realer Not zu. Aber es ist nur ein Teil der Erzählung.

Mission als Konversion ist für die allermeisten liberalen Kirchen des Westens letztlich peinlich. Sie wäre ein Dokument einer unzureichenden universal-ökumenischen Offenheit, ein Relikt des Kolonialismus, eine Praxis der religiösen Übergriffigkeit. Für manche leugnet ein solches Religionsverständnis die Religionsfreiheit des andersreligiösen Menschen. So ist den traditionellen Landeskirchen die missionarische Praxis von Migrationsgemeinden oft suspekt. Man könnte an dieser Stelle keck zurückfragen: Sollten wir in der Tat das Rad der Mission zurückdrehen und uns wieder Wotan zuwenden, um eben ganz authentisch religiös zu sein? Sollten wir die Religion der Edda reaktivieren – weil diese ursprünglicher ist und vielleicht eher zu »uns« passt? War es wirklich so ungut, dass sich die Germanen mehr oder weniger freiwillig von der nordischen Religion abgewendet haben?

Aber selbst diese Rückfrage würde die Sache von der falschen Seite betrachten: Mission ist zunächst das Erfassen von Gottes Geduld und von Gottes Warten. Gott will, dass die mit ihm versöhnte Welt diese Versöhnung aner-

kennt und lebt, bekennt und feiert. Gott wartet, um Gast-
geber eines Festes zu sein. Gott ist selbst ein engagiert
Einladender. Gott wartet auf eine Antwort. Gott ist es
nicht peinlich, wenn Menschen die Gemeinschaft mit
ihm suchen, seine Partner in seinem Weltabenteuer sein
möchten – jenseits religiöser oder areligiöser Gleich-Gültigkeit. Wenn in den verschiedenen Medien des Glaubens
auf diese Einladung Bezug genommen wird, sollte in der
Kirche kein Gefühl des Unanständigen aufkommen.

Gott wartet und erwartet doch zugleich eine Antwort
der Partner auf die Initiative und auf das Faktum der Versöhnung. Ein unbestimmter Transzendenzbezug verfehlt
die Pointe von Gottes Immanenz in seinem Weltabenteuer. Die Vergottung eines mystischen Etwas jenseits unserer Worte verdammt Gott zum Schweigen und verachtet
seinen Willen zur Selbsterschließung. All diese Formeln
übersehen die dynamische Interaktion, zu der Gott einlädt.

7. DIE TAUFE ALS VERSPRECHEN DER PARTNERSCHAFT

In der Taufe feiern Menschen, sich von Gott für sein Weltabenteuer in Anspruch nehmen zu lassen. Menschen
erklären sich in der Taufe dazu bereit (persönlich oder
stellvertretend), aktiv in ihrem Leben Gestaltungsverantwortung für dieses Abenteuer zu übernehmen. Sie tun
dies im Wissen um die Risiken dieser Mitarbeit. Sie wissen, dass sie nun auch noch mit Gottes Problemen belastet werden können. Aber sie tun dies zugleich mit dem in

der Taufe gegebenen Versprechen Gottes, dieses Abenteuer zu einem guten Ende zu führen.

Getaufte werden Freunde und Partner Gottes. Als solche sind sie nicht mehr bequeme Beobachter Gottes, die entspannt bei kühlem Weißwein und veganen Häppchen über den Lauf der Welt räsonieren. Die von alters her übliche Absage an den Teufel im Taufritus ist in Wahrheit das Versprechen, diese bequeme Beobachterposition aufzugeben und Welt und Gott nicht nur zu beobachten – sei es kritisch oder herablassend besserwisserisch –, sondern aktiv einzusteigen in dieses Abenteuer. Weil sie Partner Gottes werden, werden sie zugleich mit allen anderen Partnern verbunden und finden sich in der Kirche. Weil Menschen Partner Gottes werden, werden sie Mitglied der Kirche.

Als Mitarbeiter und Freunde lassen sie sich auf eine riskante Nähe zu Gott ein. Vom Geist Gottes bewegt, erfahren sie intensiv die ungeheure Spannung zwischen Gottes Aspirationen für die Welt und ihrer eigenen Weltwahrnehmung. Nur die getauften Freunde Gottes haben den Mut, gestärkt durch den Geist des Trostes auch Kritiker Gottes zu werden. Durch die Getauften nimmt Gott die Welt wahr. Nicht nur durch sie, aber ganz wesentlich auch durch sie. Dazu werden sie gewürdigt und gerufen.

Wenn Getaufte Gott erlauben, in Anspruch genommen zu werden, so verlassen sie ein religiöses Kosten-Nutzen-Kalkül. »Was bringt mir der Glaube?«, das ist nicht mehr ihre Frage. Sie folgen – völlig aberwitzig und letztlich grundlos – dem Ruf Jesu. Wer sich taufen lässt, erlaubt dem Geist Gottes, ihn befreiend zu überwältigen, ein Leben lang zu locken, zu verführen, die Wahrnehmung zu verändern, zu irritieren.

Taufen sind daher in Wahrheit keine Veranstaltungen der Mitgliederrekrutierung für den religiösen Landesverband. Es sind letztlich Gottes eigene Mitarbeitergewinnungsveranstaltungen. Die Kirche lässt sich dafür in Anspruch nehmen, aber sie trägt keine letzte Verantwortung. Dies ist der tröstliche Aspekt der Taufe. Auch ohne eine letzte Verantwortung weiß die Kirche um kontinuierliche Mitarbeiterfürsorge in den vielfältigen Formen der Begleitung – vom Konfirmandenunterricht bis hin zur Erwachsenenarbeit. Die in Anspruch genommenen Menschen sollen selbst zum Erzählen von Gottes Geschichte befähigt werden.

Der Akt selbst ist nur ein anfängliches Zeichen für ein Gott antwortendes Leben. Zugespitzt formuliert: Letzten Endes ist das Problem der Kirchenmitgliedschaft Gottes ganz eigenes Problem. Gottes Freunde darf dies trösten und entlasten. Als Freunde Gottes wird es ihnen aber nicht egal sein, was geschieht.

VII DIE KOMMUNIKATION VON LIEBE

Was ist Liebe? Was kennzeichnet die Liebe, die der Geist Jesu provoziert? Wie kann Liebe kommuniziert werden? Was Liebe ist, erschließt sich aus einem doppelten Blick – aus einem Blick auf Gottes Liebe in Jesus Christus und aus einem Blick auf das soziale Leben.

1. LIEBE – ANTWORT AUF GÖTTLICHE FEINDESLIEBE UND DETAILVERSESSENHEIT

Alle Liebe, die Christen praktizieren, kommt zu spät. Alle christliche Liebe ist eine späte Antwort auf Gottes radikale Feindesliebe und auf Gottes unerbittliche und konkrete Liebe gegenüber dem gefährdeten geschöpflichen Leben.

Für die Liebe Gottes gilt eine Reihenfolge und Bewegung, die schon für den Glauben charakteristisch ist. Der Apostel Paulus formuliert unmissverständlich: »Denn wenn wir mit Gott versöhnt worden sind durch den Tod seines Sohnes, als wir noch Feinde waren, um wie viel mehr werden wir selig werden durch sein Leben, nachdem wir nun versöhnt sind« (Römer 5,10). In Christus hat sich eine in das volle Risiko der Einseitigkeit gehende Liebe ereignet. Daher bleibt, wie Paulus kurz vorher festhalten kann, die Liebe, die in die Herzen der Menschen durch den Geist Gottes »ausgegossen« wird, stets auf

Christus bezogen. In dieser einseitigen Liebe sucht und wartet, wirbt und lockt, ruft und bittet Gott. Christen sind zur Antwort bewegte, gewürdigte und befreite Menschen. In dieser Antwort verbinden sich Glaube und Liebe.

Hinzu kommt ein Zweites: Die Krankenheilungen Jesu sind – was auch immer sie in medizinischer Hinsicht waren – leidenschaftliche Zuwendungen zu leiblicher Not. Der Schweizer Theologe Karl Barth hat in heftigen Auseinandersetzungen um die Wunderberichte in den Evangelien in den 1950er Jahren sehr hellsichtig auf die eigentliche Pointe hingewiesen: Das wirkliche Wunder ist dies, dass sich Gott in Christus der ganz leiblich-menschlichen Nöte, dem geschöpflichen Leiden erbarmt. Wie erstaunlich, ja wie unwahrscheinlich dies ist, lehrt ein Blick in das große Laboratorium der Religionen dieser Welt. Die göttliche Würdigung leiblicher Geschöpflichkeit, die Christen mit jedem Weihnachtsfest sehen lernen, zielt notwendig auf eine jesuanische Hinwendung zu leiblich-konkreten Beschädigungen des Lebens. Tief prägend ist dabei, dass die Sorge für den konkreten Menschen im Schatten nicht notwendig mit Fragen der Schuld und Vergebung, mit Fragen der Umkehr und des Glaubens verbunden ist. Jesus wendet sich leidenschaftlich den Menschen zu, die den Risiken des natürlichen, des sozialen und nicht zuletzt auch des religiösen Lebens zum Opfer fielen. Die christliche Kommunikation der Liebe wird als Antwort immer dieser von Christus gelegten Spur folgen. Betrachtet man das große kosmische Erlösungsdrama, das die Religionen der Welt aufspannen, so folgt die Kommunikation der Liebe durch die Kirche einer jesuanischen Detailversessenheit: hin zu leiblichem Leben.

Ein speziell evangelischer Hinweis muss noch den Ausführungen zu Liebe vorangestellt werden. Als Menschen, die Gott antworten und die die Barmherzigkeit Gottes empfangen haben, geben Christen verlustbereit Lebensmöglichkeiten. Die Kommunikation der Liebe ist immer auch eine Geste des Dankes. Allerdings haben die Reformatoren und insbesondere Martin Luther sehr scharf eine Gefahr erkannt, gegen die sie mit aller Entschlossenheit angingen. Diese Gefahr ist daueraktuell. Sie heißt: Doppelte Verbuchung oder spirituelle Korruption. Dann passiert es, dass die Gabe an den notleidenden Menschen zugleich auf ein Konto bei Gott verrechnet wird. Also doppelt verbucht. Wenn Gott aus dem Bild gefallen ist, dann ist das Zweitkonto im Menschen, der liebt. Diese Variante ist heute für die doppelte Buchführung die aktuellere: Kommunikation der Liebe fördert die eigene moralische Veredelung, ganz ohne Gott. Die ganz Schlauen auf den heutigen moralischen Märkten geben dann die Forderung nach Liebe selbst schon als Liebe aus – weil ja Worte auch schon Taten sind – und betreiben ihre moralische Veredelung durch die Empörung über all diejenigen, die nicht wie sie selbst lieben wollen.

All diese Versuche haben die Reformatoren – wie man neudeutsch treffend formuliert – »unplugged«. Sie haben ihnen den Stecker gezogen. Wer nur irgendeinen Gedanken an eine Zweitverbuchung verschwendet, egal welche, der hat die Kommunikation der Liebe ruiniert. Im Horizont von Paulus formuliert: ... der hat Glauben und Liebe auf ruinöse Weise kombiniert. In dieser Sache könnte Martin Luther auch heute nicht schweigen.

2. LIEBE – RISIKO- UND VERLUSTBEREIT IN EINER GESELLSCHAFT DER VERTRÄGE

2.1 Wechselseitige Beziehungen: Verträge

Wir leben in einer Vertragsgesellschaft. Menschliches Leben vollzieht sich in Beziehungen, die auf eine Gegenseitigkeit der Lebensgabe angelegt sind. Menschen investieren Zeit, Lebensmöglichkeiten (Geld), Kraft und Aufmerksamkeit in andere Menschen. Sie hoffen, dass sie dabei auch empfangende sind oder werden. Wer Aufmerksamkeit schenkt, möchte auch gesehen werden. Die Wechselseitigkeit kann zeitlich zerdehnt werden: »Später geben mir meine Kinder so viel zurück!« Sie kann sozial verteilt werden: »Ich hoffe, dass mich die Solidargemeinschaft im Alter nicht allein lässt.« Fragen der Gerechtigkeit sind eingebaut in die Wechselseitigkeit: »Entspricht die Bezahlung meiner Arbeit wirklich meiner Leistung?« Die Wechselseitigkeit kann mit verschiedenen Ebenen und Medien arbeiten. Man gibt Arbeit und erhält Geld oder Aufmerksamkeit und Anerkennung. In Midlife-Krisen fragen sich Menschen, ob sie bisher vom Leben annähernd so viel erhalten haben, wie sie bisher gegeben haben.

Viele Beziehungen der Wechselseitigkeit sind durch das Recht geschützt – durch Kaufverträge, Eheverträge, Arbeitsverträge. Die Wechselseitigkeit ist dann einklagbar. Recht reduziert das Risiko des Verlustes. Das Recht schützt vor ungewollten, überraschenden, radikalen und ausbeutenden Einseitigkeiten. Oft reicht einfaches Vertrauen in Menschen nicht aus, sondern muss Vertrauen in das Recht werden.

Nicht alle wechselseitigen Beziehungen sind jedoch verrechtlicht. Freundschaften sind mächtige und prägende Beziehungen auf der Basis von beidseitig wachsendem Vertrauen. Sie ertragen lange Perioden der Einseitigkeit, und leben doch letztendlich auch von der Wechselseitigkeit. Anthropologen sprechen von weitverzweigten Systemen des Gabentausches – die aber immer mit der Annahme arbeiten, dass der Gebende in angemessener Weise auch Empfangender wird. Irgendwie und irgendwann. Die allermeisten Beziehungen der Wechselseitigkeit haben einen offenen oder einen heimlichen Vertrag als Grundlage. In der Kultur der Gegenwart genießen wir solche Vertragsbeziehungen. Sie sind die Einrichtungen der Freiheit als freie Selbstbindung. Sie spiegeln unsere Selbstzuschreibung von Autonomie.

2.2 Radikale verlustbereite Einseitigkeit

In einer durch Beziehungen der Symmetrie und der Wechselseitigkeit gekennzeichneten Welt beschreitet Liebe einen anderen Weg. Liebe riskiert in Beziehungen radikale Einseitigkeit. Liebe riskiert in den Systemen des Gabentausches den ›Totalverlust‹. Dies bedeutet nicht, dass Liebe nur in ungleichen Beziehungen existiert. Aber es bedeutet, dass Liebe auch in Beziehungen, die auf Wechselseitigkeit angelegt sind, die Einseitigkeit bis zum Totalverlust riskiert – und diese Bereitschaft immer ›mitlaufen‹ lässt. Liebe riskiert, dass aus Beziehungen der wechselseitigen Förderung von Leben langsam oder plötzlich ganz und gar einseitige Lebensförderung wird. Liebe geht radikal ungleiche Beziehungen ein. Liebend barmherzig sein heißt, nicht auf der Wechselseitigkeit zu beharren. Lieben heißt anzuerkennen: Es gibt Situationen, da erfordert die Regeneration von Leben, die reale Begegnung mit den Verletzlichkeiten und Abgründen des Lebens, dass verlustbereit gegeben wird – Zeit, Aufmerksamkeit, Lebensenergie, Geld, Macht etc. Die Liebe riskiert dann das Opfer – als ›Sacrifice‹ und in Machtkonstellationen das ›Victim‹ – zu werden. Klugheitskalküle – »Unter welchen Umständen bekomme ich zurück, was ich hier einsetze?« – rücken dann in den Hintergrund. Deshalb geht Liebe auch ›unvernünftig‹ und ›kopflos‹ ins Risiko. Darum hat sie eine Komponente der Verwegenheit – und dies gewiss nicht nur auf dem Feld der Erotik.

Liebe handelt noch da, wo kein Tausch erwartbar ist. Hierin löst sich die Liebe von den Erwartungen der anderen Seite. Liebe kann Wasser in den Sand schütten. Liebe riskiert, sich denen zuzuwenden, die nichts in einen Tausch einbringen können und deshalb aus dem Leben, und d.h. aus dem Gabentausch des Lebens, ausgeschlossen werden. In den Grenzlagen wendet sich die Liebe mit der Gabe von Leben denen zu, die wohl niemals mehr etwas Vergleichbares zurückgeben können. Sie kann sich ohne Kalkül radikal und verschwenderisch dem beschädigten Leben zuwenden, jenseits und diesseits von Verträgen.

3. RADIKALE JESUANISCHE LIEBE

Diese eher sozialphilosophischen Überlegungen treffen sich mit der jesuanischen Praxis der Liebe. An Weihnachten feiern Christen Gottes Bereitschaft, sich dieser Welt der Gewalt, Sünde und Dummheit auf riskante Weise auszusetzen. Die Verletzlichkeit des Kindes ist ein Zeichen für Gottes einseitige Risikobereitschaft. Mit der Menschwerdung steigert Gott das Risiko, das er bei seiner Vergegenwärtigung in seinem Weltabenteuer eingeht. Um der Welt rettend und heilend nahe zu sein, riskiert Gott den Totalverlust. Die göttliche Feindesliebe ist darum die totale Grenzlage, weil sie sich dem zuwendet, der gar keine lebensförderliche Wechselseitigkeit will. In der Feindesliebe setzt sich die Liebe in einem ultimativen Risiko dem aus, der nur eine Beziehung der Vernichtung will. Die jesuanische Liebe riskiert, »verraten und verkauft« zu werden. Der Tod am Kreuz ist das ultimative Risiko der Menschwerdung Gottes.

In Christus und der in ihm gegenwärtigen Feindesliebe zeigt sich darum eine ganz und gar unromantische Nachtseite der Risikobereitschaft der Liebe: Der radikal Liebende kann auch überwältigt werden. Das Leiden der Liebe besteht darin, dass sie nicht beantwortet wird. Mit der Feindesliebe wagt sich die Liebe aber in ein Territorium vor, in dem die Beantwortung nicht erwartet wird, ja, in dem die Antwort feindlich ausfallen kann. Liebe ist keine subtile Gestalt der Allmacht, auch wenn sie zu Allmachtsphantasien verführen kann. Die Bereitschaft zu verlustbereiter Einseitigkeit der Liebe kann darin enden, des Lebens beraubt zu werden. Darum nennt Paulus das Kreuz eine Torheit für die vitalistische Kultur der Griechen. Es kann geschehen, dass der Mensch, der bereit ist, auf die geschützte Wechselseitigkeit der Lebensförderung zu verzichten und Leben verlustbereit zu geben, Opfer der Gewalt wird. Einseitige Gabe und Raub des Lebens können so verwechselbar und so dunkel ununterscheidbar werden. Dann bedarf es, wie in der Auferweckung des Gekreuzigten, der todesüberwindenden Kreativität Gottes, um hier deutlich zu machen, auf welcher Seite Gott als Treiber seines Weltabenteuers steht. Dass Liebe stärker ist als der Tod, lässt sich ausschließlich von der Macht der Auferstehung her sagen. Es ist keine Weisheit dieser Welt. In der Auferweckung, in der Macht des Geistes finden sich daher drei göttliche Behauptungen: Ja, das Leben verwegener Liebe ist nicht gescheitert. Nein, der mörderische Lebensraub darf nicht hingenommen werden. Nein, Gott ist kein Rächer, der die Mörder vernichtet, sondern er schenkt dem Opfer neues Leben. Aus leidender Liebe allein ist dies nicht herauszulesen. Da bleibt das Kreuz bitter-stumm.

In der Textwelt der Bibel formuliert: Der barmherzige Samariter liebt in der riskanten Einseitigkeit der Rettung des Menschen, der den Räubern zum Opfer gefallen ist. Der Wirt, der den Verletzten dann gegen eine angemessene Bezahlung versorgt, sorgt für Humanität und einen guten – vertragsbasierten – Umgang mit menschlicher Verletzlichkeit. Der Wirt liebt aber nicht verlustbereit. Er arbeitet auf der Basis von sozial verteilter Wechselseitigkeit. Er schließt mit dem Samariter einen Vertrag und der bezahlt. Er macht einen guten Job. Das ist aber etwas anderes als das, was der Samaritaner macht.

Darum hat, um dies ganz deutlich zu machen, die hier beschriebene jesuanische Liebe wenig mit der sogenannten Goldenen Regel zu tun. »Alles nun, was ihr wollt, dass euch die Leute tun sollen, das tut ihr ihnen auch! Das ist das Gesetz und die Propheten« (Matthäus 7,12, vgl. Lukas 6,31). Wer die Goldene Regel mit dem Liebesgebot gleichsetzt, verharmlost die bis zur riskanten Feindesliebe reichende Liebe. Nur wer die radikale jesuanische Liebe zur Goldenen Regel oder gar zu einem Prinzip der Anerkennung verwässert, kann sie als vernünftig deklarieren. Die Goldene Regel beschreibt treffend eine auf Humanität abzielende Wechselseitigkeit, die nicht eine zynisch-frustriert minimalistische, sondern eine reiche und lebensförderliche Wechselseitigkeit ist. Die Goldene Regel verharrt – wohl raffiniert – doch im Raum der Klugheitskalküle. Sie existiert in vorgestellten Einseitigkeiten und sucht Symmetrien herzustellen. In wahrhaft einseitigen Verelendungen, wenn Menschen in Verzweiflung nichts mehr erwarten, bleibt sie ohnmächtig.

Die Goldene Regel zielt auf eine Verbreiterung und Ausbreitung des für sich selbst gewünschten guten Lebens – kann aber wenig ausrichten, wenn es zu einer Anspruchsdeflation kommt. Die Goldene Regel kann wenig ausrichten, wenn sich Menschen umgekehrt frustriert oder vitalistisch in einer Welt der Gewalt und Gegengewalt eingerichtet haben. Der gewalttätige Starke und der frustrierte Mensch ohne Erwartungen, die beide »die Leute« gar nicht brauchen und auch nichts von ihnen erwarten, werden durch diese Regel nicht eingefangen. Man muss hier nicht die Erkenntnisse des Alten und Neuen Testaments zur Macht und Vielgestaltigkeit der Sünde aufrufen. Die Eisenbahntoiletten der Deutschen Bundesbahn zeigen schon dieses Scheitern an der Wechselseitigkeit der Erwartungslosigkeit an.

Nur wenn das bis zur Einseitigkeit der Feindesliebe reichende Liebesgebot lange genug in der Wechselseitigkeit der Goldenen Regel mariniert wird, kann man behaupten, »dass es beim Liebesgebot nicht um eine unerfüllbare Zumutung geht, sondern um etwas, was eigentlich jedem einleuchtet« (Heinrich Bedford-Strohm). Die radikal verlustbereite Liebe bleibt in Wahrheit eine Liebe der Christusnachfolge, d.h. so unvernünftig wie die Torheit des Kreuzes. Es bleibt eine Liebe, die Gott immer wieder

– verlustbereit und geduldig – in seinem Weltabenteuer in die Welt hineinbringt. Es ist die Liebe, mit der Christen ihre Umgebungen gezielt irritieren. Sie ist und bleibt das in Christus schon gegenwärtige Ziel des Weltabenteuers Gottes. Dieses Ziel ist heute in dieser Welt nur als Gegenwelt, als »weltfremde Sonderethik« gegenwärtig, als Gegenwart einer kommenden Gegenwart, als Zeichen der Erlösung in der mit Gott versöhnten Welt. Als fremdes Zeichen erinnert diese Liebe daran, dass ein gutes Leben »Opfer« (*sacrifice*) braucht.

Werden die christliche Nächstenliebe, die Liebe der Goldenen Regel und die allgemeine Achtung der Menschenrechte mehr oder weniger ununterschieden in einen Eintopf gerührt, so entsteht ein Phänomen, das für die Reputation der Kirche in der Öffentlichkeit äußerst schädlich ist: Die Menschenrechte enthalten einklagbare Rechte. Es kann auf der Grundlage von Menschenrechten ein staatliches Handeln erzwungen werden. Hierdurch wird dann die Nächstenliebe durch Gerichte erzwungen. Es entsteht der Eindruck, die Kirche wolle ihre Ethik qua Recht dem Rest der Republik aufzwingen. Wenn die Kirche dann behauptet, »Das ist doch allgemein vernünftig«, so hilft das wenig – selbst wenn es stimmen sollte.

Blickt man nun nochmals auf die radikale, scharf rezente jesuanische Liebe, so wird erkennbar, dass sie stets den Ausnahmezustand erzeugt, einen Zustand, der die notwendigen Systeme der sozialen Erwartungssicherheit auch unterläuft und bricht. Radikal Jesuanische Liebe und Anarchie scheinen oft Zwillinge zu sein. Wenn die Kirche diese Liebe als vernünftig verkaufen möchte, muss sie ihr jeden Biss nehmen, muss ihr alle Zähne ziehen.

Wer diese Liebe in der Kirche mit der goldenen Regel und den Menschenrechten in einen Eintopf rührt, eröffnet eine unheilvolle Alternative: Entweder schneidet er die radikale jesuanische Liebe zu einem freundlichen Gruß über den Gartenzaun der Wechselseitigkeit zurecht oder er überzieht hoffnungslos radikalisierend die Möglichkeiten der Menschenrechte und der Politik. Diese Alternative ist heute mächtig. Und: Sie verrät den Protestantismus. Sie lässt die Laien in der Kirche im Regen stehen. Denn die Laien können nicht 24/7 jesuanisch lieben. Eine solche Kirche macht den Menschen im Alltag klar, dass die Kirche nicht ihre Baustelle sein kann und dass sie sich letztlich nicht für ihr Leben interessiert. Um das Problem schärfer ins Auge zu fassen, gilt es, kurz in den Keller der Theologie zu steigen.

Warum ist gegenwärtig die Schaukel, die zwischen Vereinfachung und radikaler Politisierung schwingt, so unglaublich in Schwung? Meine These ist: Die Kirche und die Theologie sehen und würdigen nicht mehr die Weltenbauer. Was ist damit gemeint?

4. MENSCHLICH BEGRENZT LIEBEN – BAUHANDWERKER UND WELTENBAUER SEHEN UND WÜRDIGEN

Sind Christen dazu aufgefordert, die radikale jesuanische Liebe zu kommunizieren? Ja! Sollen und können sie diese Liebe vierundzwanzig Stunden sieben Tage die Woche (24/7) leben? Nein! Radikal Lieben erfasst nur einen Bruchteil ihres Lebens. Und das ist gut so. Das ist spirituell ehrlich. Das ist kein Problem, sondern zunächst eine

Lösung – auch wenn es die kirchlichen Jakobiner stört und zugleich die Vitalisten irritiert. Warum? Bevor Christen radikal Liebende sind, sind sie Bauhandwerker. Sie sind Weltenbauer im Weltabenteuer Gottes, der auch der Schöpfer der Welt ist.

Im Weltabenteuer Gottes ist das Ereignis Jesus Christus ein Eingriff, eine besondere Initiative. Das Ereignis Jesus Christus spannt einen Bogen von der Kindheit bis zur Auferweckung, von Weihnachten bis Pfingsten und letztlich bis zur noch kommenden Zukunft Christi. Dieser Spannungsbogen darf nicht reißen. Die Geburt Jesu zeigt eine elementare Anerkennung, Würdigung und Wertschätzung verletzlicher Geschöpflichkeit. Gott kam in Christus nicht als Krieger, der gegen das Leben in seiner irdischen Gestalt der Weltbewältigung und des Weltenbauens kämpft. Jesus hastet nicht zum Kreuz. Die Versöhnung der Welt mit Gott kennt in Jesus erstaunlich wenig Eile. Ohne dass an dieser Stelle zu viel in die Evangelien hineingelesen werden soll, ist es ein interessanter Hinweis: Das Leben Jesu schließt das Bauhandwerkerdasein ein. Dem einen Jahr Verkündigung und Heilung dürften mindestens zehn Jahre Bauhandwerkerdasein vorausgegangen sein. Auch Jesus ist Bauhandwerker eines guten Lebens. Die Evangelien verbergen dies nicht. Der Retter fällt nicht vom Himmel.

Christen sind Bauhandwerker und Weltenbauer für ein gutes Leben – in seiner biologischen, sozialen und kulturellen Dimension. Wer eine S-Bahn steuert, braucht nicht radikal zu lieben, sondern zunächst und zumeist Kompetenz. Der Gerüstbauer heute folgt dem Jesus der mittleren Lebensphase nach, dem Jesus, der Bauhandwerker war. Im Weltenbau eines guten Lebens beteiligen sich

Menschen an der Chaosüberwindung des Schöpfers. Bevor die Welt mit Gott versöhnt wird, wird sie gebaut, entworfen und entwickelt, verbessert und genossen. Darum sollte die Kirche nicht mit dem Weltzustand eines »failed state« flirten, sondern Weltenbauer würdigen. Sie sollte Gott verzeihen, dass auch der Bau der unerlösten Welt noch weitergeht. Christen kämpfen in der Suche nach einem Impfstoff gegen das Coronavirus darum, dass die Einheit von Leben und Tod wirklich eine zugunsten des Lebens ist. Sie ringen darum, dass die Einheit von Gegeneinander und Miteinander eine zugunsten des Miteinanders ist. Sie sichern die Wechselseitigkeit der Lebensgabe durch Recht – ohne zu meinen, Liebe und Recht könnten in den Menschenrechten ununterscheidbar zusammengerührt werden. Christen wissen darum, dass unter dem langen Schatten des Todes das Leben nie ganz vom Kampf befreit werden kann, sondern dass es der Einhegung unaufhebbarer Interessensgegensätze bedarf. Solange Menschen vom Bösen noch nicht erlöst sind, muss die Forderung universaler Solidarität am Ende selbst ausschließend und mörderisch werden und letztlich Gulags bauen. Doch zugleich wissen Christen, dass das Weltenbauen ›nach Noah‹ und ›nach Jesus Christus‹ immer noch wirksame Formen der Gewaltbegrenzung und Gewaltprävention braucht. Zugleich braucht es die Entwicklung von Recht und Strukturen, die in Richtung Freiheit und Humanität weisen.

Zum Weltabenteuer Gottes gehört dieses Erschaffen von Lebensräumen. Als Gestaltungsräume werden diese zu Verantwortungsräumen. Der Luft- und Raumfahrtingenieur, der Müllmann und der Apotheker sind alle Weltenbauer, die im Vaterunser in die Brotbitte eingeschlossen sind. Wer sich vorschnell über ›geordnete Verhältnisse‹ lustig macht, sollte sich überlegen, wo er mit seinem Müll hin will, woher die Antibiotika kommen und ob er auf Elektrizität verzichten will. Alle drei Probleme lassen sich an vielen Orten der Welt mit weniger ›geordneten Verhältnissen‹ besichtigen. Darum war Jesus auch der Zimmermann aus Nazareth. Es treten auch Menschen aus der Kirche aus oder treten nicht ein, wenn sie als Lagerist oder Ingenieur, als Controllerin oder als Elektriker, als Friseur oder als Softwareentwickler in der Botschaft der Kirche nie vorkommen – weil es ja immer um die Mobilisierung zur Weltenrettung und nie um die Anerkennung und Würdigung des Weltenbaus geht. In nicht wenigen Fällen werden Menschen in Weltenbauberufen antikapitalistisch oder ökotheologisch angenörgelt, weil man ja gegen ihr Wirken die Schöpfung bewahren muss. Wer nicht in sozialen Reparaturberufen unterwegs ist, wird in der Kirche nicht selten mit milder moralischer Missachtung bestraft. In den wilden 1970er Jahren nannte man dies repressive Toleranz. Die Zusammensetzung evangelischer Synoden dokumentieren das Ergebnis: Die meisten sogenannten Laien (die nicht Theologen sind) arbeiten in sozialen Reparaturberufen und stehen auf der kirchlichen (oder staatlichen) Gehaltsliste. Bei aller Wertschätzung ihrer Arbeit sind es doch Scheinlaien. Wenn die echten Weltenbauerinnen und Weltenbauer in den Strukturen, in der Theologie und den kirchlichen Initiativen nicht wirklich vorkommen, warum sollten sie dann in der Kirche sein?

Bevor Menschen in die Kommunikation jesuanischer Liebe einbezogen werden, müssen sie als Gottes Bauhandwerker und Weltenbauer gesehen und gewürdigt werden. Dort ereignet sich für Protestanten die geistliche Berufung. Wer hier als Theologe oder Theologin zuckt und zögert, ist auch in dieser Angelegenheit in der katholischen Kirche besser aufgehoben.

Als Weltenbauer loten Millionen evangelische Christen jeden Tag die Spielräume der Humanität und die Möglichkeiten der Kommunikation von Liebe aus. Menschen sind auch als Christen immer beides: Als Bauhandwerker sind sie Weltenbauer und zugleich auch immer wieder Liebende, die diese Bauten mal mehr und mal weniger riskant erschüttern. Wie hängt nun beides zusammen? Warum wird das Weltenbauen so oft übersehen? Und was geschieht theologisch, wenn dies geschieht? Warum gerät der Weltenbau in der Gegenwart in der inflationären Rede von der Liebe so leicht aus dem Blick?

5. DIE FALLE DER LIEBE, ODER: WIE DAS CHRISTENTUM ZUR FREIZEITRELIGION WIRD

Theologen leben nicht nur auf den angenehmen Wohnetagen der gegenwärtigen Kirche und der Theologie. Sie machen Zeitreisen in die Vergangenheiten der Kirche und der Theologie. So erkunden sie, was im Laufe der Zeit auf dem Dachboden oder im Keller der Theologie und der Kirche abgestellt wurde – weil es sich als unbrauchbar oder gar als irreführend herausgestellt hat. Theologen sichten Altmöbel und Abgestelltes. Sie stöbern in vielem herum, was viele schon als Müll betrachten. Auf dem kirchlichen Dachboden oder im theologischen Keller lagert so manches Möbelstück, das auf die laut krakelenden Entrümpler, auf die sich für ein weiteres Aufheben aussprechenden Archivare oder auf neugierige Erkunder wartet.

5.1 Die alte, ausgemusterte Haustür

Eine eher massive alte Haustür lagert auch im Keller: die sogenannte Zwei-Reiche-Lehre. Als sie in der Kirche noch die Tür zur Welt war, gab es drei Möglichkeiten der Bestimmung der Wirklichkeit: a) Im Raum der Kirche wirkte der Geist Gottes als Geist der Liebe durch das Wort des Evangeliums von Jesu Christus. b) Außerhalb der Kirche war die Welt der Sünde, Gewalt und Dummheit, in der ein allmächtiger, aber nicht unbedingt gütiger Gott wirksam war. Aber es gab noch eine dritte Bestimmung: c) Die Welt ist geordnet und bewahrt durch das Gesetz und etwas Vernunft. Eine vom Gesetz nur relativ, aber dennoch wirksam geordnete Welt war zweifellos ›weniger‹ als das Evangelium, aber definitiv ›mehr‹ als das Chaos. In der Welt außerhalb der Kirche beteiligten sich Christen an der Aufrechterhaltung und an der Entwicklung vom Gesetz, in der Welt innerhalb der Kirche war der Ort der Praxis der Liebe. Diese Haustüre zwischen Kirche und Welt hat allerdings in kritischen Zeiten versagt und ist mit vielen Problemen belastet.

Die Zwei-Reiche-Lehre hat aber bei aller notwendigen Kritik ein Wahrheitsmoment. Das heißt nicht, dass ich dafür plädiere, diese Tür wieder aus Gründen der theologischen Nostalgie einzubauen. Aber sie hat ein real existierendes Problem scharf ins Auge gefasst. Und dieses Problem verschwindet nicht: Die Welt außerhalb der Kirche ist nicht einfach der Ort der grenzenlosen Ausbreitung der Liebe. Zwischen den durch Recht geregelten Gegensätzen, Kämpfen, Wettbewerben und Konflikten und der radikalen Liebe Jesu gibt es sehr greifbare Spannungen.

5.2 Spitzensportler und die Anderen

Wie kann mit diesem Problem umgegangen werden? Die Reformatoren waren an diesem Punkt entwaffnend ehrlich. Ihre Lösung provoziert bis heute offenen Protest auf katholischer Seite.

Der kanadische und bis in die letzten Ritzen und Winkel seines Denkens katholische Philosoph Charles Taylor hat in seinem Opus magnum »Das säkulare Zeitalter« der Reformation und dem protestantischen Christentum einen so zentralen wie schweren Vorwurf gemacht: Der evangelische Glaube habe das Christentum der »zwei Geschwindigkeiten« zerstört. Die Reformation habe damit, so Taylors These, eine für das Christentum ungemein tragende Unterscheidung aufgelöst: hier die Profis, dort die Laien; hier die Geistlichen, dort die Anderen; hier die, die Zeit für eine volles spirituelles Leben haben, dort die Alltagschristen mit schwächeren Anforderungen; hier die moralisch Fortgeschrittenen, dort die moralisch nie wirklich sich im Fortschritt Befindlichen; hier die, die im Außeralltäglichen leben, dort die, die im schmutzigen Alltag der Welt leben; hier die Perfekteren, dort die weniger Perfekten; hier die wenigen Spitzensportler, dort die Masse der Breitensportler, die ihren Body-Mass-Index nie in den Griff bekommen und ehrfürchtig zu den Spitzensportlern aufblicken.

Noch in seiner Kritik erkennt Charles Taylor sehr scharf, was die explosive Kraft des Protestantismus war und in der Zukunft wieder sein kann: Die Reformatoren haben die Berufung der Christen im Alltag gesehen. Sie haben die zwei Stände abgelehnt. Es gibt keine Unterscheidung unter den Christen, weder in Fragen des Glaubens und der Nähe zu Gott noch in Fragen der moralischen Perfektion. Hier die, die mit der Heiligung schneller vorankommen, dort die Langsamen in den Fußtruppen. Eben ein Christentum der zwei moralischen Geschwindigkeiten. Charles Taylor hat Recht. Dazu sagten die Reformatoren nein. Zu streiten ist allerdings, ob dies ein Problem oder die Lösung ist. Ich meine, es ist eine mächtige und ausstrahlungsreiche, eine befreiende und Freude auslösende Lösung. Der Glaube aller ereignet sich in den mehr als 50 Grautönen des Alltags. Nur dort. Allerdings scheinen viele evangelische NGOs an diesem Punkt die Geduld und die Nerven zu verlieren.

Warum ist der Blick zurück, der Blick in den Keller und der Blick auf Charles Taylors harte Kritik so wichtig?

5.3 Radikal lieben?

Die durchgehende und ausschließliche Akzentuierung von Liebe, die generalisierende Aufforderung »Radikal lieben« verrät entweder die radikale jesuanische Liebe oder aber die Christen, die in ihrem weltlichen Beruf ihre Berufung leben. Keine Flaschnerei kann mit »radikal lieben« organisiert, kein Kindergarten damit geleitet werden, und damit kann auch kein Bischof sein Amt ausführen. Kein Anwalt kann vor Gericht »radikal lieben«, kein Investmentbanker so im Beruf überleben. Kann mit durchgehend riskant-verlustbereiter Selbstzurücknahme irgendeine berufliche Karriere außerhalb von Planwirtschaften gestaltet werden?

Die große Versuchung jeglicher Theologie, die einen sozialmoralischen Optimismus mit der Kraft der Auferstehung Jesu Christi verfilzt, ist die Einführung eines moralischen zweiten Standes. Dies ist für die Kirchen des liberalen Protestantismus der Gegenwart eine Versuchung, der sie zu erliegen drohen. Für den Protestantismus ist dieses Versuchungspotential tödlich. Glaube wird zur moralischen Empörungsgeste und Anklage gegen die Welt. Damit wird die Kirche zu einer Veranstaltung solcher, die von den Anforderungen des weltlichen Berufs freigestellt sind: Jugendliche, Rentner, Menschen mit viel Zeit für Freizeitaktivitäten und solche, die aus dem Berufsleben ausgeschlossen sind. Zum Trost und zur Begeisterung der einfachen Christen werden dann moralische Heldengeschichten wahrer Heiliger erzählt und eine gestenreiche moralische Außeralltäglichkeit werden beschworen. Aber in Wahrheit flieht die Kirche vor der Welt. Sie flieht in eine andere Welt durch moralische Selbstradikalisierung. Zweifellos gibt es auch eine Flucht in die Bewunderung der schönen eigenen Seele und des guten kleinräumigen Lebens. Wer kennt nicht religiöse Formen des Neostoizismus? Aber ich fürchte, außerhalb recht geschlossener kleiner Zirkel ist dies nicht mehr die größte Versuchung. Zumindest nicht in Europa.

Was ist die Alternative zu der Generalisierung von Liebe? Was ist das Andere im Gegenüber zur Liebe? Es ist die labile, aber stets neu zu gewinnende Einheit von Leben und Tod zugunsten des Lebens – in einer Welt, in der der Tod noch nicht besiegt ist. Es ist die Einheit von Kooperation und Wettbewerb zugunsten des guten Lebens, in dem die Gegensätze von Interessen noch nicht überwunden sind. Es ist die Einheit aus Miteinander und Gegeneinander zugunsten eines fairen Miteinanders in einer Welt ohne Konsens. Es ist die Sicherung von Erwartungen durch ein Recht, das doch auch die Vision eines guten Lebens beinhaltet. Die verschwenderische Liebe erinnert das Recht daran, nicht das Elend zu normalisieren. Es ist die kontinuierliche Verbesserung des Lebens, in dem Menschen stets in begrenzten Verantwortungsräumen leben. Es ist die Suche nach Humanität in einem Dickicht gegensätzlicher, aber verhandlungsoffener Interessen. Es ist die Suche nach einer fairen Gesellschaft, nach einer nicht demütigenden Gesellschaft, einer anerkennenden sozialen Welt, nach funktionierenden sozialen Systemen. Was macht die verlustbereite Liebe in dieser Welt?

Dieses endliche Leben wird durch die verschwenderische Liebe mit Spuren der Erlösung gewürdigt. Mit radikaler Liebe wird dieses Leben zugleich an die Nachtseiten des Lebens erinnert. Beschädigtes und verletzliches Leben wird mit Interventionen der Rettung vor dem unzeitgemäßen Tod bewahrt. Die Kraft des Segens darf sich entfalten. Die Güte der Alten Schöpfung erfuhr durch die Menschwerdung Gottes eine Wertschätzung. Die Neuschöpfung von Himmel und Erde erfordert keinen Hass der Alten Welt. Jesus genießt den Wein als Frucht der Alten Welt, den Wein, der zum Zeichen der Neuen Welt wird.

Dietrich Bonhoeffer spricht hier von der »Bewahrung der Schöpfung für die Neuschöpfung«. Die Menschen außerhalb der Kirche spüren die unsichtbare Verachtung der Welt in der pauschalen Forderung »Radikal lieben«. Sie spüren die fehlende Würdigung ihres Erhaltens der Welt auf Seiten der Kirche. Sie spüren, wenn die Kirche die ganz weltlichen Freuden dieser Schöpfung letztlich doch nicht verzeiht. Sie spüren, wenn die Kirche keine legitimen Interessen anerkennt und doch von diesen lebt. Sie nehmen es wahr, wenn die Kirche sie in den Mühen des Weltenbaus nicht zu achten vermag. Irgendeiner muss eben bei Edeka an der Kasse sitzen und irgendeiner muss den Müll abholen. Irgendeiner muss in und mit einer Firma auf dem ruppig-rauen Weltmarkt überleben. Der anglikanische Erzbischof von Kapstadt Thabo Makgoba, den ich sehr schätze, hat in der Predigt anlässlich des Dietrich Bonhoeffer-Kongresses in Stellenbosch gesagt: »Wir geben die Hoffnung auf eine christusförmige Gesellschaft nicht auf!« Ich musste innerlich seufzen. Ja! Würde aber eine funktionierende Gesellschaft oft nicht auch schon gut sein, ja vielleicht genügen? Sicher, die Menschen spüren es auch umgekehrt, wenn sich die Kirche einer Diesseitigkeit hingibt, in die kein Licht der Erlösung (Theodor Adorno) mehr fällt. Die Kirche kann der Welt das notwendig lösende Wort zweimal verweigern: wenn sie den mühevollen Weltenbau mit Missachtung quittiert, aber auch, wenn sie den Mut zum prophetischen Einspruch verliert und sich feige an zerrüttende politische Macht anschmiegt.

All dies ist noch nicht das Reich Gottes. Kein Kampf um eine höhere Lebenserwartung überwindet die Endlichkeit. Kein Musikfestival erhebt in eine Sphäre eines Genusses, der ewig währt. Aber es ist ein gutes Leben im Schatten des Todes. Es ist ein beschütztes Leben in der bleibenden Bedrohung durch Böses. Es ist ein die Nachtseiten des Lebens umsorgendes Leben in dem geschöpflichen Rhythmus von Tag und Nacht und in dem Noah versprochenen Rhythmus menschlicher Arbeit. Es kann auch ein schönes Leben sein. Frieden trotz Gier, Angst und Dummheit, Checks and Balances der Macht, ohne Hunger, mit relativen Neuanfängen durch Vergebung, Begrenzungen des Bösen und mit dem Warten auf Gottes Reich. In dieser Spannung beten wir das Vaterunser.

Bewegt sich – um nochmals das Bild der Eisenbahn aufzugreifen – der christliche Glaube auf beiden Schienen, der Sorge für das gute Leben und der Praxis radikaler Liebe in verlustbereiter Lebensgabe, so stellt sich die Frage: Gibt es einen Zusammenhang zwischen beidem? Ja, einen sehr wichtigen. Radikale Liebe provoziert. Sie setzt die Alte Welt in Schwingung. Sie beleuchtet die Welt durch Funken einer Gegenwelt. Radikale Liebe verflüssigt Selbstverständlichkeiten und öffnet selbst die Systeme zugunsten des guten Lebens für neue Möglichkeiten. Aber sie scheint flüchtig zu bleiben. Sie wird selten zur Dauereinrichtung, auch da, wo relative Gerechtigkeit, relative Humanität und relative Barmherzigkeit Gestalt gewinnen.

Ob die radikale Liebe in der Tat stets eine unaufhaltsame Dynamik in Richtung des Reiches Gottes freisetzt, ist noch nicht zu entscheiden. Und doch, radikale Liebe macht Christen zu Kundschaftern: Sie werden Variationsspielräume der Bewahrung der Schöpfung zugunsten von Entwicklung suchen – ohne zu Dauernörglern über die Last und Schwierigkeit der Liebe zu werden. Radikale Liebe führt aber auch zu Grenzerfahrungen, die in Klage und Bitte münden. Wenn die radikale Liebe nicht nur kurz anders beleuchten kann, sondern Prozesse mit einem neuen Vektor versieht, so wird sie zu Dank und Lob verführen. In alledem wird die risikobereite Liebe der Welt ihre Weltlichkeit zugestehen. Sie wird anerkennen, dass – um ein biblisches Bild zu gebrauchen – die Tage ohne Nacht noch ausstehen (1. Mose 1,5; Offenbarung 21,25).

Die Auferweckung des Gekreuzigten hat die Schöpfung in einen Verwandlungsprozess geführt. Wie viel ist nun möglich? Was sind Vorgriffe auf Gottes Zukunft, die

die Gegenwart verwandeln, was sind solche, die sie unbeabsichtigt oder mutwillig zerstören? Auch dann, wenn Christen den Versuchungen einer tragischen Weltauffassung entgegentreten müssen, gibt es doch Grenzen der Spielräume. Die gilt es zwischen Weltenbau und dem Ausnahmezustand der Liebe auszutesten – ohne die Welten zu zerstören. Barmherzigkeit ist stets eine Risikoabwägung. Dazu brauchen die Weltverbesserer, die Weltenbauer und die kosmopolitischen Sozialutopisten den gemeinsamen Verhandlungsraum genannt Kirche.

6. KOMMUNIKATION IM RAHMEN »LIEBE«

Die Unterscheidung von Rahmen und Liebe ist im Fall der Kommunikation von Liebe sehr schwierig. Dieser Umstand liegt nicht an der Theorie, sondern sagt etwas über die Besonderheit der Liebe aus. In der Kommunikation der Liebe ist die Sache verzwickt. Wie lassen sich Rahmen aufspannen, die deutlich machen: »Was jetzt geschieht, ist Liebe«? Jenseits von engen Partnerschaften gibt es kaum klare Rahmen. Nicht umsonst überschreitet in vielen Kulturen der Welt die Liebe selten den Raum der Familie.

Die Spontanität und das Überraschende an der Liebe sind der Grund dafür, dass sich keine klaren Rahmen ausbilden lassen. Die Liebe, die sich an den wechselnden Bedürfnissen von anderen orientiert, lässt schwer Rahmen entstehen. Ohne Rahmen bleibt die Liebe stets höchst riskant. Ohne klare Rahmen brechen schnell Fragen auf, wie: Was sind die wahren Motive für dieses Handeln? Wird es als Bevormundung missverstanden? Werde ich missbraucht, wenn meine Liebe erwartet und in Strategien eingebaut wird? Werden Interessen verfolgt, und wenn ja, welche?

Dieses Problem der Zuordnung verschärft sich, wenn Organisationen ins Spiel kommen. »Machen die nicht eh nur ihren Job?« »Die wollen sich doch nur am Markt halten, oder?« »Ist die Organisation nicht Opferprofiteur?«

Mein Eindruck ist, dass dann, wenn Freiwillige offensichtlich ohne Bezahlung und Vertrag unterwegs sind, wenn sie also als Kirche aktiv werden, noch am ehesten ein Rahmen der Liebe wahrgenommen wird. Und: wenn die Aktion Spenden als Basis hat. Letztlich scheint es so zu sein, dass Organisationen sozusagen als Marke zu Rahmen werden. Dass ›Brot für die Welt‹ keine Wirtschaftsinteressen hat, hat sich als Einsicht durchgesetzt. Dass ›Habitat for Humanity‹ keine Immobilienspekulation betreibt, sondern Menschen hilft, Häuser zu bauen, die Mindeststandards der Menschenwürde verwirklichen, ist erwartbar geworden. So sind es Initiativen und Organisationen, die als »Marke« der wirtschaftlichen Selbstlosigkeit und Freiwilligkeit die Möglichkeit eines Liebeshandelns schaffen. Das heißt aber auch: Organisationen lieben nicht. Menschen lieben mit Hilfe von Organisationen, die nicht Teil eines Marktes, auch nicht eines Sozialmarktes sind. Zugespitzt formuliert: Mit Hilfe von Organisationen können Menschen andere Menschen lieben, nicht aber in der industrialisierten Form von Sozialunternehmen. Auf diese These wird nochmals einzugehen sein.

Selbstverständlich durch einzelne Christen und Gruppen von Christen, aber auch durch Organisationen der Liebe gewinnt die Kirche ein Vertrauen, das auf ihre Kommunikation des Glaubens und der Hoffnung Aufmerksamkeit weckend und ansteckend ausstrahlt. Im Kommunikationsrahmen von Liebe beginnen Menschen, anderen Menschen zu vertrauen. Sie beginnen dann auch, deren Vertrauen auf Gott auf sich abfärben zu lassen. Über Vertrauen im Rahmen von Liebe beginnen sie zu verstehen, dass Gott auf sie wartet und sie zur Mitarbeit auffordert.

7. MEDIEN DER KOMMUNIKATION DER LIEBE

Liebe muss stets erfinderisch sein. Sie lebt als Wahrnehmung und Aufmerksamkeit in der Spannung zwischen einem Takt, der Erwartungssicherheit gewährt, und Erfindungsreichtum, der die Situation kreativ verändert. In der Kommunikation von Liebe wenden sich Menschen anderen Menschen zu, um deren Not zu begegnen und deren Entfaltung zu befördern. Dies erfordert, andere in ihrer Not wahrzunehmen und zu sehen. Es erfordert, sich von deren Situationen berühren, angehen zu lassen. Um ein treffendes Fremdwort aus dem Englischen zu verwenden: sich »affizieren« zu lassen. Als *compassion* erfordert die Liebe, sich von der Not oder von der Chance auf Entfaltung affizieren zu lassen, sie in einer Passivität zu erleben. Wenn der Geist Gottes Christen bewegt, so steht für Paulus die Wahrnehmung des Seufzens der Schöpfung vor dem Mitseufzen. Der Geist Gottes verändert zuerst die Wahrnehmung. Christen sehen in der Tat eine andere, eine eigene Welt.

Da Lieben keine Handlung wie Fahrradfahren ist, erfordert es eigene Handlungen, die als Medium der Kommunikation von Liebe dienen. Schon die Zuwendung der Aufmerksamkeit, die Wahrnehmung und das Sehen der anderen Menschen sind ein möglicher Vollzug von Liebe. Er erfordert die Gabe von Zeit und Energie. Die Aufmerksamkeit ist daher Grundlage der Wahrnehmung der Not. Aufmerksamkeit ist nicht nur Voraussetzung von würdigender Wahrnehmung, sondern auch die am meisten umkämpfte Ressource in Mediengesellschaften. Aufmerksamkeit ist ein äußerst knappes Gut. Nur was wahrgenommen und kommuniziert wird, »existiert« in der Mediengesellschaft.

Die Aufmerksamkeit der Liebe ist nicht mit morbider Neugierde zu verwechseln. Liebe nimmt wahr, dass jemand den schwer erträglichen Risiken der Schöpfung erlegen ist. Es können die Risiken des naturalen Lebens im Krankheitsfall sein, es können soziale Risiken bei Mächten der Exklusion sein und es können auch religiöse Risiken im Falle des religiösen Machtmissbrauchs sein.

Im Medium investierter Zeit und Aufmerksamkeit kann einem schwerkranken Menschen Liebe kommuniziert werden, auch auf den letzten Abschnitten seines Lebensweges. Im Medium eines Kusses kann einem schwer dementen Menschen Liebe kommuniziert werden, auch dann, wenn Sprache nicht mehr durch den Schleier dringt. In der Gabe von Lebensressourcen wie Zeit, Geld, hergestellten oder besorgten Gütern, in Gesten und der Gabe von Objekten kann Liebe ein Medium finden. Dazu muss Liebe erfinderisch sein und will doch nicht verstören. Liebe kann in materiellen und ideellen Gütern als Medien kommuniziert werden. Die Kommunikation in diesen Medien muss aber auch verstanden werden. Einer muslimischen Patientin beim Besuch nach der Geburt von Zwillingen aus Liebe eine Bibel zu schenken, mag religiösen Eifer dokumentieren, aber es als Liebe auszugeben, erfordert schon extrem viel Begründungsakrobatik. Aber das Beispiel verweist auf ein Problem: Wer definiert die Not als Not, die durch die Liebe adressiert wird?

7.1 Ohne Vertrag

Eine klare, vertragsähnliche Erwartung von Wechselseitigkeit würde die Kommunikation von Liebe stoppen. Es wäre dann Solidarität im Gabenkreislauf des Lebens. Verlustbereit einseitige Hilfeleistungen, dies sind Kommunikationen von Liebe. Sie verlangen auch keine Rückgabe in der Gestalt von Dank. Liebe operiert in einer Welt, in der gilt: »Undank ist der Welt Lohn!« Die Abwesenheit von Kalkulationen der Symmetrie und von Risikokalkulationen zeigt die Ferne zum Vertrag an.

Diese Ferne zum Vertrag und zu Zirkulationen des Lebens zeigt sich darin, dass die Kommunikation von Liebe schon in den Anfängen des Christentums die Grenzen der Familie und der Ethnie überschritten hat. Christen sorgten sich um Gefangene, die keine versorgenden Angehörigen hatten. Sie nahmen in die Einrichtungen der Krankenfürsorge unentgeltlich Nicht-Christen auf. Sie überschritten damit geprägte Loyalitätsverhältnisse.

Wer liebt, hilft das Leben eines Menschen zu verbessern – auf irgendeiner Ebene. Wie gesagt, selbst einem Sterbenden können die Schmerzen gelindert oder ein Mitsein geschenkt werden. Es gibt eine Fülle von Ebenen und Medien, wie Menschen Liebe geben und empfangen können.

Über die Gabe von abstrakten Lebensmöglichkeiten, konkret durch die Gabe von Geld, kann natürlich auch über Distanz und im Modus von Stellvertretung geliebt werden. Dies erfordert Organisation, aber nicht notwendig einen Markt.

7.2 Vision des Lebens

Trotz aller Macht und Energie, aller vermeintlichen Objektivität der Not bleibt Liebe auch zeitgebunden. Sie trägt unausweichlich modische Züge. Wir sind heute schnell geneigt, mit einem Gestus der Empörung an vergangene Akteure heranzutreten und das, was diese als Taten der Liebe bezeichnet haben, als blanke Barbarei zu brandmarken. Was aber werden zukünftige Zeiten über die unsrigen sagen? Grundlage vieler Auseinandersetzungen mit den Unmoralitäten vergangener Zeiten ist eine nüchtern zu besichtigende Einsicht: Die Identifikation von Not hängt nicht nur am aktuell Notleidenden. Jede Verbesserung und Förderung eines anderen Lebens ist abhängig von Vorstellungen des gelungenen und guten Lebens, von einem Menschenbild, kurz: einer Vision des Lebens. Alle moralischen Sensibilitäten gründen sich auf einer Lehre vom Menschen, einer Vision des Guten und einer Vorstellung des beschädigten Lebens. Dies sollte ein Grund intellektueller Barmherzigkeit sein. Dass sich hier Fehler einnisten können, sollte nicht überraschen. Jeder trägt seine Blindheiten mit sich, die nur andere sehen können. Dass sich Verschiebungen in den Sensibilitäten der Liebe ereignen, wer wollte dies bestreiten?

8. IST LIEBE INDUSTRIELL ZU FERTIGEN? DIAKONIE ALS LÖSUNG UND PROBLEM

8.1 Sozialunternehmung als praktische Nächstenliebe?

Die in Sozialunternehmen organisierte Diakonie der evangelischen Kirche hat, so die These im Anschluss an die Charakterisierung der jesuanischen Liebe, nicht unmittelbar sehr viel mit Liebe zu tun. Diese Einrichtungen im Bereich soziale Arbeit, der Jugend- und Erziehungshilfe und nicht zuletzt im Gesundheitswesen sind keine praktizierte Nächstenliebe als verlustbereite Liebe. Was in der Grundordnung der EKD im vielzitierten § 15 steht, offenbart einen theologischen Kategorienfehler: »Die evangelische Kirche in Deutschland und die Gliedkirchen sind gerufen, Christi Liebe in Wort und Tat zu verkündigen. Diese Liebe verpflichtet alle Glieder der Kirche zum Dienst und gewinnt in besonderer Weise Gestalt im Diakonat der Kirche; demgemäß sind die diakonischen Werke Wesens- und Lebensäußerung der Kirche.« In dieser pauschalen Aussage steckt ein folgenschwerer Fehler in der Bestimmung von Liebe. Das ist die These dieses Abschnitts.

Mit diesem kritischen Befund soll nicht die Arbeit der Diakonie geringgeschätzt werden. Die gesamte Diakonie – wie auf der Homepage der EKD – als »praktizierte Nächstenliebe« auszuflaggen, ist aber ein gefährlicher Selbstbetrug, bei dem sich die Kirche langfristig selbst massiv gefährdet. Warum?

Ist diese These zu keck angesichts von rund 600.000 Mitarbeitern, die sich in 31.600 Einrichtungen und mit 1,18 Millionen Betreuungs- und Behandlungsplätzen ungefähr zehn Millionen Menschen zuwenden? Und dies ist ja nur die evangelische Seite! In der katholischen Caritas arbeiten nochmals 660.000 Menschen in knapp 25.000 Einrichtungen und Diensten. Die Caritas beansprucht, gemeinsam mit »mehreren hunderttausenden an Freiwilligen« rund 13 Millionen Menschen im Jahr zu pflegen, zu begleiten, zu unterstützen und zu beraten. Wer wagt hier theologisch zu murren?

Trotz dieser beeindruckenden Leistungsbilanz möchte ich fragen: »Ist dies alles jesuanische Liebe, ist es das, was Paulus mit dem Hinweis auf die Einheit von Glaube, Liebe und Hoffnung gemeint hat?« Meine Antwort ist: »Nein, nicht unter allen Umständen!«

8.2 Organisationsförmige Diakonie und Unternehmensdiakonie

Die diakonischen Projekte der evangelischen Kirche lassen sich grob in zwei Klassen einteilen. Ein kleiner Teil der Diakonie im weitesten Sinne arbeitet auf der Basis von Spenden mit Freiwilligen oder mit dazu angestellten Spezialisten. Diesen Teil nenne ich organisationsförmige Diakonie. Der weitaus größere, ja, der überwiegende Teil der Diakonie wie auch der Caritas ist unternehmensförmig organisiert. Um diese Diakonie oder Caritas geht es mir hier. Die diakonischen Unternehmen bekommen ihre Leistungen vom Staat, von Krankenkassen oder anderen Sozialträgern erstattet. Zumindest weithin. Kein evangelisches Krankenhaus lebt von Spenden, kein evangelisches Pflegeheim steht wie die Heilsarmee singend und mit Spendeneimer in den Fußgängerzonen. Diese Unternehmensdiakonie bewegt sich auf einem europaweiten Markt für Sozialleistungen und ringt um Mitarbeiter – seien sie evangelisch oder nicht. In ihren Handlungsspielräumen richtet sie sich nach den gegebenen Sozialleistungsgesetzen – auch wenn sie selbst mit Lobbyarbeit an deren Entstehung mit beteiligt ist.

Zweifellos haben diakonische Unternehmen große Stärken: relativ gesicherte Finanzierungen, relativ große Reichweiten, niedrige Zugangsschwellen, ein besonderes Ethos unter den Mitarbeitern, feste Anstellungsverhältnisse und nicht zuletzt ein hohes und auch notwendiges Maß an Professionalität. Nur Organisationen mit sicheren Finanzierungen können dies leisten. In spätmodernen und, wie die Soziologen sagen, funktional ausdifferenzierten Gesellschaften kann soziale Arbeit nicht anders geleistet werden.

Die Unternehmensdiakonie trägt, und dies kann nicht genug unterstrichen werden, wesentlich zu gelebter Humanität in der Gesellschaft bei. Ob Kranke versorgt und Alte gepflegt werden, ist nicht gleichgültig. Sozialunternehmen organisieren gelebte Solidarität. Sie sind Vermittler eines fürsorglichen Sozialstaates. Sie kämpfen selbstverständlich gegen überbordende Kräfte des Vitalismus. Ihre Existenz und ihr Funktionieren sind Teil der Lebensqualität, sind ein Aspekt eines guten Lebens.

Und es ist ein Faktum: Die vom Staat oder anderen öffentlichen Trägern refinanzierte unternehmerische Diakonie, von Krankenhäusern über Altenheime bis zu Flüchtlingshilfen, ist ein Koloss neben der dagegen geradezu kümmerlich anmutenden gemeindlichen Gestalt von Kirche. Diese Ungleichheit wird sich durch die Covid-19 bedingten Einbrüche bei den Kirchensteuereinnahmen noch verstärken: Die Unternehmensdiakonie hängt am Tropf des kreditfinanzierten Sozialstaates, die Gemeinden nicht.

Man kann und muss an diakonische Unternehmen so manche Frage richten. Gehen sie wirklich christlich mit ihren Mitarbeitern um? Sind sie einfach Unternehmen auf einem kompetitiven Markt, die sich durch den Mantel bzw. mit der Marke »Diakonie« Wettbewerbsvorteile verschaffen? Wer würde ihre Arbeit tun, gäbe es sie nicht? Warum haben ihre Mitarbeiter weithin weniger Krankheitstage als die Mitarbeiter bei vergleichbaren Unternehmen? Wie weit können und dürfen sie sich von der organisierten Kirche entfernen? All diese Fragen treiben Kirchenleitungen, Gerichte, Pfarrer, Bürger, Gewerkschaften und Politiker um. Sind die diakonischen Unternehmen vornehmlich ein Fall von Kirche oder ein Fall von Wirtschaft? Was ist an ihnen spezifisch religiös oder kirchlich? Darüber wird gestritten, vor Gerichten und in der Öffentlichkeit, in Deutschland und vor Europäischen Gerichten.

8.3 *Eine problemschaffende Lösung*

Meine These ist: Die Industrialisierung der Liebe in diakonischen Unternehmen ist eine enorm problemschaffende Lösung. Sie ist eine lehrbuchreife Fehloptimierung. Die Kirchen Nordeuropas haben sich damit auf ein gewagtes Unternehmen eingelassen: auf weiße Industrien, Dienstleistungskonzerne, die, folgt man der oben erwähnten Grundordnung der Evangelischen Kirche in Deutschland, alle am Zeugnis der Kirchen teilhaben und jesuanische Liebe, christliche Nächstenliebe, unternehmerisch herstellen. Ökumenisch zusammengedacht ist die Firma »Christliche Nächstenliebe« der größte Arbeitgeber Deutschlands. Irre! Man fragt sich: Bei so viel professioneller Liebe, warum bricht hier nicht das Reich Gottes an? Ist Deutschland das Nächstenliebezentrum der Welt? Ist Deutschland damit gar eine Liebesgemeinschaft? Nur jemand mit einem stark getrübten oder berauschten Blick, offen für jede enthusiastische Selbstillusionierung, kann dies meinen. Wo also steckt das Problem?

Daher nochmals meine vielleicht erstaunliche und irritierende Frage: »Können die diakonischen Unternehmen als eine kirchliche Kommunikation der Liebe angesehen werden?« »Praktizieren diese Unternehmen jesuanische Liebe?« Die notwendige Antwort ist: »Nein!« Deshalb sind sie nicht theologisch wertlos, sondern immer noch richtig. Aber sie sind theologisch anders zu erfassen.

8.4 Vertragsbasierte Zuwendung

Diakonische Unternehmen funktionieren auf der Basis von Verträgen. Ihr Modell ist nicht der barmherzige Samariter in dem berühmten Gleichnis Jesu. Der Samariter hilft dem von Räubern ausgeraubten und verletzten Menschen risikobereit und ohne jedes Kalkül. Die Geschichte hat, wie schon weiter oben vermerkt, auch einen zweiten Teil: Der Samariter überlässt den Verletzten dem Wirt eines Gasthauses und zahlt dessen Betreuung, sogar mit dem Versprechen, wenn das Geld nicht reichen sollte, später etwas nachzuschießen. Der unter die Räuber Gefallene wird vom Wirt gepflegt und versorgt, obwohl er selbst dafür nicht aufkommen kann. Aber ein anderer, ebender Samariter, zahlt für die Pflegeleistung. Und dies ist im Fall der Unternehmensdiakonie entweder der Staat oder ein anderer Sozialleistungsträger. Im weitesten Sinne ist auch die Solidargemeinschaft eine Tauschgemeinschaft. Es sind harte Vertragsverhältnisse. Wer auf eine Rechnung eines evangelischen Krankenhauses mit einer Postkarte antwortet, auf der »Bitte um Liebe!« steht, bekommt trotzdem eine Mahnung.

Nur eine verlustbereite und vertragsfreie Zuwendung zu Menschen in Not lässt aufhorchen, aufmerken und fragen: »Was treibt diejenigen, die so handeln?« Sozialunternehmen sorgen für praktizierte Humanität in der Gesellschaft. Sie arbeiten mit vielen Verbündeten an den Nachtseiten des Lebens. Im Vergleich zu manchen Berufen der Weltenbauer sind sie eher als Weltenreparierer unterwegs. So wichtig und richtig die kirchliche Mitarbeit an der Ausgestaltung und Realisierung des Sozialstaates ist – es ist nicht praktizierte Nächstenliebe im Sinne des Paulus. Es ist ein wichtiger Job. Es ist gut, dass die Politik, gestützt auf die Entscheidung der Wähler, dafür Ressourcen zur Verfügung stellt. Und es ist wichtig, dass die Menschen dort ihren Job gut machen. Wenn eine Sozialindustrie die Kanten, Brüche und Abgründe des Lebens human begleitet, so ist dies eine theologisch anzuerkennende und zu fördernde Leistung. Netze der Solidarität sind wichtig.

8.5 Bewahrung zerbrechlicher Schöpfung und Pflege von Humanität

Die Verletzlichkeit und Zerbrechlichkeit des Lebens anzuerkennen und aufzufangen, bewahrt die Welt. Nicht nur die starken Phasen des Lebens positiv zu bewerten, öffnet den Blick dafür, was wir immer anderem Leben verdanken. Ob Gesellschaften auf zynisch-kalte Formen der Exklusion setzen, um so die weniger Leistungsfähigen auszugliedern, ist keine ethisch nebensächliche Frage. Hier geht es ganz klar um die Grenzen dessen, was ein kapitalistisches System von sich aus leisten kann. Hier geht es um die Pflege humaner Bedingungen innerhalb eines wettbewerbsbasierten Wirtschaftens. Die Vorstellung, der Mensch sei jederzeit Herr seiner Lage und deshalb eben stets ausschließlich selbst verantwortlich für sein Los, gilt es als das zu entlarven, was es ist: eine Illusion. Hier sorgen Institutionen der sozialen Daseinsfürsorge für Humanität. Sie helfen, wenn sich Lebenswelten in Trümmerlandschaften verwandeln, das Antlitz der Menschlichkeit zu bewahren. Diakonische Unternehmen arbeiten an den Nachtseiten des Lebens. Wie Sterne bringen sie etwas Licht in die menschlichen Dunkelheiten. Und das ist gut so.

Die Unternehmensdiakonie ist ein mächtiges und wirksames Zeichen der Bewahrung der Schöpfung. Nicht weniger, aber auch nicht mehr. Als solche ist sie zu würdigen, zu fördern und ist ihre Arbeit mit allen möglichen Mitteln der Politik und des Rechts durchzusetzen. Es ist diese zerbrechliche und oft schmerzhaft endliche Schöpfung, die begleitet, gestützt und gepflegt zu werden verdient. Ein Verächter der Schöpfung wäre, wer dies bestreiten wollte. Aber es gilt: Selten blitzt das Licht der Erlösung durch die Risse der Organisation und durch brüchige Verträge der Fürsorge. Es kann geschehen. Ja! Aber es kann niemals Teil eines Betreuungsvertrags werden.

Es ist eine Pflege der Humanität. Darum ist es nicht nebensächlich, ob die Menschen, die dort arbeiten, von der Kirche gesehen und gewürdigt werden. Nicht zuletzt scheint auch die Unternehmensdiakonie die Reputation der Kirche im Allgemeinen zu stärken. »Was die tun, ist gut und wichtig«, sagen viele.

Nur: Liebe lässt sich nicht industriell produzieren. In der Unternehmensdiakonie sind die betreuten Menschen Kunden. Sie wollen und müssen auch nur Kunden sein. Sie sind Kunden, nicht nur mit stabilen Erwartungen, sondern mit Rechten. Die Kunden vergleichen vergleichbare Leistungserbringer. Auch die zahlenden Träger vergleichen die Leistungserbringer, vergleichen die Kundenzufriedenheit. Die Unternehmensdiakonie muss zwingend vergleichbare Leistungen erbringen. Weder Andachtsräume noch christliche Leitbilder, weder ausgewiesene Kirchenmitgliedschaft noch Wertelyrik machen die christliche Diakonie zum Zeugnis der Kirche. Organisationen bestehen aus Entscheidungen. Und die müssen sich bei ökonomischen Organisationen den Marktlogiken anpassen. Alles andere ist Dekoration. Kirche betreibt keine Unternehmen. Und wenn sie sie betreibt, dann sind es schlicht Unternehmen und nicht Kirche. Sollte Verdi dies meinen, so hätte die Gewerkschaft unstrittig Recht. Im Zweifel sind es Christen, die in einem Unternehmen arbeiten. Die Oberärztin und Christin im Städtischen Krankenhaus hat keine anderen Probleme als die Oberärztin im Evangelischen Krankenhaus. Praktiziert die eine mehr Liebe als die andere? Wirklich? Viele Christen, die ihren beruflichen Alltag außerhalb kirchlicher Einrichtungen bestreiten, fragen: »Wirklich?« »Mein Unternehmen, Verkündigung von Christi Liebe in Wort und Tat?«

Der Abschied von der Selbsttäuschung »Unternehmensdiakonie ist christliche Nächstenliebe« würde nicht leicht fallen. Er würde schmerzhaft sein. Aber er würde eine befreiende Klarheit schaffen und eine gewinnende Ehrlichkeit signalisieren. Er wäre sicherlich auch ein Abschied von viel gefühlter und ein klein wenig realer Macht. Er wäre aber ein Schritt hin zu einer kirchlichen Praxis der Verbindung von Glaube, Liebe und Hoffnung. Der Kampf darum müsste nicht vor dem Europäischen Gerichtshof oder mit Verdi ausgefochten werden. Peinliche Rückzugsgefechte würden beendet. Die formale Kirchenmitgliedschaft – ja auf welcher Verantwortungsebene denn? – wäre nicht mehr Ausweis der Verbindung mit der Kommunikation des Glaubens. Die Kirche würde einen offeneren Blick auf die Millionen von Christen in nicht-kirchlichen Sozialunternehmen gewinnen. Und was noch mehr wiegt: Die Kirche und auch die Gemeinden könnten die Kommunikation der Liebe nicht mehr an die Unternehmensdiakonie delegieren. Der Abschied würde helfen, die Grenze zwischen Leistungserbringung, Kunden und Nachfolge nicht zu verwischen. Kein diakonisches Unternehmen müsste seine Arbeit einstellen. Kein Verlust an Humanität wäre zu verschmerzen.

Öffnete sich die Kirche einem selbstkritischen Blick auf die positiven wie negativen Rückwirkungen unternehmerischer Diakonie auf sich selbst, so könnte Erstaunliches zutage treten. Es ist ja nicht auszuschließen, dass die Unternehmensdiakonie als Fehloptimierung und problemschaffende Lösung die Kirche zerrüttet und den Mitgliederschwund beschleunigt. Durchschauen die Menschen nicht die religiöse Rhetorik der kirchlichen Selbstbehauptung – auch wenn sie den guten Service nicht missen wollen? Wie viele Mitarbeiter werden verschlissen und wie viele religiöse Biographien zerstört, weil die Kluft zwischen plakativem Selbstbild des diakonischen Unternehmens und der Alltagserfahrung einfach zu tief und zu weit ist? Würde die Kirche die Unternehmensdiakonie in den Markt entlassen – wo sie ja schon ist –, so würden Aufmerksamkeitsressourcen für bisher unzureichend wahrgenommene Nöte frei.

9. LIEBE ALS SCHUBKRAFT DER HOFFNUNG UND FRAGMENT DER ZUKUNFT

Gott ist Liebe. Dies ist die einprägsame Botschaft des Johannesevangeliums. Menschen und eben auch Christen sind keine Götter. Auch Kinder Gottes werden keine kleinen Götter. In der Welt zwischen Versöhnung und Erlösung ist Liebe möglich und bleibt doch auch unwahrscheinlich. Liebe ist eine reale Möglichkeit und wartet doch zu oft darauf, eine Wirklichkeit zu werden. Auch in einer Welt, die an Solidaritätsgemeinschaften, Goodwill, Fairness und wechselseitigem Respekt immer reicher wird und in der Demütigungen weniger werden, bleibt echte Liebe so wertvoll wie rar. Man sollte diesen Befund nicht dadurch auflösen, dass man die Liebe mit viel Wasser verdünnt und inflationiert. Man sollte diesen Befund auch nicht dadurch erträglicher machen, dass man der seltenen Praxis der Liebe umso mehr Forderungen nach Liebe zur Seite stellt. Und nicht zuletzt sollte man sie auch nicht ins Vage und Trübe auflösen, indem man sie gedankenlos in bereitstehende philosophische und politische Programme einfügt. Was Experten »semantische Umbesetzung« nennen, ist in den seltensten Fällen erfolgreich.

Statt die Liebe zu beschwören, sucht die Kirche und suchen die Christen bescheiden die Fragmente der Praxis. Die Kirche erzählt von der Liebe als Einbruch der Erlösung in diese Welt. Wenn die Stürme des persönlichen, aber auch des gemeinschaftlichen Lebens aus dem sicheren Dach rechtlich gesicherter Wechselseitigkeit in der Zirkulation des Lebens einzelne Ziegel herausgerissen haben, dann blitzt manchmal für Momente das Licht einer

ganz anderen, neuen Welt in diese auf die Erlösung wartende Welt. Dann leuchtet momenthaft das Licht der Erlösung in die noch unerlöste Welt und im Weltabenteuer
Gottes zeigt sich für kurze Zeit das versprochene Ende
dieses Abenteuers an. Um in einem biblischen Bild zu
bleiben: Das Buch der Offenbarung des Johannes erzählt,
dass die auf die Erde kommende himmlische Stadt keine
Tore mehr schließen wird (Offenbarung 21,25), weil es
keine Nacht mehr geben wird. Sie kann so ungeschützt
sein, weil es keine Gefahr mehr geben wird. Ganz entsprechend wird dann die Lebensgabe nicht mehr den Schutz
des Vertrages und die Erwartung der so wichtigen Wechselseitigkeit benötigen. Dann muss Liebe nicht mehr mit
dem Totalverlust der Gabe rechnen. In der jesuanischen
Liebe und in der Kommunikation der Liebe werden Menschen an diese Zukunft erinnert. So wird die Liebe zu einer Schubkraft der Hoffnung. Aber sie ist nicht auf Dauer zu stellen. Die Momente der Liebe schaffen noch keine
Heiligen. Dies nicht tun zu müssen, ist das befreiende
Versprechen des Protestantismus.

10. DAS VATERUNSER ALS ERINNERUNG AN GOTTES LIEBE DES GEFÄHRDETEN LEBENS

Das Vaterunser, das Gebet, das jeden Sonntag die Welt
umspannt, ist aufs Engste mit der Kommunikation der
Liebe verbunden. Warum? Auf den ersten Blick mag dies
erstaunen. Dieses Gebet dokumentiert, wie eng der Wille
Gottes im Himmel wie auf Erden mit den elementaren
Bedürfnissen des Menschen verbunden ist. Ja, es rückt
die nicht weniger elementaren Selbst- und Fremdgefähr-

dungen des Menschen in den Vordergrund. Das leibliche Bedürfnis nach Nahrung, nach Brot. Das soziale Bedürfnis nach Vergebung und Neuanfang und die Gefährdung durch das Böse. Das Vaterunser ist darum ein Dokument eines göttlichen Realismus. Diese Welt ist nicht das Reich Gottes. Darum gilt Gottes Wille der Überwindung dieser Gefährdungen: Hunger, Schuld und Bitterkeit, Erfahrungen des Bösen. Die Kirche sollte hier nicht romantischer als Jesus sein. Diese Bedürfnisse und Gefährdungen erkennt die Kirche im Vollzug dieses Gebets an. Brot ist Gottes Wille auf Erden, ebenso Neuanfänge in den Trümmerlandschaften der sozialen Geschichten. Befreiung von den unheimlichen Attacken des Bösen. In den Akten der Liebe begegnet die Kirche diesen ganz grundlegenden Bedürftigkeiten und Gefährdungen. Ja, die Kirche stellt sich – hilflos und ohnmächtig – dem Bösen entgegen – ohne die bösen Menschen zu hassen. Sie müht sich um Brot und Neuanfänge gemeinsam mit anderen Weltenbauern und Weltenreparierern. Sie lässt sich erinnern an die Menschen, die der Macht des Bösen und der Dummheit erlegen sind – sei es durch Krankheit, Krieg, Naturkatastrophen, Korruption oder Gewalt. Sie lässt sich daran erinnern, in Liebe darum zu kämpfen, dass Menschen aus Labyrinthen der Schuld für einen Neuanfang befreit werden. Wenn Menschen in den Trümmern ihrer Geschichte oder in den ganz realen Trümmern ihrer Häuser verschüttet zu werden drohen, dann ist die Kirche aufgerufen, mit verschwenderischer Liebe Neuanfänge zu unterstützen.

Die Kirche lässt sich so daran erinnern, dass sie sich mit Jesus, dem Lehrer dieses Gebets, auf Gottes Blick auf die Welt einlässt. So wird es ein Ritual einer indirekten Erinnerung. Das Vaterunser stellt der Kirche für ihre

Kommunikation der Liebe einen dynamischen Rahmen zur Verfügung. Es erinnert, woher die Kraft, die Erdenschwere und die letzte Würdigung ihrer Kommunikation der Liebe kommen. Für all diejenigen, die das Vaterunser beten, bietet es eine ganz erstaunliche Kombination aus Aufforderung und Trost.

VIII DIE KOMMUNIKATION VON HOFFNUNG

Es gibt wenige philosophische und theologische Begriffe, über die im düsteren 20. Jahrhundert so viel nachgedacht und publiziert wurde, wie »Hoffnung«. Hoffnung gehört so wesentlich zum Menschsein, dass sich noch in den dunkelsten Stunden der Überlebenswille von Menschen in der Hoffnung dokumentiert. Menschen können radikal, gegen allen Anschein und gegen eine überwältigende Faktenlage etwas erhoffen und auf eine andere Zukunft hoffen.

Die Hoffnung, die der Apostel Paulus kennt und an die er die Gemeinde erinnert, ist allerdings nicht geradlinig erschließbar über die an sich völlig richtige Beobachtung, dass der Mensch ein hoffendes Wesen ist. Die Hoffnung, die durch den Geist Jesu Christi erschlossen wird und die mit dem Geist Christi kommuniziert wird, ist ein Hoffen auf jemanden und aufgrund von jemandem. Es ist die Hoffnung, die durch die Menschwerdung, das Leben, die Kreuzigung und die Auferweckung Jesu erschlossen und bestätigt wurde.

1. HOFFNUNG – ANTWORT AUF GOTTES HOFFNUNG, VERSPRECHEN UND GEDULD

Christliche Hoffnung antwortet auf Gottes Hoffnung. Gott hofft. Gott setzt in seinem Weltabenteuer Hoffnung auf Menschen. Die Versöhnung der Welt mit Gott und durch Gott lässt Gott wieder intensiver hoffen. Die hebräische Bibel, das Alte Testament, ist ein Erzählbuch über Gottes Hoffnung auf seine Geschöpfe. Die Menschwerdung Gottes ist ein Akt der Hoffnung. Die Auferweckung des Gekreuzigten ist ein neuer Akt der Hoffnung. In der Nacht des Verrats, im Garten Gethsemane, hofft Jesus auf die Unterstützung der Jünger. Indem Gott auf die Antwort der Menschen wartet, hofft Gott. Die Kirche selbst ist ein Dokument, ein Ereignis der Hoffnung Gottes. In den Abschiedsreden des Johannesevangeliums hofft Christus, dass die Menschen seinen Auftrag ausführen. Pfingsten ist das Fest von Gottes Hoffnung. Gott lässt hoffnungsvoll seinen Geist über die Menschen kommen. Im Geist Gottes werden Menschen zu Gottes Hoffnungsträgern. Dazu werden sie erhoben und gewürdigt. Wie viel Hoffnung Gott in die Kirche setzt, erstaunt immer wieder. »All Morgen ist ganz frisch und neu, des Herren Gnad und große Treu ...«. Mit aller Kommunikation von Hoffnung antworten Christen auf Gottes irritierend geduldige und ermutigende Hoffnung.

Gottes Hoffnung ist die Grundlage seiner Geduld. In Geduld hofft Gott nicht nur auf die Antwort des Glaubens, sondern auch auf die Kommunikation von Liebe. Geduldig gibt Gott die Hoffnung auf seinen menschlichen Partner nicht auf. Weil Gott Hoffnung auf die Kirche setzt, hoffen Christen für diese Welt. In seiner Geduld traut

Gott der Kirche Hoffnung zu. Es ist der Gott, der lockt und nicht zwingt, der hofft. In der Hoffnung sagt Gott selbst der zwingenden Gewalt ab. Ein wirklich alles bestimmender Gott müsste nicht hoffen. Der Gott Abrahams, Isaaks und Jakobs tut es.

Sicherlich kann die Geduld Gottes auch die menschliche Verzweiflung fördern. Gottes Hoffnung in seiner Geduld ist nicht nur Anlass zur Freude des Glaubens, sondern auch Grund zur Klage. Wo war der befreiende, mit ausgestrecktem Arm kämpfende Krieger-Gott in Auschwitz? Warum duldet Gott die Verfolgung von Christen weltweit? Warum duldet Gott Gewalt und Dummheit? Ist dies nicht ein hoher Preis, der für seine Geduld der Hoffnung zu zahlen ist? Mit guten Gründen wünschen wir oft, dass Gott die Geduld verlieren würde – wie z. B. in der Geschichte von der Befreiung des Volkes Israel aus Ägypten. Wo ist heute der starke Krieger, der die Unterdrückten in die Freiheit führt? In diesen Fragen zeigt sich: Christen leiden auch unter der hoffenden Geduld Gottes. Der Klageschrei des Psalmenbeters, »Eile, Gott, mich zu erretten, Herr, mir zu helfen« (Psalm 70,2), appelliert an Gottes Ungeduld.

So hoffen Christen beides, dass Gott die Geduld verliert und seine Hoffnung auf die Menschen aufgibt, und zugleich, dass er sie nicht aufgibt. In der Auferweckung des Gekreuzigten hat Gott die Hoffnung auf die Regenerierungskräfte der Welt aufgegeben und doch neue Hoffnung eröffnet. Angesichts des Versagens aller das Leben fördernden Kräfte und Mächte wie Recht, Religion, Politik und öffentliche Meinung hat Gott ganz heilsam rücksichtslos einseitig gehandelt. Der machtvolle Anbruch der Vollendung von Gottes Weltabenteuer, die Auferweckung der Toten, die Erlösung der Welt von Gewalt, Tod und dem Bösen wird ein Ereignis von Gottes Ungeduld und neuem Hoffen sein. Das gilt es zu entfalten. Aber es bleibt wohl wahr: Alle menschliche Kommunikation der Hoffnung ist ein blinder Spiegel der Hoffnung Gottes.

2. KOMMUNIKATION IM RAHMEN »HOFFNUNG«

Wie werden Menschen zu hoffenden Menschen, Christen zu hoffenden Christen? Anhand der nun schon etwas vertrauten Werkzeugkiste ist die Antwort: Die Kommunikation von Hoffnung in der Einheit von Glaube, Liebe und Hoffnung erfordert eigene Rahmen, erfordert besondere Medien und nicht zuletzt auch spezifische Inhalte. Also zunächst: Rahmen.

Rahmen, in denen Hoffnung kommuniziert wird, sind selten als Hoffnungsrahmen herausgehoben. Und doch existieren sie. Institutionen der Bildung im weitesten Sinne sind Rahmen der Hoffnungskommunikation. In Bildungsereignissen übersteigen Menschen ihre Gegenwart hin auf eine noch ausstehende Zukunft. Die institutionellen Gestalten dieses Rahmens reichen von wenig formalisierten Bildungsereignissen im familiären Raum über Kindergärten, gemeindliche Bildungsereignisse bis hin zu Schulen, Universitäten und Erwachsenenbildungseinrichtungen.

Im besonderen Rahmen von Hoffnungskommunikation tun Menschen eigentümliche Dinge. Sie lassen sich in der Gegenwart auf Kommunikationsprozesse ein, die mögliche Zukünfte vor Augen führen. Der gegenwärtige Erwerb von Wissen und Kompetenzen für zukünftige

Handlungs- und Erfahrungsräume spannt einen Zeit-
raum auf, der Hoffnungen hervorlockt. Wer heute einen
Kochkurs belegt, hofft, in der Zukunft für sich und andere raffinierte Mahlzeiten zubereiten zu können. Während
es aber schon im Kochkurs etwas zu essen gibt, gibt es
viele Rahmen für Hoffnungskommunikation, in denen
Menschen Dinge tun, die in ihrer Gegenwart schlicht nicht
brauchbar sind. Wer braucht zum Zeitpunkt des Erwerbs
die Fremdsprache oder gar die Kenntnisse über eine Dif-
ferentialgleichung? Welches Kind braucht jetzt unbedingt
das Wissen, das ihm die Großmutter über das Anpflanzen
von Gemüse im Garten vermittelt?

Die momentane Unbrauchbarkeit ist die Pointe von
Rahmen der Hoffnungskommunikation. In diesen Rahmen werden Menschen für ihre Zukunft ermächtigt und
befähigt, und eben darin gewürdigt, ihre Gegenwarten
mutig auf Zukünfte hin hoffend zu überschreiten. Befreit
von der Last der Gegenwart erheben sie sich neugierig
und oft trotzig, um in eine positive Zukunft zu blicken.

Der erhobene Blick gilt für die christliche Hoffnung
wie für jede Hoffnung. Aus genau diesem Grund ist auch
der Gottesdienst rahmender Ort der Bildung, an dem
Menschen die Zukunft von Gottes Engagement im Weltabenteuer bedenken. Dies ist der Ort, an dem sich Christen Gottes Hoffnungen vergegenwärtigen. Zukunftswerk-
stätten sind Hoffnungswerkstätten. In der Sprache der
Theologie der 1960er Jahre formuliert: Verheißungen erzeugen, wecken, triggern Hoffnung.

3. MEDIEN DER KOMMUNIKATION VON HOFFNUNG

Dass niemand auf Befehl hoffen kann, dies dürfte jedem klar sein. Hoffnung fällt nicht vom Himmel. Sie wird kommuniziert, ausgebreitet, aufgebaut und verstärkt und gelenkt. Wie wird nun aber Hoffnung kommuniziert? In welchen Medien ereignet sich dies?

Im Englischen gibt es ein Wort, das die Sache, die ich vorschlagen möchte, sehr treffend erfasst: »aspirations«. Leider gibt es dafür im Deutschen keine wirklich passende Übersetzung. Medien der Hoffnungskommunikation sind »Aspirationen«. Wenn in Menschen Aspirationen geweckt oder gepflanzt, hervorgelockt und gefördert werden, dann wird Hoffnung kommuniziert. Aspirationen können auf die Schaffung einer gerechten Welt zielen oder darauf, Schreiner zu werden. Aspirationen werden im beruflichen wie im privaten, im partnerschaftlichen wie im persönlichen Bereich entwickelt. Aspirationen bündeln Erwartungen und greifen aus in die Zukunft. Sie entfachen Leidenschaften und erfordern ein Planen. Im Realisieren von Aspirationen erfahren sich Menschen ergriffen von einem Ziel, erfasst und bewegt von etwas außerhalb ihrer selbst. Aspirationen weiten Horizonte und befördern zugleich Disziplin in der Lebensgestaltung. Sie verleihen Sinn und Ziele, geben einem Leben Richtung, weisen aber auch in Verantwortungsräume ein. Aspirationen begeistern, auch dann, wenn ihre Verwirklichung Entbehrungen fordert. Sie mobilisieren einzelne Menschen und weisen zugleich in Netzwerke der Unterstützung ein, schaffen Gemeinschaften. In ihnen entfalten sich Talente und Begabungen. Aspirationen verweben

Denken, Planen, starke Gefühle, Sehnsüchte und Strategien.

In der Verfolgung von Aspirationen greifen Menschen hoffend in mögliche Zukünfte aus. Sie überschreiten ihre Gegenwart hin auf die Zukunft. In Aspirationen werden wir zu etwas, was wir noch nicht sind. Wir werfen Anker in die Zukunft. Mit Aspirationen bildet sich ein gerichteter Möglichkeitssinn aus. Die Wirklichkeit könnte nicht nur irgendwie immer auch anders sein. Nein, sie soll so anders sein. Aspirationen, persönliche wie gemeinschaftliche, sind nicht auf ein abstrakt leeres Morgen bezogen. Sie richten sich auf ein gestaltetes Morgen.

Aus diesem Grund geht es in den Rahmen der Hoffnung nicht nur um eine Vermittlung von Wissen. Wenn Aspirationen geweckt und gepflanzt werden, dann werden Wissen und Kompetenzen mit ausgreifenden Zielen und ganz bestimmten Möglichkeiten verbunden. Dann wirken Vorbilder. Dann faszinieren Visionen. Manche würden sagen: Dann mobilisieren Träume. Dann finden sich Menschen in Szenarien der Zukunft selbst wieder. Dann ist die Frage nach dem Wozu weitgehend beantwortet. Dann entwerfen sich Menschen in die Zukunft. Nur so sortieren sie ein Tun und ein Lassen. So lassen sie das Leben in der Gegenwart sich entfalten und zugleich von der Zukunft bestimmen. Dies gilt für den, der Bäcker werden möchte, genauso wie für den, der ein Musikinstrument lernen möchte. Dies gilt für den, der eine gerechte Gesellschaft bauen möchte wie auch für die, die in zerstörerischen Umgebungen Ordnung bewahren möchte.

Haben nur einzelne Menschen Aspirationen? Ich denke, auch Gruppen und Gemeinschaften entwickeln und verfolgen Aspirationen. NGOs realisieren Aspirationen.

Nicht weniger Entwickler von neuen Technologien oder neuen Finanzprodukten. Weil dem so ist, entstehen förderliche Umgebungen, aber auch Konflikte zwischen Gruppen, ja auch Konflikte zwischen Einzelnen und Gemeinschaften. Christen sind als Hoffende Teil der Hoffnungsgemeinschaft der Kirche.

Christliche Gottesdienste, aber auch andere Formen der Beschäftigung mit den biblischen Erzählungen sind regelmäßige Ereignisse, bei denen Menschen in die Auseinandersetzung mit Gottes Aspirationen eintreten. In dieser Auseinandersetzung lassen sie ihre eigenen Aspirationen prägen, umbauen und neue wecken. Mit diesen Aspirationen beginnen sie geschöpflich-endlich, radikal und verwandelnd zu hoffen. Gottes Willen suchen heißt, Gottes Aspirationen die eigenen menschlichen Aspirationen beeinflussen zu lassen.

4. DREIFACH HOFFEN – ENDLICH, RADIKAL UND VERWANDELND

Weil Christen an den lebendigen Gott glauben, hoffen sie notwendig in drei Gestalten. Wenn im Geist Gottes Hoffnung kommuniziert wird, gibt es sie, salopp formuliert, nur im Dreierpack:

1. Christen hoffen ganz und gar menschlich-endlich im Weltabenteuer Gottes auf ein Leben in Glück und Erfüllung. Sie hoffen auf die Früchte ihrer Arbeit, auf Glück, auf Genuss und auf ein erfülltes Leben. Diese Hoffnung liegt in der Menschwerdung Gottes begründet, die geschöpfliches Leben anerkennt und würdigt.

2. Sie hoffen aber auch radikal auf Gott, der dieses endliche Leben rettend und verwandelnd umgreift und seine göttlichen Aspirationen für sein Weltabenteuer letztlich auch gegen das Scheitern der Menschen durchsetzt. Christen hoffen auf eine Neuschöpfung von Himmel und Erde. Radikale Hoffnung ist getragen von der Auferweckung des gekreuzigten Christus in der Macht des Geistes (Römer 1,4). Christen hoffen auf die Auferstehung der Toten. Auf nicht weniger.

3. Weil Christen hier und heute vom Geist Gottes getragen radikal hoffen, fällt das Licht der Erlösung in diese Welt. Dieses Licht öffnet endliche Hoffnung hin zu verwandelnder Hoffnung. Von der Auferweckung Jesu Christi zurückblickend, sind das Leben und Kreuz Jesu Christi, das auf dieser Alten Welt steht, Grund verwandelnder Hoffnung.

Nur in der Kombination dieser drei Gestalten der Hoffnung ist christliche Hoffnung durch den Geist Jesu Christi vermittelte Hoffnung. Alle drei Gestalten der Hoffnung sind für Christen in Jesus Christus erschlossen.

5. ENDLICHE HOFFNUNG AUF GLÜCK

Der Theologe und Widerstandskämpfer Dietrich Bonhoeffer hat just unter den entbehrungsreichen Bedingungen der Gefangenschaft eine eindrückliche Erinnerung formuliert: Als Geschöpf Gottes und in der Treue zur Erde darf der Christ, wie alle Menschen auch, das Glück dieser Erde suchen und genießen. Als ganz und gar menschliche Menschen streben Christen eine Entfaltung ihres Lebens an. Als Geschöpfe finden sie Freunde, Kinder, Partner und

Hobbys, sie reisen, treiben Sport, musizieren und suchen beruflichen Erfolg. Darin finden sie nicht nur Mühe, sondern auch Glück und Erfüllung. Als Geschöpfe hoffen sie und erleben sie den Genuss von Kultur und Technik. Sie hoffen auf ein langes Leben. Und das ist gut so. In ihrem geschöpflichen Leben hoffen Menschen durch ihre ganz und gar menschlichen Aspirationen – als Weltenbauer, als Weltenreparierer und nicht zuletzt als Weltengenießer. Kunst, Wissenschaft und Spiel sind faszinierende und beglückende Umgangsweisen mit dem Weltabenteuer Gottes. In all dem leben die Menschen in einer Welt, die vom Versprechen Gottes zusammengehalten wird, diese Welt nicht zu zerstören (Jacob Taubes).

Diese tiefe Wertschätzung endlichen Glücks und Erfolgs hat Christen zu allen Zeiten ganz elementare und praktische Bildung fördern lassen. Der Geist Jesu Christi, der die Kommunikation der Hoffnung antreibt, verrät nicht geschöpfliches Leben. Der Geist treibt vielmehr dazu an, dieses Leben zu gestalten und zu verbessern. Hier erkennt die Kirche ein Wahrheitsmoment des Vitalismus und des Neostoizismus an: Ja, dieses geschöpfliche Leben darf entfaltet und ausgelebt werden. Ja, dieses Leben darf sich Gestaltungsräume erschließen und dann auch genießen. In vielen Taufen wird mit Schöpfungsdank auch Schöpfungshoffnung gefeiert. Lebensrhythmen öffnen Zukünfte. Trauungen wecken Aspirationen. Sie pflanzen Hoffnungen inmitten von Rührseligkeit und Kitsch.

Wird die Kirche zunehmend als moralische Agentur der sozial-ökologischen Oberlehrer wahrgenommen, so überlässt sie dieses ganze Feld der Pflege menschlich-leiblicher Aspirationen den Vitalisten und Neostoikern. Sie ist dann gefangen in einem Widerspruch: Konzentriert auf die Bewahrung der Schöpfung, kann sie Gott seine Schöpfung nicht verzeihen. Sie verliert dann das Glück, den Genuss und nicht zuletzt die ganz praktischen Weltenbauer aus den Augen. Das von vielen zu Unrecht verachtete volkskirchliche Leben tut genau das: geschöpfliches Leben entfalten, würdigen und an den harten Bruchkanten schützen und begleiten.

Bildungsprozesse innerhalb und außerhalb der Kirche zielen darauf, dass Menschen im Medium von Aspirationen ihre Talente in geschöpflichem Leben entfalten. Ja, auch verzweifelt Hoffende brauchen ihr Bedürfnis nach Glück, wollen Genuss und leibliches Wohlbefinden nicht nur heimlich leben. Auch Carola Rackete kann über Weihnachten nach Chile fliegen und das Leben genießen. Und das ist gut so.

Ist die endliche Hoffnung einfach Hoffnung im Rahmen von Schöpfung? Nein! Sie ist Schöpfungshoffnung im Lichte der Versöhnung. Sie lebt von Gottes »Trotzdem«. Sie eröffnet einen Zugang zum geschöpflichen Leben, gesehen durch die Linse des Versöhnungsgeschehens. Christen leben endliche Hoffnung auf Glück, weil Gott in Christus nicht als Rächer und Vernichter dieser Welt kommt. Die Zerstörung des Alten ist nicht Bedingung des Neuen. In der Menschwerdung erneuert daher Gott das Versprechen, das in der Erzählung der großen Flut Noah gegeben wird: »Solange die Erde steht, soll nicht aufhören Saat und Ernte, Frost und Hitze, Sommer und Winter, Tag und Nacht« (1. Mose 8,22). Das Versprechen einer Hoffnung in den Rhythmen des Lebens wird gegeben, obwohl das Problem der Gewalt in allem Leben bleibt. Mit der Menschwerdung Gottes feiern Christen an jedem Weihnachtsfest diese tiefe Würdigung geschöpflichen Lebens. Das geht auch ohne Marienverehrung ganz gut.

Die Kommunikation der Hoffnung im Geist Jesu Christi darf und muss daher auch eine Entfaltung des geschöpflich-leiblichen Lebens zum Ziel haben. Nicht umsonst ist in der Vorstellungswelt der Bibel der Genuss von Wein Symbol dieser hoffenden Arbeit am Glück und an der Lebensfreude. »Weinberge pflanzen und ihre Früchte essen« (Jesaja 65,21), ist für den Propheten Jesaja ein Motiv der Hoffnung. Als bei der Hochzeit zu Kana der Wein zur Neige ging, hat Jesus nicht Askese gepredigt, sondern Wasser zu Wein verwandelt. Aus gutem Grund wird die Schöpfungsgabe des Weines zum Zeichen des radikal Neuen erhoben. Jeder Frühling ist ein Zeichen dieser endlich-geschöpflichen Hoffnung auf ein aufblühendes Leben. Auch die *ultimate tanning machine* gehört für manche zu dieser Hoffnung. Für manche gehört das mit Freunden gespielte Mozart-Quartett dazu.

Diese endlich-geschöpflichen Hoffnungen werden repariert in Krankenhäusern. Psychologische Beratungsstellen, Arbeitsämter, Weiterbildungsakademien, Integrationshilfen, Wahlen und Parlamente und nicht zuletzt auch Gerichte sind Einrichtungen der Hoffnungsreparatur. Politik, Recht und Wirtschaft, Bildung und Kunst dienen eigentlich der Entfaltung dieser endlichen Hoffnung. Da sie höchst zerbrechlich ist, erfordert sie immer wieder eine Reparatur.

6. RADIKALE HOFFNUNG AUF GOTTES NEUSCHÖPFUNG

An Ostern feiern Christen, dass Gott der Welt mit der Auferweckung des Gekreuzigten absolut neue Möglichkeiten eröffnet hat. Nicht nur der Gemeinde in der Welt, nein, tatsächlich auch der Welt. Dennoch zeigt die Rede vom leeren Grab im Neuen Testament eine nicht zu leugnende und nicht aufzuhebende Unterscheidung an. Diese Unterscheidung ist in Sachen christlicher Hoffnung und Auferstehung Jesu Christi der Nagel, an dem alles hängt.

6.1 Heilvoller Einschluss durch konsequenten Ausschluss

Worin also besteht die Unterscheidung? Die Auferweckung des Gekreuzigten in der Macht des Geistes ist ein Ereignis, bei dem Gott auf die Menschen als Mitarbeiterinnen und Mitarbeiter verzichtet. Sie sind nicht dabei, sie sind geradezu ausgeschlossen. Und das geschieht nicht zu ihrem Nachteil. Ist in der Erzählwelt der Bibel am Anfang des Lebens Jesu in der Person der Maria der Mensch zumindest halb dabei, so sind die Menschen hier ganz außen vor gelassen. Heilsam ausgeschlossen. Alle, selbst die Frauen, kommen zu spät zum leeren Grab. Weder als »Mitmacher« noch als Beobachter sind die Menschen dabei. Gott lässt sich auf die Partnerschaft mit den Menschen ein, in Israel anhebend und in der Inkarnation letztgültig dokumentiert. Das leere Grab ist aber das Zeichen, dass sich Gott der Partnerschaft mit den Menschen nicht ausliefert. Genau darum ist es ein Zeichen der radikalen Hoffnung.

Die biblischen Berichte erzählen, dass die Auferweckung des Gekreuzigten ein radikales göttliches Handeln ist. In der Sprache der Politik gesprochen: ein unverschämt unilaterales Handeln. Die Auferweckung zeigt ein Handeln an, das alle menschlichen Möglichkeiten übersteigt – der Tat und der Beschreibung. Dieses Ereignis übersteigt auch die Möglichkeiten aller noch so gutwilligen Menschen. Wenn sich Menschen mit ihrer Beschreibung hier nähern wollen, dann endet es in Komik, und der Auferstandene Christus wird mit dem Gärtner verwechselt. Die Freude, ja, der Jubel, die von der Auferweckung des Gekreuzigten ausgehen, hängen an dieser Einseitigkeit. Hier handelt es sich um ein Ereignis, das eine neue Schöpfung, ein neues Kapitel im Weltabenteuer Gottes anzeigt. Das Erschrecken der Jünger und die Tradition des Osterlachens haben hier ihren Grund: Gott als ganz eigener Akteur spielt in seiner Kreativität eine Möglichkeit ein, die im Katalog menschlicher Möglichkeiten nicht existiert.

Das radikale Handeln Gottes eröffnet eine radikale Hoffnung: Auferweckung der Toten. Neuschöpfung von Himmel und Erde. Überwindung des Todes. Das Ende der Nacht. Die Erlösung vom Bösen. Versöhnung aller Feinde. Die radikale Verwandlung dieser Welt. Radikale Hoffnung ist darum verrückt. Sie verrückt die Grenzen des Erwartbaren radikal. Radikale Hoffnung richtet sich auf das Unmögliche, das nur von einem anderen, von Gott, möglich gemacht wird.

Wird diese wichtige Unterscheidung zwischen einseitigem und partnerschaftlichem Handeln Gottes verschliffen, so fördert dies die moralische Atemlosigkeit und letztlich eine tiefe Trostlosigkeit der Kirche. Wird sie vergessen, so geht das eigentümlich Verrückte der christlichen Osterfreude unter den Bergen von Eiern, Hasen und

Narzissen unter. Zu oft ist sie unter den To-do-Listen der Weltverantwortung begraben.

Die Tatsache, dass auf der Nordhalbkugel das Osterfest im Frühling stattfindet, stellt für die Kirchen eine unwiderstehliche Versuchung dar: Wird das Osterereignis mit den Regenerationskräften geschöpflichen Lebens im Frühling verwechselt, läuft der Glaube in eine Falle des Vitalismus. Darum hängt an dieser Unterscheidung zwischen endlichem Hoffen und radikalem Hoffen so viel, ja eigentlich alles.

6.2 Hoffen auf jemanden

Die durch den Geist Jesu Christi geprägte Hoffnung ist darum nicht einfach Hoffnung auf etwas, sondern immer Hoffnung auf jemanden: auf Gott, den Lebendigen, auf den kommenden Christus, auf die Macht des Geistes. Nicht umsonst charakterisiert der Apostel Paulus die mit Glaube und Liebe verbundene Hoffnung als »zu dienen dem lebendigen und wahren Gott und zu warten auf seinen Sohn vom Himmel« (1. Thessalonicher 1,9f.). Aus diesem Grund können menschlich-endliche Hoffnung innerhalb der Grenzen der unerlösten Welt und radikale Hoffnung, die das Menschenmögliche souverän überschreitet, nicht in einen Topf geworfen werden. Denn: In radikaler Hoffnung hoffen Christen so weit über sich selbst und ihre menschlichen Fähigkeiten hinaus, dass sie ganz auf Gott hoffen. Es ist eine Hoffnung angesichts der Unausweichlichkeit des Todes und der Unumkehrbarkeit der Geschichte.

6.3 Jenseitshoffnung

Radikale Hoffnung ist keine schlichte »Jenseitshoffnung«. Sie gibt die Hoffnung für diese Welt nicht auf. Sie hofft auf eine radikale Verwandlung genau dieser Welt jenseits menschlicher Möglichkeiten. Um dieses »Jenseits« geht es beim Jenseits. Genau darum. Damit ist radikale Hoffnung einerseits das Ende der großen messianisch-politischen Erwartungen in dieser Geschichte und andererseits doch immer noch deren Treibstoff. Radikale Hoffnung hofft auf ein neues Kapitel in Gottes Weltabenteuer.

Radikale Hoffnung gibt diese Welt nicht auf, sondern steigert die »Treue zu dieser Erde« (Friedrich Nietzsche, Dietrich Bonhoeffer). Die erstaunliche Behauptung der Leiblichkeit des Auferstandenen macht klar: Gott vernichtet nicht seine Schöpfung, macht die Menschwerdung nicht rückgängig, sondern verwandelt die im Weltabenteuer stehende Welt. Das ist der Unterschied zu einem »Pie in the sky« oder einem schlechten Jenseits, das sich mit dem Elend versöhnt. Im Gegenteil. Radikale Hoffnung begründet, trägt und motiviert eine menschlich begrenzte Hoffnung, die geduldig, hartnäckig und barmherzig verwandelt. Das leere Grab und die Leiblichkeit des Auferstandenen verweisen die Christen zurück auf das Leben und Wirken Jesu Christi. Die Kommunikation von Hoffnung, der Einsatz gegen Gewalt und Exklusion im Leben Jesu waren im Rückblick nicht vergeblich. Die Kommunikation von Liebe war kein Wasser-in-den-Sand-Gießen. Die Auferstehung behauptet: Dieses jesuanische Leben war nicht vergeblich, trotz seines gewaltsamen Endes am Kreuz.

Aufgrund der Menschwerdung Gottes und aufgrund der Leiblichkeit des Auferstandenen hoffen Christen auf eine Erlösung, die diese Welt nicht verrät – weder, wie in der mythischen Vorstellungswelt vieler Filme, durch eine wahre Orgie rettender Gewalt, weder durch einen jakobinischen moralischen Terror noch durch eine ewige Wiederkehr des Gleichen in den Rhythmen der Natur.

7. VERWANDELNDE HOFFNUNG AUF GERECHTIGKEIT UND FRIEDEN – FÜR DIESE WELT

Wenn Menschen Gottes radikale Aspirationen für diese Welt, wie sie in der Auferweckung Jesu Christi sichtbar geworden sind, erfassen, bricht verwandelnde Hoffnung auf. Dies geschieht inmitten geschöpflich-endlicher Hoffnung. Wenn radikale Hoffnung durch den Geist Gottes in diese Welt einsickert, erkennen Menschen: Diese Welt ist veränderbar. Sie ist verwandelbar. Sie kann mit einem Richtungssinn in Bewegung gesetzt werden. Um ein anderes Bild zu verwenden: Das Licht radikaler Hoffnung leuchtet schon jetzt verwandelnd in diese Welt und lässt neue Möglichkeiten sehen. Das letzte Ziel des Weltabenteuers Gottes verändert schon diese Gegenwart. In der biblischen Vorstellungswelt ist es das Kommen des Reiches Gottes, das die Gegenwart verändert. Seinem Kommen soll und darf auch das menschliche Handeln entsprechen.

7.1 Ansteckende Aspirationen Gottes
Wer von Gottes ausgreifenden Aspirationen für eine gerechte Welt ohne Elendsschreie und Tod, ohne Krankheit und Unglück, ohne Dummheit und Böses erfasst wird, hofft auch in diesem endlichen Leben neu und anders.

Der in der Auferweckung Jesu Christi wirksame Geist Gottes verändert schon heute, was in diesem Weltabenteuer alles möglich ist. Gott schließt die Menschen partnerschaftlich in die Bewahrung und Verwandlung dieser Welt mit ein. Auch in dieser noch unerlösten Welt bewegt schon der schöpferische und neuschöpferische Geist Gottes. Diese Welt wird nicht nur vom Versprechen Gottes zusammengehalten, sie nicht zu zerstören, sondern auch von dem anderen Versprechen, sie rettend zu verwandeln. In den biblischen Bildern gesprochen: Der Ostermorgen verheißt mehr als der Regenbogen am Himmel.

7.2 Möglichkeiten der Verwandlung

Das Leben ist zu verbessern. Visionen sind zu realisieren. Ja, fürsorgliche Solidaritätsgemeinschaften sind möglich und Humanität kann auch verwirklicht werden. Nicht jeder Mensch muss ein Kain sein, der seinen Bruder Abel ermordet. Rache ist kein Naturgesetz. Fairness kann sozialen Umgang prägen. Der Staat muss nicht nur Gewalt und Sünde begrenzen, sondern kann auch Ideale zu verwirklichen helfen. Ein Sozialstaat ist möglich. Und ganz wesentlich: Die Welt und ihre Geschichten sind letztlich keine Tragödien. Nochmals: All dies sind unaufgebbare Aspekte der christlichen Hoffnung auf Verwandlung dieser Welt. Diese Wahrheiten sind gegen eine verräterische futurische Hoffnung auf ein leeres Jenseits festzuhalten.

Mit der radikalen Hoffnung halten Christen eine Gegenwelt fest, die sie im Gottesdienst feiern, die aber auch auf die geschöpflich-endlichen Hoffnungen abfärbt. Christen werden dadurch Lernverweigerer. Alle Hoffenden sind letztlich solche Lernverweigerer. Sie wollen nicht akzeptieren, dass die Welt einfach so ist, wie sie ist. Sie wollen ihre Erwartungen nicht nüchtern-resignativ an das anpassen, was ist, oder an das, was sehr naheliegende Möglichkeiten sind. In verwandelnder Hoffnung wird ein ausgreifender Möglichkeitssinn ausgebildet.

7.3 Tumult auf dem Marktplatz

Wäre verwandelnde Hoffnung mit Obst und Gemüse vergleichbar, so müsste man sagen: Christen bewegen sich mit dieser Hoffnung auf einem dicht bestückten Wochenmarkt auf einem großen Marktplatz. Dort werden politische Hoffnungserzählungen einer friedlichen Weltgemeinschaft angeboten. Dort werden aber auch von Technikbegeisterten lauthals Erzählungen einer Gemeinschaft der Verständigung durch Social Media offeriert. Daneben stehen neoliberale Angebote, die das Glück und das gute Leben aller von einer Entfesselung wirtschaftlicher Kräfte erhoffen. Nicht zu übersehen sind die Angebote, die von einer Reise in das Innere des Selbst erzählen und dies als Weg zu globalem Frieden betrachten.

Der eine oder andere Apfel mag wohl schon etwas schrumpelig sein und das eine oder andere Gemüse unübersehbar angefault, angeboten werden sie dennoch. Unübersehbar ist in alledem: Die Kirche bewegt sich mit den Erzählungen verwandelnder Hoffnung auf einem dichtbesetzten, ja, auf einem umstrittenen Feld. Auf dem Marktplatz ereignet sich ein Tumult. Hier findet ein Kampf um die Träger von Aspirationen statt. Hier findet der eine das Gemüse des anderen geschmacklos, ungenießbar oder gar giftig. Hier werden auch Markstände umgeworfen und Hütten angezündet. Hier werden Koalitionen geschmiedet und wird Verrat praktiziert. Diesem

Markt der Geister verwandelnder Hoffnung geht alle Beschaulichkeit ab.

7.4 Vergebung

In einer besonderen Weise strahlt die radikale Hoffnung in den Raum verwandelnder Hoffnung hinein: Wie Gott selbst vorsichtig verwandelnd Neues schafft, so lebt die verwandelnde Hoffnung von Vergebung oder auch von der Vernarbung (Dietrich Bonhoeffer) von Verfehlungen. Vergebung eröffnet relative Neuanfänge. Im Raum der Geschichte werden Menschen ohne solche Neuanfänge und unter den Bergen von Schuld, Irrtum und Ohnmacht verschüttet. Verwandelnde Hoffnung lebt von einer Voraussetzung, die sie selbst nicht schaffen kann: Neuanfänge in mächtigen Verkettungen und Netzen der unheilvollen Verfehlungen. Im Raum verwandelnder Hoffnung bleiben nicht zuletzt darum auch alle Christen und alle evangelischen Kirchen nicht nur Bettler (Martin Luther), sondern auch Bastler.

8. IM ZWISCHENRAUM VON VERSÖHNUNG UND ERLÖSUNG – GRUNDPROBLEME VERWANDELNDER HOFFNUNG

Verwandelnde Hoffnung existiert notwendig in einem Zwischenraum. Sie ist Hoffnung zwischen endlich-geschöpflicher Hoffnung und radikaler Hoffnung. Sie ist Hoffnung im Zwischenraum der mit Gott versöhnten Welt, zwischen der gefährdeten und bewahrten Schöpfung und der Erlösung. Dieser Zwischenraum ist auch der, in dem radikale Liebe inmitten einer intensiven Sorge um Humanität aufleuchten kann. Dieser Zwischenraum ist der, in den das Licht der Erlösung fällt, in dem es Splitter, Fragmente und Gleichnisse der Erlösung geben kann. In diesem Zwischenraum kann das, was wir so sicher für wirklich halten, verflüssigt werden. Es ist der Geist Gottes, der ganze Erfahrungswelten dynamisieren kann. Die Schöpfung ist schon jetzt auf einen Weg gebracht, ist eine *creatio viatorum* (Jürgen Moltmann).

8.1 Verwegenheit oder Illusion

Alle christliche Hoffnung einer Verwandlung dieser Welt stößt allerdings auf ein Problem, das sie mit aller Hoffnung teilt. Dieses Problem plagte die Kirche und Israel seit der Abrahamerzählung: Welche Möglichkeiten sind real, welche sind lächerlich, gar illusionär? Wie weit lässt sich die Wirklichkeit verwandeln? Wo leistet sie unüberwindbaren Widerstand? Wo wird Hoffnung selbstzerstörerisch entgrenzt? Wo auch immer die Unterscheidung zwischen verwandelnder Hoffnung und Illusion getätigt wird, sie ist unvermeidbar.

Um das oben erwähnte Beispiel nochmals zu vergegenwärtigen: Wer mit 30 Jahren anfängt, das Geigenspiel zu lernen und in der Tat hofft, ein großer Geiger zu werden, mag von Hoffnung bewegt sein, ja. Seine Hoffnung darf aber mit guten Gründen von seinen Freunden als lächerliche Illusion betrachtet werden. Allerdings verhandelt die Abrahamsgeschichte eine für Abraham (1. Mose 17,17) und Sara (1. Mose 18,12) zum Lachen absurd-ferne Möglichkeit. Ähnlich die Geschichte, in der Maria Magdalena den Auferstandenen für den Gärtner hält (Johannes 20,11–18). Anders und doch wieder ähnlich das Erschrecken der Jünger in der Begegnung mit dem Auferstandenen (Markus 16,8; Lukas 24,37). Mit Lachen oder Erschrecken reagieren wir auf für gänzlich unmöglich gehaltene Möglichkeiten, die doch real werden können. Kurz: Die Grenze zwischen verwegener Hoffnung und offensichtlicher Illusion darf angesichts der durch Gottes zugewandter Lebendigkeit eröffneten Möglichkeiten nicht zu leichtfertig gezogen werden.

8.2 Lernunwilligkeit

Das Problem der illusionären Hoffnung verschärft sich dadurch, dass Hoffende notwendig lernunwillig sind. Sie sind an den entscheidenden Punkten schlicht belehrungsresistent. Sie müssen es besser wissen. Sie bestreiten die Wirksamkeit eherner Gesetze. Sie greifen nach dem Kontrafaktischen. Darum lassen sie sich nicht schnell durch unliebsame Fakten irritieren. Auch hier ist zu bedenken: Die Jünger der Emmausgeschichte bleiben voller Freude, obwohl der Auferstandene verschwunden ist. Aber: Ab wann sind Hoffende nicht nur belächelte Spinner, Träumer, sondern Verrückte, die der Wirklichkeit Gewalt antun? Wann und warum erweist sich ein Entwicklungsweg der Hoffnung als Sackgasse? Woran erkennt man das Scheitern von Hoffnungsexperimenten?

Da die Hoffnungsentwürfe immer gegen die vermeintliche Faktizität angehen, ist ihr Scheitern schwer feststellbar. Auch demjenigen, der mit 30 Jahren das Geigenspiel anfängt, ist das Illusionäre nicht beweisbar. Vielleicht ist er der Erste, der dann doch noch erst mit 60 ein großer Geiger wird! Wenn das Erhoffte nicht eintritt, kann immer gesagt werden: »Es wurde einfach nicht genug gehofft! Lasst uns für die Zukunft eben intensiver hoffen.«

Der Hoffende lässt sich nie durch eine eingetretene Gegenwart irritieren. Er wird immer auf die zukünftigen Möglichkeiten verweisen und Probleme in die Zukunft verschieben. Im sozialen Leben gibt es daher Fristen: Sie legen mit Härte offen, ob zu diesem Zeitpunkt die Hoffnung erfüllt oder gescheitert ist. Fristen sind desillusionierend, aber auch bestätigend. Im persönlichen Leben ist es am Ende die Frist des Lebensendes, die offenbart: großer Geiger geworden oder eben nicht. Nur: Bei großformatigen Hoffnungen für die Polis, für das Gemeinwesen oder gar für die Politik und die Wirtschaft gibt es schwerlich feste Fristen! Woran erkennt man also, dass sich großformatige Entwürfe menschlicher Hoffnung zur Ideologie verdichtet haben? Sie können keine Frist angeben, bei deren Erreichung eine Beurteilung der Hoffnung erlaubt wäre. »Randbedingungen haben nicht gestimmt, wir müssen es eben neu versuchen«, so ist oft zu hören. Das sogenannte Jüngste Gericht ist die Frist, die sich Gott in seinem Weltabenteuer selbst setzt und zu der er sich selbst rechtfertigt.

8.3 Paradoxe Wirkungen

Wenn verwandelnde Hoffnung scheitert, dann versickert nicht einfach etwas in den Routinen des Lebens. Dann ist sie nicht nur wie ein Sonnenblumensamen, der nicht aufgeht. Sie kann auch paradox wirken. Dann wird eine Kraft zur Verbesserung des Lebens zu einer Macht der Zerstörung des Lebens. Dann hinterlässt Hoffnung Trümmerlandschaften und Verwüstungen. Menschen mit unverwüstlicher Hoffnung werden die von ihnen erzeugten Verwüstungen nie sehen wollen.

Die meisten mörderischen Regime des letzten Jahrhunderts verkörperten Weltverbesserungsprogramme von verwandelnd Hoffenden. Millionen von Menschen wurden im Kampf für eine bessere Zukunft in dieser Welt geopfert oder auf dem Weg in die Utopie aus dem Weg geräumt. Verwandelnde Hoffnungen wurden zu mörderischen Illusionen. Alle politischen Großprojekte, die verwandelnde Hoffnungen mit aller Macht realisieren wollten, endeten in humanitären, ökologischen und wirtschaftlichen Desastern.

Sicherlich gibt es auch viele Zwischentöne in den Folgen verwandelnder Hoffnung. Aber auch die letzte große Erzählung von der globalen Verständigung durch das Internet ist in einer Erzählkrise, deren Ausgang ungewiss ist. Dennoch ist es eine notwendige Einsicht der politischen Philosophie nach dem langen 20. Jahrhundert: Verwandelnde Hoffnung, die entschlossen auf eine Veränderung der Welt zugunsten Gerechtigkeit und Frieden setzt, bleibt höchst ambivalent.

9. WEGE VERWANDELNDER HOFFNUNG, ODER: DAS ENDE DER PARTY

Ein Nachdenken über die Kommunikation verwandelnder Hoffnung über das Feld persönlichen Lebens hinaus zeichnet immer ein Bild der Politik und der politischen Philosophie. Wer es nicht zeichnet, unterstellt es stillschweigend. Immer und unvermeidlich. Die Kommunikation christlicher Hoffnung muss sich daher zwangsläufig auch mit politischen Hoffnungserzählungen kritisch und zugleich prüfend auseinandersetzen. Auch wenn dies ein Seegebiet ist, auf dem sich schon mancher theo-politischer Schiffbruch ereignet hat.

Die folgenden Überlegungen nehmen sicherlich einen breiten Pinsel zur Hand. Feinste Details darzustellen ist nicht die Absicht. Es geht um ein Bild, das einen selbstkri-tischen Blick zurück auf das letzte Jahrhundert aufnimmt. Eben um einen Gesamteindruck, der zugleich eine Grun-dierung, eine Tiefenprägung erkennen lässt.

9.1 Die Macht alter Geschichten

Die sicherlich für viele provozierende These des Ab-schnitts ist: Die politischen Hoffnungserzählungen der protestantischen liberalen Kirchen der westlichen Gesell-schaften sind immer noch von der Erzählung eines Sozia-lismus geprägt – auch wenn sie durch ökologische Ele-mente stark erweitert wurden. Und: Solange die Kirchen das Scheitern des Sozialismus und Kommunismus als großformatige Gestalten verwandelnder Hoffnung nicht selbstkritisch aufarbeiten, werden sie weiterhin selbst der Versuchung illusionärer Hoffnung erliegen. Das bedeutet nicht, dass die Kirchen kämpferische Anti-Kommunisten und Bewunderer eines räuberischen Kapitalismus wer-den sollten. Es bedeutet aber in der Tat a) zu sehen, wie sich die günstigen Bedingungen ihres eigenen kirchli-chen Hoffens im Raum der Politik verändert haben (das meint »Ende der Party«), b) im Licht radikaler Hoffnung barmherziger und skeptischer zu hoffen und c) Hoffnung als Navigationskunst zu entdecken. Angesichts des Desas-ters illusionär überdehnter verwandelnder Hoffnung ist dieses Lernen fruchtbar. So die These. Wem dies zu viel ist, der mag gleich zum nächsten Kapitel springen. Wem nicht, mag weiterlesen.

Für diejenigen, die etwas in der Geschichte der Philosophie oder der Theologie bewandert sind, möchte ich eine wichtige Karte gleich vorneweg auf den Tisch legen. Der verwandelnden Hoffnung der evangelischen Kirchen möchte ich einige Prisen Apokalyptik und Messianismus beimischen. Der religiös-moralische Fortschrittsoptimismus muss dem Bruch zwischen unserer bewahrten und versöhnten Welt und der kommenden Neuschöpfung unserer Welt ins Auge schauen. Nur so ist mit langem Atem auf die Bewahrung und die Verwandlung der Welt zu hoffen. Nur die radikale Hoffnung bewahrt in den kommenden Jahrzehnten die verwandelnde Hoffnung vor weiterer zerstörerischer Gewalt.

9.2 Die große Hoffnungserzählung des letzten Jahrhunderts

Wenn es ein einzelnes Ereignis im 20. Jahrhundert gibt, das die Hoffnungserzählungen der Intellektuellen weltweit nachhaltig inspiriert hat, dann ist es die Russische Revolution. Sie war ein herausragendes politisches Hoffnungszeichen, das für viele wie ein Leuchtturm wirkte. Die dieses Ereignis rahmenden Hoffnungserzählungen bündelten Ideen aus dem 19. Jahrhundert und strahlten auf vielfältige andere politische Hoffnungserzählungen im langen 20. Jahrhundert aus. Die Vision einer anderen, gerechten und solidarischen Welt leuchtete. Die Hoffnung auf einen neuen Menschen für eine bessere Zukunft machte Menschen zu Anhängern oder Verbündeten. Die Hoffnungserzählungen des Sozialismus zielen auf eine Verwandlung der Welt, die sich mit Blick auf die Tiefe und Weite der Verwandlung als Erbin der religiösen Erlösung begreifen kann. Eben einer Erlösung der Welt in dieser Welt. In seinem Werk »Abendländische Eschatologie« hat der jüdische Religionsphilosoph Jacob Taubes die verzweigten und langen Vorgeschichten dieser Erzählungen ausgegraben.

Ihre hohe Attraktivität für evangelische Christen gewannen diese Erzählungen durch einen besonderen Umstand: In diesen großformatigen Hoffnungserzählungen finden sich nicht nur Spuren, sondern auch große Elemente der jüdischen und christlichen Erzählungen. Offensichtlich ist: Der vorherige Export erleichterte für Christen definitiv den Reimport dieses politischen Hoffnungsprogramms.

9.3 Die Befreiung der Gegenwart durch die Zukunft

Schaut man zurück, so haben die protestantische Theologie und die protestantischen Kirchen im 20. Jahrhundert mehr, als ihnen selbst deutlich wurde, auf die Religionskritik von Karl Marx reagiert. Speziell die christliche Rede von der Hoffnung für diese Welt war ja davon besonders betroffen. Dass sich die christliche Hoffnung auf eine vorausliegende, irgendwie jenseitige Zukunft einer alternativen Welt richtet, der wir entgegengehen, wurde zunehmend in der evangelischen Theologie und dann auch in den Kirchen kritisch gesehen. Die entschiedene Kritik jeglichen »Jenseitsglaubens«, dieses »Pie in the sky«, konnte gar tiefe theologische Gräben überbrücken. An diesem Punkt spielte sich eine weitgehende Einigkeit zwischen Strömungen der klassisch liberalen Theologie und Theologien auf den Denklinien von Karl Barth und Dietrich Bonhoeffer ein: keine illusionäre Vertröstung.

Ins Zentrum der Aufmerksamkeit rückte nun die Zukunft, die als neue Möglichkeit in jede Gegenwart scheint.

Die Zukunft kommt als umgestaltende Kraft, als Advent in jede Gegenwart, erschließt ihr neue ungeahnte Möglichkeiten. Die Pointe dieser Idee war: Die stets in die Gegenwart kommende Zukunft verwandelt die Welt. Diese gegenwärtige Welt ist es, die durch die stets kommende Zukunft aus den Fesseln der Vergangenheit befreit und auf das Reich Gottes ausgerichtet wird. Wird der Himmel auf Erden angestrebt, muss man den alten Himmel nicht mehr verteidigen.

Dieses Denken, wie es beispielgebend und ausstrahlungsreich intensiv in der Theologie der Hoffnung des Tübinger Theologen Jürgen Moltmann greifbar ist, hat weltweit einen Geist der Zeit erfasst und zugleich geformt. Es prägte die befreiungstheologischen Aufbrüche weltweit mit. Dieses Hoffnungsdenken fand Verbündete in den politischen Aufbruchsbewegungen der Nachkriegsgesellschaften und dann in denen der Übergangsgesellschaften der 1980er Jahre.

Ohne es zu suchen, vergeschwisterte sich diese Theologie der Hoffnung mit einer grundlegenden und unaufgebbaren philosophischen Einsicht des späten 19. und des 20. Jahrhunderts: Die Wirklichkeit ist ein Prozess. Sie ist im Fluss, formbar, gestaltbar. Daher ist die Möglichkeit wichtiger als die Wirklichkeit. Wandel ist nicht die Ausnahme, sondern der Normalzustand. Darum sind die Menschen zu aktiver und verändernder Gestaltung der Gesellschaft aufgerufen. Dieses Denken konnte in den Atmosphären des theopolitischen Aufbruchs der Habermas-Jahrzehnte gedeihen. Es prägt noch heute viele Menschen. Die sozialistische und marxistische Erzählung gibt, vielfältig variiert, für sie immer noch die Richtung für den Prozess vor, auch wenn der Weg grüner und demokratischer gedacht sein soll.

9.4 Hoffnungsvolle Weltverantwortung

Und die Kirchen? Nach den schweren deutschnationalen Verirrungen wollten die evangelischen Kirchen in Deutschland Weltverantwortung übernehmen. Sie konnten mit immer noch hohen Mitgliederzahlen und bis zur Coronakrise stetig steigenden Kirchensteuereinnahmen diese Aufbruchszeit auf ihre Weise gestalten: durch eine große Ausweitung ihrer Werke und Einrichtungen und durch die zunehmende Übernahme sozialstaatlicher Aufgaben im wachsenden Sozialstaat. Immer wichtiger wurde dabei die stets wachsende Zahl an kirchlichen Sonderstellen jenseits der Gemeinden, die besonderen Aspekten der verwandelnden Hoffnung gewidmet sind. Eine Vielzahl innerkirchlicher NGOs entwickelte sich. Kurz: Die Weltverantwortung der Kirchen wuchs. Die evangelischen Kirchen waren, um die Formel von Dietrich Bonhoeffer aufzugreifen, in ihrem ausgreifenden weltlichen Hoffnungshandeln auf vielgestaltige Weise »Kirche für andere«. Viele hoch engagierte Christen nahmen – oft ohne dies zu wissen – Karl Barths Ratschlag ernst, die politischen Optionen konsequent daraufhin zu prüfen, ob sie in die Richtung des Reiches Gottes weisen.

Das Denken und Handeln der Kirchen profitierte in den letzten 50 Jahren allerdings beträchtlich von äußerst förderlichen Rahmenbedingungen: 1. ein noch stabiles kirchliches Milieu auch in den Städten und eine relative kulturelle Selbstverständlichkeit von Religion und Kirche; 2. ein ökonomisches Wachstum, getragen von technologischem Fortschritt und einer wachsenden Globali-

sierung – mit der Folge steigender Kirchensteuereinnahmen trotz rückläufiger Mitgliedschaften; 3. vielfältige
gesellschaftliche Emanzipationsprozesse für Bündnisse
und »Dabeisein«; 4. eine Atmosphäre eines kulturellen
und politischen Optimismus; 5. ein Geflecht aktiver Ko-
operationen zwischen Staat und Kirche in Bildung, Erziehung und sozialer Arbeit. Diese Bedingungen schufen ein
mächtiges Gespann aus einem religiös-moralischen, einem
sozialtechnischen und einem technologischen Fortschritts-
glauben.

Trotz einzelner Krisen, wie z. B. der Nachrüstungsde-
batte, und trotz stetig sinkender Mitgliederzahlen der Kirchen war es eine Zeit des Weiter und Mehr. Ohne existen-
tielle Krisen. Es war – im Rückblick – doch so etwas wie
eine gemeinsame Party mit anderen gesellschaftlichen
Kräften verwandelnder Hoffnung im Diesseits. Die sozialistischen Visionen vieler Sprecher wurden zunehmend
grüner eingefärbt, die optimistische Hoffnungserzählung
aber blieb erhalten. Wer Frieden und Gerechtigkeit schafft,
schafft auch die Bewahrung der Schöpfung. Die Theologie konnte »noch an die säkularen Heilsversprechen der
Moderne anknüpfen, sie konnte die kapitalistischen
Wachstumsversprechen auf das Schon und Noch-nicht
des Reiches Gottes anwenden und den modernen Fort-
schrittsglauben auf die linear erhofften Befreiungsprozes-
se von Individuen und ganzen Gesellschaften«. Die religiösen Mittel der Kirche wurden »voller Euphorie der
Gesellschaft angeboten, um diese nach vorne zu bringen,
menschlicher und damit gottähnlicher zu machen«
(Christiane Bundschuh-Schramm).

Mit einer immer geringeren Zeitverzögerung hat sich
die Kirche in diesen Jahrzehnten mit ihren eigenen NGOs

den außerkirchlichen Erzählern von Hoffnungsgeschichten als selbstverständlicher, ja, natürlicher Partner angedient. »Wir sind auch dabei!«, war die Handlungslogik der Akteurinnen und Akteure. Diese Bündnisse veränderten auch die Kirchen.

Die Betonung der Weltverantwortung in den Bündnissen mit diesseitsorientierten Partnern beförderte das allmähliche Versickern radikaler Hoffnung – zumindest im öffentlichen Reden und Handeln. Die Bündnispartner, sei es auf der Ebene der Gemeinde, der Gesamtkirche, der EKD oder auch der weltverändernden kirchlichen Werke, hätte all dies, was mit radikaler Hoffnung verbunden wird, eher gestört, wenn nicht gar verstört. Es ging und geht ja um politische Ethik.

Die Kirchen sind und waren in alledem stolz auf ihren »Impact«. Noch im Kampf gegen Klimawandel stehen Grundideen der politischen verwandelnden Hoffnung im Zentrum: der Glaube an die menschliche Kraft, die Rolle unermüdlicher Anstrengungen und die grundsätzliche Planbarkeit und Gestaltbarkeit der Gesellschaft.

Die oben beschriebenen acht Weichenstellungen bestimmten diese Jahrzehnte. Sie schufen Selbstverständlichkeiten, die wenige in Frage stellen wollten. Trotz mancher Vorgeschichten war es weithin ein einmaliges theopolitisches Abenteuer des westlichen Protestantismus. Begonnen im ausgehenden 19. Jahrhundert, intensiviert und verbreitet in den letzten fünf Jahrzehnten. Gedeckt von sicherlich ungefähr 15 Prozent der Weltchristenheit. Weder die katholische, die orthodoxe, die charismatische noch die evangelikale Weltchristenheit gingen in gleicher Weise diesen Weg. Protestantische Minderheiten oder Kirchen in demokratiefernen Staaten konnten ihn nicht gehen.

9.5 Nach der Party

Diese Party ist vorbei. Diese wunderbare Zeit ging zu Ende. Aber die Probleme sind noch gegenwärtig und neue kommen hinzu. Politik und Kirche erwachen: im Kater des Populismus, der Migration, der hässlichen Seiten der Globalisierung und nicht zu wendenden Kirchenaustrittsraten. Den definitiven und unübersehbaren Schlusspunkt setzt die Coronakrise – nicht nur wirtschaftlich und d.h. hinsichtlich der Kirchensteuereinnahmen. Nein, Covid-19 ist auch der letzte Sargnagel für den kulturellen und politischen Gestaltungs- und Fortschrittsoptimismus, der die letzten Jahrzehnte mit der notwendigen Leichtigkeit versorgt hat. Wir leben in einer neuen Zeit. Statt dem Wachstum des moralischen Fortschritts stellt sich ein noch schwer zu analysierendes Bewusstsein von Komplexität, Unsicherheit, Ungewissheit und Unplanbarkeit ein. Auch in der weiteren Kultur kippt definitiv die Stimmung von einem optimistischen Ausstrecken nach der Utopie hin zur »dystopischen« Abwendung der Katastrophe.

Die Zurücksetzung der Kirchen durch die politische Entscheidung, dass im Lockdown Baumärkte wichtiger waren als Gottesdienste, sitzt bei vielen tief – auch wenn viele in der Kirche sich selbst loben. Selten zuvor wurde den Kirchen von Seiten der Politik so klar signalisiert, dass sie jenseits einer Kraft der sozialen Organisation und der moralischen Stütze unbedeutend ist. Nicht systemrelevant eben. Vielleicht existenzrelevant, aber kein »Player« in der Not. Hinzu kommt: Covid-19 entlarvt unausgesprochen viele kirchliche Reden von der Bewahrung einer guten Schöpfung als unkritisch romantisch, als naiv.

Die Mitgliedschaftsprognosen waren schon vor der Coronazeit nicht ermutigend. Sie werden nicht besser werden. Sie werden richtig ungemütlich. Keine einzige Kirche des westlichen liberalen Protestantismus wächst. Alle schrumpfen, ohne Ausnahme. Es ist immer weniger auszuschließen, dass der liberale und zugleich politisch engagierte Protestantismus als ein gescheitertes Experiment in die Geschichte des Christentums eingehen wird. Die Frage scheint nur zu sein: wie schnell?

Die Kirchensteuereinnahmen werden in der Bundesrepublik spürbar zurückgehen und die Pfarrerrentenkassen werden auf absehbare Zeit, keine Kapitalmarktgewinne erzielend, auf große Zuschüsse angewiesen sein. Die Spielräume kirchlichen Hoffnungshandelns – abgesehen von dem, was staatlich gegenfinanziert wird – werden sich dramatisch verengen. Dazu muss man keine Krise herbeireden. Die Kirchen haben Beamte, allerdings ohne dass sie sich, wie der Staat, verschulden können.

Hinzu kommt: Die Kirchen sind innerlich erschöpft, ausgelaugt, ausgezehrt. Sie leben mit einem »verlorenen Himmel« (Thomas Großbölting). Der Umbruch betrifft im Kern die christliche Hoffnung auf die Verwandlung dieser Welt. Wer hofft noch radikal? Und wer von denen wagt, dies noch öffentlich auszubuchstabieren?

In dieser Gegenwart wachsen nun innerhalb wie außerhalb der Kirchen die Kräfte eines an Selbstdurchsetzung ausgerichteten Vitalismus. In dieser Gegenwart suchen sich Menschen die kleinen Räume der wohligen Gestaltung. In dieser Gegenwart wächst mächtig die verzweifelte Hoffnung.

Was ist nun zu tun? Viel »Träum-schön-Tee« zu trinken und einfach mit pausbackigem und trotzigem Optimismus weiterzumachen, hilft nicht. Es hilft auch nicht, mit der Möglichkeit einer kleinen radikalen Sekte zu liebäugeln. Einer Sekte, die aus der religiösen Radikalisierung gesellschaftlicher Empörung lebt. Die Zukunft der Kirche läge dann in der Existenz als elitärer moralischer Agentur für verzweifelte Hoffnung. Sozusagen als kleine, aber feine Jakobinerbildungsanstalt. Es hilft auch nicht, wenn sich Teile der Kirche in der Suche nach Entspannung den Wahlspruch des Bären Balu aus dem Film »Dschungelbuch« zu eigen machen: »Versuchs mal mit Gemütlichkeit ...!« In der gegenwärtigen Situation hilft es nur, verwandelnde Hoffnung als Kunst der Navigation neu zu lernen. Doch der Weg dorthin ist nicht frei, wenn nicht vorher ein Stier bei den Hörnern gepackt wird. Was aber ist der Stier und wo ist er?

9.6 Abschiede und Entdeckungen

Der Stier, den es bei den Hörnern zu packen gilt, ist der Sozialismus und Marxismus. Das klingt auf den ersten Blick lächerlich aus der Zeit gefallen. Das hört sich so an, als wäre ich eben aus einem 40 Jahre dauernden Winterschlaf erwacht. Nein! Auch heute heißt der erste Schritt aus der Krise: Den Flirt mit dem Sozialismus einstellen und das Scheitern des Marxismus theologisch aufarbeiten. Auch dann, wenn der Kapitalismus Grenzen hat und offensichtlich nicht alles leisten kann, was zu einer humanen Gesellschaft gehört, dieser Flirt hilft nicht. Der Marxismus war, in allen seinen Varianten und Schattierungen, der faszinierendste und im Format bisher unüberbotene Großversuch zur Schaffung einer neuen Welt. Das war nicht eine Idee, sondern ein menschheitsgeschichtlich nie dagewesenes, gigantisches Experiment verwandelnder Hoffnung. Er war der größte Feldversuch einer relativ geschlossenen Großtheorie der Weltverbesserung und von deren politischer Umsetzung. Einer Hoffnung für den Menschen, durch den Menschen mit den Kräften des Menschen. Ein Experiment entschiedenster Diesseitigkeit ohne Ablenkung durch ein Jenseits, ohne ein zweites Stockwerk, ohne einen göttlichen Akteur. Der Marxismus und der Sozialismus waren und sind immer noch das Ideenmaterial, in dem viele westliche Intellektuelle ihr Sehnen ausdrücken – obwohl sie in allen Weltgegenden gescheitert sind. Die Farbe Rot fasziniert noch immer, auch im Untergrund andersfarbiger Gemälde.

Aus dem Schicksal dieses Großversuchs gilt es zu lernen. Und: Es gilt, die erstaunlich ungebrochene Sogkraft dieser Sehnsuchtsreligion zu begreifen. Es ist eine Geschichte grenzenloser verwandelnder Hoffnung, die sich als illusionäre Hoffnung herausstellte. Es ist eine Geschichte verzweifelter Hoffnung, die stets zu Gewalt gegriffen hat und doch immer noch viele Menschen in ihren Bann zieht. Um es zugespitzt zu formulieren: Es ist in ganz eigener Gestalt eine Geschichte des Menschen, die ein helles Licht auf die christlichen Einsichten zum hoffenden und doch zugleich gebrechlichen und fehlbaren Menschsein wirft. Jürgen Moltmann hat als Theologe der Hoffnung nie ein Buch zur Sünde geschrieben.

Die geforderte Aufarbeitung kann an dieser Stelle auch nicht in Ansätzen geleistet werden. Sechs Abschiede und sechs Entdeckungen müssen dennoch vergegenwärtigt werden.

1. Mehrdeutigkeit: Verwandelnde Hoffnung bleibt auch bei bewundernswerten Zielen der Aspirationen unübersehbar ein mehrdeutiges Phänomen. Sie kann auf wunderbare Weise das Leben von Menschen verbessern und doch zu ganz ungeplanten, nicht beabsichtigten Fol-

gen führen. Dieses Risiko gilt es anzuerkennen. Die Umsetzung von Hoffnung gibt es nur in Grautönen. Dies begrenzt die Hoffnung auf Hoffnung. Der Abschied von der ausschließlich positiven Besetzung verwandelnder Hoffnung lässt deren Risiko entdecken. Die Anerkennung dieser Ambivalenz trennt uns unwiederbringlich von den Aufbrüchen zu Beginn des 20. Jahrhunderts und auch von der Zuversicht der 68er bzw. der folgenden Habermas-Jahrzehnte. Der schon erwähnte, mit verwandelnder politischer Hoffnung verknüpfte Glaube an die menschliche Kraft, die Rolle unermüdlicher Anstrengungen und die grundsätzliche Planbarkeit und Gestaltbarkeit der Gesellschaft ist unübersehbar erschüttert. Hinter der Wut auf der Straße steckt das Gefühl von Ohnmacht und Enttäuschung.

2. Nach dem moralischen Fortschrittsoptimismus: Verwandelnde Hoffnung führt nicht zu einer steten Zunahme an Gerechtigkeit, Frieden und Humanität. Die Gleichung: Weltverantwortung des Menschen = Weltveränderung = Weltverbesserung = Steuerung der Weltverbesserung = stete Verbesserung in Richtung Gerechtigkeit und Frieden hat sich als Illusion herausgestellt. Die in die Religion des liberalen Protestantismus wie u. a. auch in den Sozialismus eingeschriebene Idee eines stetigen moralischen Fortschritts ist endgültig zu verabschieden. Als bürgerlich-kulturelle Variante starb diese Idee im Ersten Weltkrieg, als sozialtechnokratische und moralische Variante ist sie im Sozialismus sinnenfällig wieder auferstanden – um doch wieder zu sterben. Der Abschied von dem moralischen Fortschrittsoptimismus befreit zur Entdeckung der Vielfalt im Laboratorium der Verbesserung des

Lebens. Aber der moralische Fortschritt dürfte in einer noch unerlösten Welt eher chaotisch verlaufen.

3. Grenzen der Solidarität: Im Angesicht des eigenen Todes ist die Sehnsucht nach einem guten und erfüllten eigenen Leben nicht stillzustellen. Die bisherigen groß angelegten Versuche der Schaffung des neuen, grundlegend und dauerhaft solidarischen Menschen sind gescheitert. Die Sorge für das eigene Leben, die sich zweifellos zur zerstörerischen Gier nach Leben steigern kann, ist nicht abzulöschen. Sie markiert in dieser Welt eine Grenze für alle Regime der Solidarität. Diese Sorge ist in ihrer Zweideutigkeit aber auch positiv der Grund für selbstverantwortliches Handeln. Der Abschied von den Zumutungen großflächiger organisierter Selbstlosigkeit lässt eine Barmherzigkeit im Umgang mit menschlichen Bestrebungen nach Lebenssteigerung entdecken.

4. Verteufelungen: Die Abschaffung des Teufels schützt offensichtlich nicht vor einer Verteufelung von Menschen. Die faktisch unvermeidliche Beseitigung von Menschen in der Praxis des Marxismus zeigt, wie gefährlich die Bekämpfung des Bösen ist. Wenn politische Gegner zu Feinden erklärt werden, weil sie sich der eigenen Einsicht schlichtweg ›unvernünftig‹ widersetzen, dann werden sie als Verkörperung des Bösen früher oder später aus dem Weg geräumt. Der Abschied vom Kampf gegen das Böse lässt wiederentdecken, dass Gott selbst die endgültige Überwindung des Bösen für sich beansprucht. Darum bleibt die Erlösung Gottes eigene Tat.

5. Missbrauchbarkeit von Moral: Am Ende des Sozialismus drängt sich eine Einsicht auf, die ein ganz elementarer Bestandteil der reformatorischen Entdeckungen Martin Luthers ist. Sie war und ist der Kern seiner religions-

kritischen Rechtfertigungslehre. Und sie war und ist gleich in mehreren Hinsichten eine brandgefährliche Einsicht. Auch der Philosoph Friedrich Nietzsche hat sie – mit anderer Zielsetzung und in einer fragwürdigen Lehre vom Menschen verallgemeinert – klar formuliert: Hinter religiösen und moralischen Idealen und hinter den an andere gerichteten Erwartungen der Gerechtigkeit, des Friedens, der Gleichheit und Brüderlichkeit, der Solidarität und Hilfsbereitschaft, hinter all den Verweisen auf Liebe, Barmherzigkeit, Menschenwürde, Menschenrechte und Mitmenschlichkeit steht nicht grundsätzlich, aber möglicherweise recht oft etwas anderes: selbstbezogene Interessen, ein Wille zur Macht. Die höchsten Ideale der Humanität, mit denen menschliche Hoffnungen begründet werden können, können Waffen im Kampf zur Durchsetzung der eigenen Interessen sein – gegenüber Gott oder den Menschen. Moral gehörte und gehört zu der Tarnkleidung im Kampf um Macht und des Willens zur Durchsetzung eigener Interessen.

Selbstverständlich ist diese Einsicht irritierend und gar gefährlich für alle moralischen Idealisten. Die Wut, mit der sie sich dagegen wehren, bestätigt die Triftigkeit der Einsicht. Gefährlich ist diese Einsicht aber auch, und dies ist problematisch, weil sie zu einer zynischen Verleugnung aller moralischen Orientierung führen kann und zur Zerstörung von Aspirationen für eine gerechte und friedlichere Welt. Sie wird dann als ein Mittel der Verachtung von Menschen missbraucht. Aber: Vermeidbar ist sie dennoch nicht. Sie hat die Macht, alles moralische Handeln mit einer Dosis selbstkritischer Skepsis zu versorgen. Der Abschied von einer wuchtigen moralischen Naivität befreit zu einem Blick auf das reale Verhalten von Menschen – ohne Aspirationen für eine gerechtere und gewaltfreiere Welt aufzugeben.

6. Sehnsucht nach Macht – oder Strategien der Durchsetzung von theopolitischer Hoffnung: Warum ist eine Hoffnungserzählung in ihren realpolitischen Auswirkungen anderen Menschen gegen deren Willen und Einsicht zuzumuten? Mit welchen Mitteln sollen Menschen von Hoffnungserzählungen überzeugt werden? Dies ist die Frage, die die Blutspur, die der real existierende Sozialismus durch das 20. Jahrhundert gezogen hat, aufwirft. Er kombinierte a) eine kulturell mächtige Befreiungserzählung mit b) der Unbestreitbarkeit vernünftiger wissenschaftlicher Einsicht und c) realer politischer Macht. Damit waren die sozialistischen Hoffnungserzählungen mehrfach alternativlos. Ebenso alternativlos geben sich viele gegenwärtige religiös-politische Varianten verwandelnder Hoffnung. Was im Sozialismus alles als wissenschaftliche Erkenntnis ausgegeben wurde, mag uns im Nachhinein als lächerliche Propaganda erscheinen – aber eben erst nach dem Kollaps der politischen Macht. Da ausgreifende Erzählungen verwandelnder Hoffnung allerdings weithin den Charakter von sehr komplizierten Hypothesen haben, sind sie schwerlich zwingend begründbar.

Auch Demokratien verbinden Hoffnungserzählungen mit einer Macht der Durchsetzung mit den Mitteln des Rechtsstaates. Allerdings gewähren repräsentative Demokratien bei Wahlen die Freiheit zur Unvernunft. Radikale Anhänger verwandelnder Hoffnung, wahre Weltenretter, finden dies unerträglich. Alternativlos Hoffende ertragen keinen Widerspruch. Gibt es dazu Beispiele? Nicht wenige flirten mit der Idee radikaler Umweltschützer, dass die repräsentative Demokratie der Rettung des Klimas im Wege stehe und darum andere Wege beschritten werden sollten. Darf die Kommunikation christlicher Hoffnung auf Mittel jenseits der Überzeugung von Menschen setzen? Wann immer radikale Minderheiten unter großem Zeitdruck die Mehrheit retten wollen, ist früher oder später der Lockruf der Gewalt zu hören. Christliche Hoffnung sollte diesen Verlockungen widerstehen. Sie sind ein Holzweg. Hoffnung im Raum der unerlösten Welt erkennt die Vielfalt der Interessen an.

10. VERWANDELNDES HOFFEN ALS KUNST DER NAVIGATION

Die Kommunikation verwandelnder Hoffnung durch die Weckung von ausgreifenden, weltverändernden Aspirationen ist eine Kunst. Sie ist eine Kunst der Navigation innerhalb von Grenzen und mit einem offenen Horizont. Zu navigieren ist zwischen verschiedenen Grenzlagen, zwischen Untiefen und Felsen, zwischen verschiedenen Bojen. Zu navigieren ist mit einfachsten Karten und wenigen Leuchttürmen. Dabei geht es nicht immer um das Finden eines Mittelweges, sondern um das Finden eines Kurses in einer gegebenen Zeit.

10.1 Freude, Bescheidenheit, Gottesfurcht und Seufzen
Die Navigationskunst verwandelnder Hoffnung ist durch vier spirituelle Haltungen gerahmt. Vor knapp 2.000 Jahren wagte der Apostel Paulus im Brief an die Gemeinde in Rom eine Kurzfassung dessen, worauf ein verwandelndes Hoffen auf das Reich Gottes abzielt: »Denn das Reich Got-

tes ist nicht Essen und Trinken, sondern Gerechtigkeit und Friede und Freude im Heiligen Geist« (Römer 14,17). Das überraschende Element in dieser Bestimmung ist die Freude, die der Geist Gottes mitbringt. So naheliegend es ist, dass der Kampf um Gerechtigkeit und Frieden Bitterkeit und Verzweiflung nähren kann, so klar ist die Ansage des Paulus: Die Kommunikation verwandelnder Hoffnung bewahrheitet sich darin als vom Geist Gottes bewegt, dass die Navigation Freude kennt. Nicht nur Gerechtigkeit und Friede sind Ziele, Freude ist eine Signatur der Navigation des Hoffens.

Wenn Menschen auf ihre Hoffnung hin befragt werden, dann empfiehlt der Autor des 1. Petrusbriefes eine eigentümliche Geisteshaltung: »Sanftmut und Ehrfurcht« (Luther) oder anders übersetzt »Bescheidenheit und Ehrfurcht« (Einheitsübersetzung) (1. Petrus 3,16). Gegen alle stets gegenwärtige Versuchung der Radikalität ist die Entfaltung der Hoffnung durch eine bescheidene Umsicht und durch einen tiefen Respekt vor Gottes Handeln, dem Anker der Hoffnung, getragen.

Auch im Feld der Kommunikation von Hoffnung ist es der Geist Gottes, der eine ganz besondere Wahrnehmung eröffnet. Wie schon erwähnt, führt für den Apostel Paulus der Geist zu einer neuen Wahrnehmung der Welt (Römer 8,18–30). Das Seufzen der Schöpfung ist für ihn ein kosmisches und zugleich ganz konkretes Geschehen vor den Augen der Christen. Es ist der gleiche Geist wie der Geist der Freude, der auch das Seufzen dieser Alten Welt wahrnehmen lässt und die Christen selbst ins Seufzen führt. In dieses Seufzen hinein soll verwandelnde Hoffnung kommuniziert werden.

10.2 Navigationen

Vom Geist Gottes bewegte Hoffnung navigiert. Navigieren ist nicht mit Lavieren zu verwechseln. Diese Kunst der Navigation wird sich nie ganz entfernen von den Kommunikationen der Liebe und den Kommunikationen des Glaubens.

Theologisch navigiert verwandelnde Hoffnung im Raum der mit Gott versöhnten, aber noch unerlösten Welt. Sie navigiert zwischen der Anerkennung der geschöpflich-endlichen Hoffnung und den Provokationen durch die radikale Hoffnung. Christen navigieren gemeinsam mit Gottes Geist.

Zeitdiagnostisch navigiert diese Hoffnung zwischen einer Entdeckung von Gottes Aspirationen im biblischen Kanon und einem neugierigen wie kritischen Gespräch mit anderen politischen, philosophischen und medialen Hoffnungsgeschichten.

Politisch strategisch navigiert die Kirche in der Kommunikation verwandelnder Hoffnung zwischen vielfältigen Hoffnungserzählungen. Wenn politische Erzähler in den Kirchen nur unzuverlässige Partner sehen, dann sollten sich diese über eine solche Anerkennung ihrer Freiheit freuen.

In ihrer Grundhaltung navigiert verwandelnde Hoffnung zwischen einer mutigen Politik der Zuversicht und einer umsichtigen Politik der Skepsis (Michael Oakeshott). Jede dieser politischen Haltungen erinnert an Einsichten des Glaubens: an die Verheißung von Gerechtigkeit und Frieden und an die Einsicht in die menschliche Verletzlichkeit, Fehlbarkeit und Anfälligkeit für Verblendungen.

Strukturell navigiert verwandelnde Hoffnung zwischen einem Chaos begrenzenden Ordnungsaufbau und einer Unsicherheiten und Instabilitäten riskierenden Verwandlung. Alle Schöpfung ist dem Chaos abgerungen und Gott ist im Schaffen des Neuen kein vernichtender Rächer. Verbreitet ist die Faszination mit Ordnungsauflösung, Ausnahmezuständen und einer Geburt des Neuen aus dem in Schutt und Asche gelegten Alten. Die barmherzige Menschwerdung Gottes lässt die Kirche hier widerstehen. Schöpfung heißt Chaosüberwindung, auch für Revolutionäre.

Ganz pragmatisch navigiert die Hoffnung zwischen einer nüchtern-realistischen Analyse der Erfahrung von Menschen und ihrem praktischen Wissen auf der einen Seite und einem Mut, ungeahnte Möglichkeiten einzuspielen, auf der anderen Seite. Nur mit einem solchen Pragmatismus der Hoffnung kann die Kirche der Sogkraft der Selbsttäuschung, der Selbstradikalisierung und letztlich einem Einspinnen in Illusionen widerstehen. Man könnte auch sagen, Hoffnung ist pragmatisch und lernbereit. Gemeinschaftliche Aspirationen können auch umgebaut werden.

Das Handeln der Kirche betreffend navigiert die Hoffnung zwischen einer Veränderung der Welt durch Millionen von Christen in ihren Berufen, ihrem Alltag und ihrer Existenz als Bürger eines Staates auf der einen Seite und einem Handeln der gesamten Kirche auf der anderen Seite.

In ihrem Navigieren zwischen Gegenwart und Zukunft greift verwandelnde Hoffnung über die Lebensspannen von einzelnen Menschen hinaus. »Zwischen den Zeiten« navigiert sie zwischen lebensverneinenden Opfern der Gegenwart für die Zukunft und einem nicht weniger zynischen Opfern der Zukunft für die Gegenwart.

In aller Kunst der Navigation haben die Kirchen die Stürme des 20. Jahrhunderts im Rücken. Sie werden, und das ist gut so, beim Navigieren stets von Fragen geplagt werden. Wie weit kann die noch alte und unerlöste Welt, in der weiterhin Sünde, Dummheit und Tod gegenwärtig sind, verwandelt werden? Wie weit kann diese Erde in Richtung Frieden und Gerechtigkeit, Liebe und Solidarität, Emanzipation und Befreiung, pazifistischer Gewaltlosigkeit und postnationaler Grenzenlosigkeit und nicht zuletzt in Richtung einer »Selbstzurücknahme zugunsten anderer« (Michael Welker) in Bewegung gesetzt werden? Wie weit müssen der Mut und die Verwegenheit der Hoffnung reichen? Wo beginnt dann aber das Feld der gefährlichen und auch real lebenszerstörerischen Illusion? Wie weit reicht die religiös-politische Chuzpe und wo beginnt einfach eine Kombination aus frommer Torheit und politischer Dummheit? An welchem Punkt werden die Träume von einer anderen, besseren Welt zum gefährlichen Unfug? Diese Fragen werden einen gesunden Selbstzweifel pflegen. Großformatigen moralischen Planwirtschaften werden die Kirchen auf der Fahrt auf dem Meer der Zeit aber mit tiefer Skepsis begegnen.

10.3 Gibt es einen Leuchtturm für die Navigation?

Ist das Reich Gottes der Leuchtturm, an dem sich die Navigation der Kirche immer ausrichten kann und soll? Ergeht nicht das Gebot Jesu, nur das Reich Gottes zu suchen und alles andere zurückzustellen? Soll man, wie es Karl Barth immer wieder vorgeschlagen hat, in allen Entscheidungen der verwandelnden Hoffnung fragen, welche Entscheidung in ihrem Richtungssinn dem Reich Gottes entspricht? Es mag die einen überraschen und die anderen auch wieder nicht überraschen – meine Antwort ist: nein! Der wichtige Leuchtturm für die Navigation ist nicht das Reich Gottes. Ich denke, dies ist theologisch unangemessen. Und: Angesichts der Geschichte des 20. Jahrhunderts hat sich dies als Einladung zu illusionärer Hoffnung entpuppt. Der Leuchtturm, an dem sich die Navigation der Kirche in Sachen verwandelnder Hoffnung auszurichten hat, ist der lebendige Christus.

Doch das Licht, das von Christus ausgeht, bricht sich in einem ganzen Spektrum von Farben: die gnädige Annahme und Würdigung einer dem Chaos abgerungenen Schöpfung im Ereignis der Inkarnation; die barmherzige, humane und doch entschlossene Adressierung der Risiken und Brüche dieser Schöpfung im Leben Jesu; die Offenbarung der Gewaltverhältnisse dieser Schöpfung am Kreuz Christi; und nicht zuletzt das Versprechen eines ganz neuen Kapitels im Weltabenteuer Gottes, wie es in der Auferstehung angezeigt wird. In diese verschiedenen Farben ist das Licht, das von Christus ausgeht und in unsere Welt fällt, gebrochen.

Wird nur nach dem Reich Gottes Ausschau gehalten oder wird nur die Macht der Auferstehung ins Auge gefasst, so blendet das »Licht, das von der Erlösung her auf die Welt scheint« (Theodor Adorno).

11. RADIKAL HOFFEN FÜR DIE OPFER DER GESCHICHTE

In der radikalen Hoffnung hoffen Christen über menschliche Möglichkeiten hinaus. Sie hoffen auf Gott allein. Für viele Menschen heute, auch für viele Christen, wirkt dies kindisch, unreif. Viele Menschen können und wollen dies nicht mehr nachvollziehen. Eine wirklich radikale und darin futurische Hoffnung erscheint als billige Vertröstung, geboren aus haltlosen religiösen Wunschvorstellungen und einer Flucht vor dieser Welt. Es erscheint als eine Weigerung, sich auf eine radikale Diesseitigkeit einzulassen. Kinderkram eben. Das zweite Stockwerk eines Jenseits wurde doch abgerissen, oder?

Wer so denkt, ist in Wahrheit in seine eigene Stärke verliebt. Wer nicht bereit ist, so scheinbar kindlich zu denken, hat vom Reich Gottes nichts begriffen. Ist das nicht zu frech all den theologischen Prozessdenkern gegenüber, die nur eine allmähliche Verwandlung dieser Welt kennen wollen? Ich denke, nein. Es ist einfach tief biblisch und zugleich tief barmherzig. Und: Es ist wahrhaft optimistisch. Warum? Nur wer radikal hofft, kann für all die Opfer der Geschichte noch hoffen. Wer radikal hofft, hofft ja nicht auf ein leeres Jenseits. Nein, er hofft auf Gottes barmherzige Rettung der Geschichte. Wer schafft Gerechtigkeit für die zu früh verstorbene Brustkrebspatientin, wer für das Kind, das mit zwei Jahren verunglückte? Wer schafft Gerechtigkeit für die vielen namenlosen Millionen, die Opfer der diversen politischen Weltverbesserungsprojekte des 20. Jahrhunderts wurden? Wer wendet sich wann denen zu, die in einem räuberischen Kapitalismus unter die Räder gerieten? Wer schafft Gerechtigkeit für die Opfer eines gewaltbereiten Rassismus? Und: Was können die von Reue geplagten ohnmächtigen Täter für ihre Opfer hoffen? Wer bringt denen Leben, deren Namen uns entglitten sind?

Christen, die meinen, auf das paulinische »bis dass er kommt«, also auf die radikale Hoffnung verzichten zu können, laufen, salopp formuliert, allen drei mächtigen Kräften und Mächten der gegenwärtigen Kultur ins offene Messer. Sie bestärken die Vitalisten darin, um jeden Preis auf der Seite der Sieger zu sein. Für Verlierer gibt es nämlich weder Rettung noch Hoffnung. Sie stärken die Neostoizisten in ihrer Risikoscheu und ihrem Kontrollbedürfnis. Sie stärken die Mentalitäten der verzweifelten Hoffnung, seien sie säkular oder religiös, in der Haltung: »Die Zeit läuft aus! Die Dringlichkeit ist zu steigern!«

Am Ende des langen 20. und am Anfang des 21. Jahrhunderts gehört es zur Ehrlichkeit der Christen, von Gott zu fordern, den Opfern der Geschichte nochmals rettend und neuschöpferisch gegenüberzutreten. Um nichts anderes ging es in der biblischen Debatte um das Schicksal des leidenden Gerechten. Um nichts anderes geht es im Buch Hiob. Und um nichts anderes ging es selbst Immanuel Kant, als er seinen Philosophenmantel mit dem Postulat eines Ausgleichs in einem ewigen Leben zu verschmutzen bereit war. Christen weigern sich, angesichts der Triumphe von Gewalt und Tod zu sagen: »Das war's.« »Dumm gelaufen.« »Das Leben geht weiter!« Radikal Hoffende und darum auch radikal Klagende weigern sich, Wasser auf die Mühlen all derer zu leiten, die sagen: »Letztlich ist das Leben ein Kampf!« »Man muss doch auf der Seite der Gewinner stehen!« Darum spüren Christen diesen Hoffnungsspuren in der hebräischen und christlichen Bibel nach.

In der Frage der so peinlich kindlichen wie illusions-verdächtigen, so spirituell naiven wie unvernünftigen ra-dikalen Hoffnung entscheidet sich, ob die europäischen Kirchen schon heimlich der vitalistischen nordischen Re-ligion der Edda dienen oder noch in der Tradition der Thora stehen. Glauben sie noch an einen Geist Gottes, der zu Gottes letzter Zeit belebend und rettend über die To-tenfelder der Geschichte weht? Wer die radikale Hoff-nung nicht mehr meint aussprechen zu können, zerstört letztlich auch die geduldige endliche, die menschlich ver-wandelnde Hoffnung. Warum, und wodurch?

Christen, die meinen, auf die radikale Hoffnung ver-zichten zu können, radikalisieren unausweichlich verwan-delnde Hoffnung. Wer meint, sich heroisch und illusions-frei von radikaler, ganz einseitiger und, ja, auch »jenseiti-ger« Hoffnung befreien zu können, öffnet die Schleusen verzweifelter Hoffnung, ja, letztlich auch illusionärer Hoff-nung. Er erwartet von menschlicher Geschichte mehr, als sie je bieten kann. Ohne Gerechtigkeit für die vergange-nen Opfer der Geschichte bleibt das Leben gefangen in harter, gewaltbereiter Selbstbehauptung.

Die radikale Hoffnung als Rahmen für verwandelnde Hoffnung keck, frech und mit Chuzpe lebendig zu erhal-ten, ist darum eine Herausforderung der nächsten Jahr-zehnte. Sie ist der offen bezeugte Glutkern jeder wahrhaft Öffentlichen Theologie, die nicht Hoffnungslosigkeit an-gesichts von Gewalt und Ohnmacht versprühen möchte. Nur so kann die Barmherzigkeit, die mit der Stadt Jerusa-lem verbunden ist, gegen die Mächte von Athen und Sparta erhalten werden. Ohne die radikale Hoffnung sind

Christen die trostlosesten und – wie Paulus sehr hart sagt, »die elendsten unter allen Menschen« (1 Korinther 15, 19). Der Rat des Apostel Paulus: »Wenn die Toten nicht auferstehen, dann ›lasst uns essen und trinken; denn morgen sind wir tot!‹« (1. Korinther 15,32), ist so sarkastisch wie wahr, so seelsorgerlich sensibel wie lebensfreudig. Er sollte jeder Kirche und allen Christen, die meinen, hier auf Erden das himmlische Jerusalem stürmen zu müssen, eine gefährliche Erinnerung sein.

Können Menschen die Geschichte richten und auch retten? Mit jeder moralisch zwielichtigen Gestalt, die in irgendeiner Hauptstadt dieser Welt im wahrsten Sinne des Wortes vom Sockel gestoßen wird, wird der Ruf nach Gerechtigkeit in der Geschichte laut. Wer kann angesichts des heutigen Kampfes gegen Rassismus, Kapitalismus, Frauenfeindlichkeit und autoritäres Denken, Chauvinismus, Imperialismus bestehen? Die Sehnsucht nach Gerechtigkeit ist eine Macht. Sie ist die Schubkraft in diesem Gerichtsprozess über die Geschichte. Diese Sehnsucht verweigert zu Recht die Unterschrift unter die These: »Die Geschichte ist gerecht. Was geschah, ist gottgewollt.« In der Sprache der Philosophie: Die Geschichte ist nicht das Weltgericht. Mit jedem Sturz eines Denkmals ergeht ein anderes Urteil. Mit einer sehnsüchtigen Wut wendet sich verzweifelte Hoffnung den Verzweiflungsgeschichten zu. Doch vor diesem Gericht kann niemand bestehen. Auch nicht eine Heilige, wie die jüdische Philosophin Hannah Arendt. Niemand.

Diese gerechtigkeitswütigen Bilderstürme sind moralisch anmaßend und überheblich. Ja. Sie wollen nicht die vielen Schattierungen der moralischen Grautöne sehen. Aber das eigentliche Problem ist ein anderes: Diese auf der Straße vollzogenen Gerichtsprozesse können verurteilen, aber nicht retten. Sie können moralisch verdammen, aber nicht schöpferisch die vergangene Geschichte aufnehmen. Gericht ohne Rettung vergegenwärtigt und vertieft die Tragik der Geschichte. Kein einziger Denkmalssturz bringt Leben zu denen, deren Leben geraubt wurde. Keine Reparationszahlung, gleichgültig wie hoch, schafft Recht denen, denen in der Vergangenheit Unrecht geschah. Wer dies behauptet, macht sich die Vergangenheit und ihre Opfer zur Beute. Niemals wird der gegenwärtige Sturmwind des Zorns zum Sturmwind, der die Toten auferweckt. Die vitale Selbstbehauptung in der Gegenwart ist nicht mit der Auferstehung der toten Opfer zu verwechseln. Dies ist die zynische Seite eines moralisch gewendeten Vitalismus.

Angesichts der Unumkehrbarkeit der Zeit und der niemals zu bezweifelnden Unrechtsgeschichten hoffen Christen auf eine Neuschöpfung von Himmel und Erde, auf eine radikale Antwort Gottes auf die Geschichte und ihre Geschichten. Die Erlösung der Geschichte mit all ihren erzählten, vergessenen und verlogenen Geschichten ist eine Gottestat. Der auferstandene Christus wird die vielfältigen Geschichten dieser Welt wahrnehmen, entflechten, bewerten und beurteilen. Darum geht es im kommenden Gericht Gottes. Die Auferweckung des Gekreuzigten ist aber ein Urteil, das kreativ schöpferisch ist. Darum können radikal Hoffende im Umgang mit den Erinnerungsgeschichten dieser Welt barmherzig sein.

Dies zu sagen, öffentlich und unverschämt, ist eine notwendige Kommunikation der Hoffnung in Landschaften verzweifelter Hoffnung.

12. KEINE RADIKALE HOFFNUNG OHNE KLAGE

In diesem Abschnitt zu christlicher Hoffnung möchte ich eine These vertreten, die auf den allerersten Blick unsinnig erscheint: Die Kirche wird nur dann die Lebendigkeit Gottes entdecken, wenn sie wieder riskiert, zu klagen. Und: Radikal hoffen kann nur, wer gegen Gott klagt. Wer nicht klagt, glaubt und hofft im Modus der Sparflamme. Die Gottesklage ist ein notwendiger Bestandteil der Polyphonie des Glaubens. Und: Die Verbindung von Klage und Hoffnung ist die christliche Antwort auf die Frage, ob die Welt letztlich eine Tragödie ist. Letztlich dürfte von der Fähigkeit zu klagen die Zukunft der Kirche abhängen. So die These.

Klage und Hoffnung sind nicht erst in unseren Zeiten zwei Seiten einer Medaille. Radikale Hoffnung richtet sich auf ein radikal neues, rettendes und zurechtbringendes und darin einseitiges Handeln Gottes. Sie tut dies, weil sie die Erfahrung der Abwesenheit der Gerechtigkeit Gottes in dieser Welt nicht loslassen kann. Sie braucht es auch nicht. Auch die Figur des Hiob in der hebräischen Bibel tut es nicht. Auch der Jesus im Garten Gethsemane tut es nicht. Im Markusevangelium tut es selbst Jesus am Kreuz nicht. Klage ist die aus dem Leiden geborene leidenschaftliche Hoffnung. Es muss nicht immer das eigene Leiden sein. Menschen sind so empathiefähig, dass es auch das Leiden anderer sein kann, das sie in die Gottesklage führt.

Es sind, wie der muslimische Autor Navid Kermani in seinem Buch »Der Schrecken Gottes« so wunderbar beschreibt, die Freunde Gottes, die Klagende werden. Wer nichts von Gott erhofft und erwartet, wird nicht klagen.

Man muss mit Gott befreundet, ja vertraut sein, um zu klagen und zu rebellieren.

Viele christliche Traditionen verbieten sich die Klage. Wer kennt nicht den vermeintlich frommen Satz: »Man soll nicht klagen!« In der Zurückweisung der Klage liegen sich liberale Theologen und evangelikale Theologen innig in den Armen. Ist, wer laut, wer leise oder auch stumm und lautlos klagt und anklagt, kleingläubig? Nein! Wer seine Klage gegen Gott richtet, ist nicht kleingläubig, sondern starkgläubig! Wer klagt, hofft auf einen beweglichen Gott. Wie der Apostel Paulus theologisch mutig und menschlich sensibel beobachtet: Es ist der Geist Gottes, der uns hilft zu seufzen (Römer 8,26). So hilft der Geist Gottes den Menschen, nicht in einen Fatalismus oder eine Schicksalsgläubigkeit abzugleiten. Die Klage ist der Ort der Verzweiflung und der Wut über die Mächte der Lebenszerstörung. Nur die Klage verhindert, dass Gott nicht mit den Mächten der Lebenszerstörung verflochten wird. Glaubende, die angesichts von schreiender Ungerechtigkeit und angesichts des Triumphes von Gewalt zu Klagenden werden, bestreiten zwei lähmende Behauptungen: »Dies ist Gottes Wille, er ist nur schwer verstehbar. Der Herr hat's gegeben, der Herr hat's genommen.« Dies sind wohl fromme Sätze, treffen aber auf den von Christen angebeteten Gott nicht zu. Allah oder die indische Gottheit Shiva passen eher zu diesem Gottesbild – obwohl dieses Denken auch in vielen Gesangbuchliedern der evangelischen Kirchen steckt.

Dieser Satz macht Gott zum Dämon. Er verdirbt Gottes Charakter. Der Schmerz des Krebspatienten ist ebenso wenig Gottes Wille wie die Trauer der Mutter über das totgeborene Kind. Christen beten in dem von Jesus gelehrten Gebet vielmehr: »Und erlöse uns von dem Bösen.«

Wer so mit dem Vaterunser klagt, bestreitet offen, dass die solidarisch mitleidende Begleitung Gottes in den Tiefen der menschlichen Not schon ganz dem Heil entspricht. Die mitleidende Begleitung schöpft Gottes Absichten und seine Macht der Rettung noch nicht aus. Die Klage leidenschaftlicher Hoffnung richtet sich gegen Gottes Untätigkeit und gegen Gottes Geduld. Sie zielt auf die Abwesenheit der Rettung, auf eine dunkle Seite der Geduld Gottes. Die Auferweckung des Gekreuzigten dokumentiert viel mehr als ein Mitleiden Gottes. Sie dokumentiert einen göttlichen Protest. Wenn die mitleidende Begleitung des in der Schwachheit liebenden Gottes ganz im spirituellen Zentrum steht, dann wird jeder Klage das Recht entzogen. Der verzweifelte Ruf nach Rettung wird abgelöscht. Dies kann sich nur leisten, wer meint, keiner Rettung zu bedürfen.

Wie viel würde die evangelische Kirche an Ausstrahlungskraft und Glaubwürdigkeit gewinnen, wenn jedes Kirchengebäude innen oder außen eine kleine Klagemauer enthielte? Solche Mauern der Klage, auch der stummen Klage, würden Orte aufkeimender Hoffnung auf Gott. Wenn die Kirche keine Orte für die Wütenden und Verzweifelten schafft, verliert sie diese Menschen. Ein christliches »Keep calm and go on!« ist kein Trost, sondern eine spirituelle Variante des Neostoizismus. So viel an Trost bietet auch die Psychologie.

Es ist die Klage über Gottes Abwesenheit als Retter, die Christen in eine tiefe Solidarität mit denen bringt, die nicht, noch nicht oder nicht mehr glauben können und wollen. So paradox es klingt: Die Einladung zur stummen

Klage wird zur Kommunikation von Glauben und von Hoffnung für diese Welt. Die ehrliche, auch Ohnmacht anerkennende Wahrnehmung des Leidens und der Ungerechtigkeit eröffnet eine Gemeinschaft der Wut, die zu einer ausstrahlenden Gemeinschaft des Fragens führen kann. Als Hoffende bringen die Christen stellvertretend die Hoffnungslosigkeit und die verzweifelte Hoffnung der Welt klagend und bittend vor Gott. Christen bieten der Wut und Klage der großen und kleinen Welten eine Adresse. Die Klagenden sind es, die den Gottesspöttern nicht das Feld überlassen.

Dass Gottes Wille »wie im Himmel so auf Erden« geschehe, darum bittet die Kirche und bitten die Christen klagend hoffend im Weltabenteuer Gottes. Die Klage ist die minimalste und zugleich explosivste Gestalt der Hoffnung.

13. ABENDMAHL ALS FEIER RADIKALER HOFFNUNG – TRÖSTENDE GEGENWART UND SCHMERZHAFTE ABWESENHEIT

Das Abendmahl ist die Feier der christlichen Hoffnung im Raum der Versöhnung. Das Abendmahl orientiert die christliche Hoffnung in jeder Feier nicht auf etwas, sondern zuerst auf jemanden. Der Apostel Paulus beendet die überlieferten Worte zur Feier des Abendmahls so: »Denn sooft ihr von diesem Brot esst und aus dem Kelch trinkt, verkündigt ihr den Tod des Herrn, bis er kommt« (1. Korinther 11,26). Das Abendmahl vergegenwärtigt Christus und feiert ihn als einen Kommenden. Die Zeitreise im Gedenken der feiernden Gemeinde zurück in die

Nacht des Verrats macht deutlich, wer der Kommende ist. Die christliche Hoffnung richtet sich auf den, der noch dem Verräter Gemeinschaft anbietet. Sie richtet sich auf den, der sein Leben für andere riskiert. Sie wartet und hofft auf den, der mit seinem Tod einen Raum der Versöhnung geschaffen hat. Das Gemeinschaftsmahl selbst deutet eine Gemeinschaft der Gleichen an, die jenseits der unerlösten Welt liegt. Die Gemeinde vergegenwärtigt nach dem Ostermorgen nochmals die Nacht des Verrats, um dann den Blick auf den kommenden Ostermorgen für die ganze Schöpfung zu richten. Christen leben zwischen diesem Verrat und dem kommenden Ostermorgen der ganzen Welt.

Und doch hat das Abendmahl eine schillernde, ja doppelte Seite. Es ist irgendwie in sich so spannungsreich, dass es als widersprüchlich erscheint. Und es bietet in der Gegenwart zwei gegenläufige Zeitreisen. Eine Reise in die Vergangenheit und eine in die Zukunft.

Im Mahl vergegenwärtigt werden der irdische Jesus und der auferstandene Christus. Es ist diese Gegenwart, die den Kommenden verkündigt. Die Gegenwart Christi im Mahl zeigt also zugleich eine Gegenwart und eine Abwesenheit des Kommenden an. Es ist just der im Mahl Gegenwärtige, der die Abwesenheit des Kommenden anzeigt. Schmerzhaft und eindringlich. Der Kommende ist der noch nicht in seiner Fülle des neuen Lebens Gegenwärtige. Das Mahl ist stets auch eine Versammlung beschädigten Lebens. Es findet in einer Welt der Gewalt statt, in der noch unerlösten Welt. Jedes recht gefeierte Abendmahl ist darum auch eine Feier der christlichen Ungeduld der Hoffnung. Der Erlöser ist auch abwesend. Der Befreier von allem Bösen ist in dieser Mächtigkeit nicht hier. Die universale und unwiderstehliche Wirklichkeit der Auferstehung, die neuschöpferische Überwindung des Todes, steht noch aus. Darum erneuert jedes Abendmahl die radikale Hoffnung der Christen. Es ist ein Protestereignis und ein Hoffnungsereignis.

Der in der Feier des Abendmahls gegenwärtige Christus löst darum eine doppelte, eine gegenläufige Haltung aus: Freude über den Kommenden und die mit dem Kommenden verbundene Zukunft. Eine Welt ohne Tränen der Trauer und des Schmerzes, ohne Krebsstationen, Suchtberatungen und Kindersoldaten. Der im Mahl gegenwärtige Christus löst aber auch die Klage über den noch abwesenden Erlöser aus, eben in einer Welt einer korrupten UNO, einer Welt mit Coronaviren, der sinkenden Schlauchboote auf dem Mittelmeer. Nirgendwo liegen eine freudig explosive Hoffnung und ein lautloser Schrei der Gottesabwesenheit näher beisammen als im Abendmahl. Darum ist es die Feier eines hoffnungsvollen Realismus und einer realistischen Hoffnung. Es ist diese radikale Hoffnung, die dann in die menschlichen Hoffnungen einer Verbesserung dieses Lebens einweist. Angesichts des Selbsteinsatzes Gottes in den Tagen nach der Nacht des Verrats engagieren sich Christen gemeinsam mit vielen anderen Menschen für eine Verbesserung dieses Lebens. Sie sind – im neudeutschen Jargon – »Stakeholder« in Gottes Weltabenteuer geworden. Sie sind getröstet, weil sie das in der radikalen Hoffnung enthaltene Fürsorgeversprechen nicht selbst halten können und müssen.

Die Kirche muss als Abendmahl-Feiernde auch den Mut haben, von Gottes gegenwärtiger Abwesenheit zu sprechen. Auch die Abwesenheit wird im Mahl vergegenwärtigt. Das Neue Testament ist durchzogen von Motiven des Kommens und des Gehens. Auch die eindrückliche Ostergeschichte, in der der Auferstandene mit einem Jünger nach Emmaus geht, zeigt am Ende eine Abwesenheit an (Lukas 24,31). Es ist aber keine bleibende Abwesenheit. Nicht nur zeigt die Gegenwart des Geistes Gottes die Abwesenheit Christi an. »Bis dass er kommt« zeigt eine tröstende Überwindung der Abwesenheit durch Christus selbst. Anders formuliert: Die Feier des Mahles erfasst und stärkt ausstrahlungsreich die in Klage, Dank, Bitte und Lob erklingende Polyphonie des Glaubens.

IX LEBEN IM WELTABENTEUER GOTTES

1. WAS IST ZU GEWINNEN, WENN DIE EINHEIT VON GLAUBE, LIEBE UND HOFFNUNG GELEBT WIRD?

Eine These im Hintergrund dieses Buches und zugleich eine Hoffnung dieses Buches ist: Die Gräben innerhalb des deutschen Protestantismus haben einen theologischen Grund. Ebenso haben auch die Gräben zwischen verschiedenen Kirchen in anderen westlichen Gesellschaften den gleichen Grund: Das Band der Einheit, das für Paulus um die Dreiheit von Glaube, Liebe und Hoffnung gelegt ist, ist zerrissen. Die Einheit wird in der Überbetonung des einen oder des anderen Elementes nicht mehr gesehen.

Darum muss die Frage lauten: Was ist zu gewinnen, wenn das Band zwischen der Kommunikation des Glaubens, der Liebe und der Hoffnung nicht reißt? Welche Zukunft der Kirche eröffnet sich, wenn die im Denken, Reden und Handeln der Kirche auseinandergebrochenen Teile wieder zusammengefügt werden? Um diese Frage anzustoßen, wurde dieses Buch geschrieben.

Reißt das Band zwischen Glaube und Liebe auf der einen Seite und Hoffnung auf der anderen Seite, so verliert die Kirche den weiten Raum endlicher und radikaler Hoffnung. Das Weltabenteuer wird dann entdramatisiert.

Die Kirche wird dann ein Raum, in dem sich eine religiöse Gestalt des Neostoizismus ausbreitet: Gemeindegemütlichkeit, feierliche wie gesellige Pflege des Nahbereichs. Die Hoffnung sprengt die Grenzen der machtvollen Gemütlichkeit des Neostoizismus. Die Hoffnung verhindert, dass die Frage nach Gerechtigkeit nicht in den Nahbereich eingehegt wird. Endliche Hoffnung wird geduldig auf eine Verbesserung dieses endlichen Lebens hinarbeiten. Wenn das Band hier nicht reißt, dann flieht die Kirche nicht aus den weiteren Verantwortungsräumen. Wenn endliche Hoffnung im Horizont radikaler Hoffnung gedeiht, dann wird die Kirche risikobereit. Nur ein hoffnungsloser Glaube kann sich den Luxus einer echten Tiefenentspannung leisten.

Verlieren Liebe und Hoffnung allerdings den Glauben, so wird das Christentum zu einer freudlosen Veranstaltung. Es wird eine Religion der moralischen Miesepeter. Die Kirche wird eine moralische Agentur, mal eher konservativ, mal eher linksgrün oberlehrerhaft. Die Kirche verliert dann Gott als eigenständigen, Verheißungen aufspannenden Akteur aus dem Blick. Ohne Gottes Fürsorge und Versprechen im Weltabenteuer der Menschen, ohne die Kommunikation des Glaubens, wird das Christentum trostlos – oder aber verzweifelt hoffend. Liebe und Hoffnung müssen nicht unbedingt in verzweifelte Hoffnung abgleiten. Aber ohne die Kommunikation des Glaubens wird die Kirche dem süßen Gift des moralischen Heroismus kaum widerstehen können. Es ist die mutige und geduldige Kommunikation des Glaubens, die die Abwehrkräfte gegen eine schleichende Lähmung durch eine tragische Weltsicht stärkt.

Selbstverständlich darf sich die Kirche über all die Kräfte, die in den spätmodernen Gesellschaften Liebe und Hoffnung zu verbreiten suchen, nicht besserwisserisch erheben. Der Geist Gottes kann auch verschlungene Wege gehen. Die Kirche kann hier punktuell Partner und Freunde finden. Sie darf sich aber bei allen Überschneidungen in Einzelprojekten nicht von ihrem ganz eigenen Projekt abbringen lassen. Und sie sollte nicht darauf schielen, in ihren eigenen Anfechtungen von diesen Kräften der Humanität getröstet zu werden.

Verliert die Kirche die Liebe, so wird sie eine Bürokratie des Religiösen und eine Agentur zur Verwaltung menschlicher Wünsche. Umgekehrt betrachtet: Liebe macht die Hoffnung konkret, reich und barmherzig. Liebe entwaffnet die verzweifelte Hoffnung und macht sie geduldig, entschleunigt sie. Liebe schafft den langen Atem der Hoffnung. Die Liebe erkennt die Grenzen aller Hoffnung durch Sozialtechnologie an. Sie leistet ein Geduldsmanagement. Sie verhindert, dass Hoffende Jakobiner und Sozialtechnokraten werden. Die Liebe verweigert der Hoffnung die Zulassung, dass sie für ihre Ziele Menschen opfern darf. Es ist letztlich die Liebe, die verhindert, dass Hoffnung rücksichtslos wird und zu hassen beginnt. Ohne Liebe wird die Kommunikation des Glaubens und der Hoffnung kalt. Die Liebe boykottiert eine heimliche Hochzeit von Vitalismus und verzweifelter Hoffnung, weil sie nicht aufgibt, die Menschen in den Strukturen, Organisationen und Systemen zu sehen. Liebe zwingt die Hoffnung, auf die konkrete Not zu schauen und Menschen mehr zu lieben als Visionen.

2. TROST UND FREUDE

Der französische Soziologe und Theologe Jacques Ellul hat schon in den 1970er Jahren hellsichtig beobachtet, dass die Menschen der modernen Kultur eines unbedingt nicht wollen: getröstet werden. Wer Trost braucht, dem scheint es an Kraft, an Willen, an Mut und Selbstdurchsetzung zu mangeln. Trostbedürftigkeit ist ein Anschlag auf die Selbstbestimmung, auf die eigene Wirkmächtigkeit und die eigene Freiheit. Wer nicht riskieren will, vertröstet zu werden, verzichtet lieber auf Trost. Wer getröstet wird, erfährt darin seinen Trost, dass er sein Leben oder Aspekte davon aus den eigenen Händen in die Hände eines Anderen gibt. Trost ist darum nicht Empowerment. Wer sich trösten lässt, anerkennt, ja lebt seine eigene Verletzlichkeit.

Christen erfahren Trost im lebendigen Gott. Sie erwarten, von Gott getröstet zu werden. Der Geist Gottes ist ein Geist des Trostes. Auch dann, wenn Menschen wichtige Medien vom Trost Gottes werden, ist Gott der Tröster. Liegt aller Trost in den Händen von solidarischen Menschen, ist Gott nur das Symbol von Gerechtigkeit und Leben, aber nicht selbst ein Tröster, dann entstehen Landschaften der spirituellen Trostlosigkeit. In trostlosen Kirchen gibt es selbstverständlich noch mächtige Mutmachprogramme, moralische Helden und Asketen der Frömmigkeit. Aber neben dem Heroentum wächst eine schicksalsergebene Mutlosigkeit, eine erfahrungsgestützte Depression. Ein heroisch-trostloses Christentum steht am Ende den Göttern der nordischen Edda und den Göttern des Königs Ödipus näher als dem Gott Israels.

Nur wer sich in der Bedrängnis trösten lässt, kann sich unter diesen Umständen auch freuen. Nur der Geist des Trostes ist zugleich der Geist der Freude. Die Freude des Glaubens ist nur dann nicht spiritueller Egoismus oder weltflüchtige Ekstase, wenn derjenige sie erfährt, der in der Wahrnehmung der fremden und eigenen Not getröstet werden muss und getröstet wurde. Getröstet zu sein, rechtfertigt Freude. Nicht ganz zufällig sind trostlose Kirchen auch freudlose Kirchen. Eine Kirche, die von dem Schwanken zwischen trotzigem Heldentum und depressivem Fatalismus befreit werden möchte, muss bereit sein, sich von dem lebendigen Gott trösten zu lassen.

Christen bleiben Kinder Gottes und werden keine Götter. Weil sie weder geistliche noch moralische Helden-Götter werden, bedürfen sie des Trostes. Gemeindepfarrerinnen und Gemeindepfarrer erfahren es oft: Kirche versammelt selten nur die nach Aktion rufenden Wütenden. Sie sammelt viel öfter die vom Leben Enttäuschten, die mit Nöten Ringenden, die Erschöpften, die Traurigen und die nach Trost Suchenden.

Wenn die Kirche es nicht mehr riskieren möchte, für ihre Vertröstungen verspottet zu werden, dann wird sie Menschen auch nicht mehr trösten können – geschweige denn den Geist des Trostes ausbreiten und selbst erfahren können. Dies ist die Herausforderung für alle Christen: Trost zu geben. Denn letztlich »haben« sie den nicht. Sie können nur auf den lebendigen Gott verweisen und dessen Aspirationen leben.

3. BEFREIUNG FÜR ÜBERWÄLTIGTE

Menschen werden von Mächten und Kräften überwältigt. Sie lassen sich überwältigen und werden überwältigt. Sie überwältigen andere. Plötzlich oder schleichend. Überwältigungen geschehen in den Grauzonen des Lebens, in denen sich nicht exakt unterscheiden lässt, wer nun Täter, wer Opfer und wer beides ist. Die Befreiung von Überwältigten, ist das große Thema, wenn es in den biblischen Erzählungen um Sünde geht. Wer bei Sünde an Moral denkt (»... darf man nicht«), der verfehlt die Pointe. Sündengeschichten sind Befreiungsgeschichten im Modus der Möglichkeit. Es geht um die Befreiung von Verstrickungen, von Selbstverstrickungen, von Kräften, die verohnmächtigen. Wer das Evangelium der Befreiung auf die ökonomisch Armen beschränken will, hat weder etwas vom Leben noch von den biblischen Texten begriffen. Eine gründliche Psalmenlektüre hilft da schon. Aber auch ein Blick in die Weltliteratur als chaotische Werkstatt und großes Archiv menschlicher Erfahrungen. Die große afroamerikanische Schriftstellerin Zora Neale Hurston schrieb in ihrer Autobiographie: »Woran ich schwer zu schlucken hatte, war die unabweisliche Tatsache: Meine eigenen Leute hatten mich verkauft, und die Weißen hatten mich gekauft ... Das machte mir den universellen Charakter von Habgier und Ruhmsucht klar.«

Das Unanständige der Rede von der Sünde ist ja nicht das Moralisieren, sondern die Infragestellung der menschlichen Selbstbestimmung. Gefangenschaften sind peinlich. Sie kränken ganz real. Ohnmacht ist unerträglich. Von ihnen befreit zu werden, ist menschlich. Die Entdeckung der Sünde ist darum »die Entdeckung der Menschlichkeit« (Ingolf Dalferth). Darum gibt die von Gott vollzogene Versöhnung der Welt der sündigen Welt Impulse der Befreiung zur Menschlichkeit.

Wer meint, von Sünde nicht mehr reden zu müssen, verachtet darum in Wahrheit die wirklichen Menschen. Wer meint, dieses Thema entsorgen zu müssen, flirtet mit dem Elend. Wer die Rede von Sünde auf die theologische Entrümpelungsliste setzt, hält sich für einen Starken, der scheinbar nie überwältigt wird. Dabei ist nur ein Halbstarker, wer die Not der Menschen nicht sehen will und sich selbst zum Heroen erklärt. Die Sünde zu sehen, heißt einen barmherzigen Blick auf die Gefangenschaften von Menschen zu entwickeln und ihnen Befreiung zu gönnen. Die biblische Geschichte über den korrupten Zollbeamten Zachäus (Lukas 19,1–10) ist ja so erfrischend unmoralisch, weil die ausgebeuteten Opfer zunächst gar nicht vorkommen, sondern nur die Gefangenschaft des Zöllners. Dass er in der Folge seiner Befreiung zu Gemeinschaft und Freude sein Handeln neu ausrichtet, ist keine von Jesus formulierte Bedingung. Es versteht sich von selbst. Zachäus kann nicht anders.

Wer von Sünde nicht mehr sprechen kann und will, verflacht das Leben. In der Untersuchung von Überwältigungen kommt die Kirche einer zutiefst sokratischen Aufgabe nach: Sie untersucht das Leben zugunsten des Lebens. In seiner ganzen Komplexität, in seiner ganzen Gefährdung.

Die Kommunikation von Glauben, von Liebe und von Hoffnung zielt auf die Befreiung von Überwältigten. Sie wendet sich faktisch – ohne dies wie ein Demonstrationsplakat vor sich herzutragen – gegen die starken Mächte und Kräfte des Vitalismus, des Neostoizismus und der verzweifelten Hoffnung. Glaube, Liebe und Hoffnung sind Antworten auf nagende Fragen und bohrende Zweifel.

Die Kommunikation von Liebe schafft Gemeinschaften der Sorge und Fürsorge, der »Compassion«. Sie wendet sich gegen das Misstrauen, das der Vitalismus Gott gegenüber hat. »Komme ich im Leben auf meine Kosten?« »Muss ich vollständig für mich alleine sorgen?« Im Misstrauen gegen Gott muss der Vitalist auf die Selbstdurchsetzung setzen. Die Liebe befreit ihn von dem Zwang der Unbarmherzigkeit gegenüber den Menschen. Denn es bleibt ja die Frage im Raum stehen: »Was geschieht, wenn selbst ich unbarmherzig und verwundbar bin?« Die Kommunikation der Liebe befreit getriebene Menschen, die von einem unheimlichen Befehl überwältigt wurden: »Stärken stärken, Schwächen schwächen.« Im Rahmen der Liebe können sie Verletzlichkeit riskieren und Verletzte sehen.

Die Kommunikation der Hoffnung befreit die, die von dem süßen Gift des Neostoizismus betäubt wurden. Sie befreit die, die immer wieder von der Skepsis überwältigt werden und sich in ihr verstecken. Hoffnung nimmt die Menschen in Anspruch, die mit Gott kokettieren. »Sollte mich Gott wirklich in Anspruch nehmen?« »Soll ich meines Bruders Hüter sein?« Im Kokettieren mit Gott wird dieser so verkleinert, dass er zum frommen Vorgarten passt. Gegenüber den Menschen jenseits des kleinen Raumes ist der Neostoiker mutlos. In dieser Sünde der Mutlosigkeit fragt er: »Sollte es sich wirklich lohnen, für die Räume jenseits meines Nahbereichs zu hoffen und zu lieben?« »Gehe ich nicht unter in den Stürmen der Welt da draußen?« Die Kommunikation der Hoffnung verführt den Neostoiker. Sie verführt ihn zu vielen Gestalten der Selbstüberschreitung und Grenzüberschreitung. Die Kommunikation der Hoffnung lässt ihn seinen Nahbereich, seine eigene kleine Gegenwart, die Welt seiner »Likes« und die Netze der Freundschaften überschreiten. So wird er von der Überwältigung durch die Sünde der Koketterie und der Mutlosigkeit befreit.

Die Kommunikation des Glaubens begegnet insbesondere den Mächten und Kräften der verzweifelten Hoffnung. Sie adressiert die Sünde des Heldentums und des Hasses. Der verzweifelt hoffende Mensch ist gefangen in religiösem Heldentum. Dabei nagt an ihm die Frage: »Darf ich es zulassen, nicht ganz alleine zu streiten?« »Ist auf Gottes Treue zu setzen nicht zu riskant?« Der verzweifelt Hoffende wird überwältigt von moralischer Rücksichtslosigkeit. Getrieben von der nicht unberechtigten Frage »Kann ich zulassen, dass mir dauernd Idioten im Wege stehen?« stellt er die Anschlussfrage: »Warum sollte ich die Hassenden nicht hassen dürfen?« Der verzweifelt Hoffende muss sich von jeglichen Skrupeln befreien.

Es ist die Kommunikation des Glaubens, die ein ansteckendes Element in Gottes Weltabenteuer entdecken lässt: Gottes Feindesliebe. Gottes Kampf gegen die Macht des Bösen, der die bösen Menschen nicht vernichtet. Die Kommunikation des Glaubens lockt den verzweifelt Hoffenden in ein hoch brisantes, überaus heikles Manöver. Die Befreiung von Heldentum und Hass ereignet sich, wenn in Sachen Weltverantwortung in der Tat Verantwortung an Gott delegiert werden kann. Evangelium heißt, von der Weltverantwortung, die wirklich die Welt umfasst, durch Gott befreit zu werden. Das ist die offensichtliche Torheit des Glaubens. Auf der Basis dieser Unglaublichkeit kann konkret Verantwortung übernommen werden.

Wer hier sofort aufschreit, darf sich zu den rasend wütenden Kriegern des nordischen Gottes Wotan oder zu den spirituell harten Spartanern zählen. Wer diesen Trost des Glaubens annehmen kann, wird kein tiefenentspannter religiöser Neostoiker. Aber er bewegt sich im Kreis gebrochener Helden, die mit dem Ort Jerusalem verbunden werden. Als solcher wird er konkrete Verantwortung übernehmen. Verantwortung, die immer Fragment bleiben wird.

4. NOCHMALS: WARUM KIRCHE?

4.1 Drei Holzwege und ein Wechsel der Blickrichtung
Am Ende der systematischen Überlegungen sollen nochmals die Fragen aufgeworfen werden: Warum Kirche? Wer will und wer braucht die Kirche? Warum sollte es eine Kirche mit Mitgliedern sein? Warum und für wen wäre es betrüblich, wenn der organisierte Protestantismus auf zwölf Prozent zurückginge? Also: Warum sollte man in der Kirche sein?

Drei mächtige Antworten auf diese Fragen stecken in vielen Köpfen. Bei Laien, Pfarrern und Kirchenleitungen. Alle drei sind Holzwege.

»Die Evangelische Kirche ist eine Gestalt von Religion. Auch dann, wenn nicht alle Menschen religiös sind oder aktiv religiös leben, jede Gesellschaft braucht Religion. Protestantismus wird auf dem Markt der Religionspflege schon nicht untergehen. Religion als vitale Macht der Lebensdeutung setzt sich durch. Dabei ist Protestantismus schon ein gutes Produkt.« So die zumeist entspannt vorgetragene liberale Haltung.

»Die Kirche ist als Vortrupp des neuen Lebens für den aktiven Kampf für Frieden und Gerechtigkeit in die Welt gesandt. Für die Menschen in Not ist die Kirche da. Eine dramatisch sinkende Mitgliederzahl öffnet die Chance für ein klareres Zeugnis und ein offensiveres Hoffen.« So die immer öfter zu hörende links-protestantische Erzählung.

»Kirche tut gut. Wem kirchliches Leben guttut, der soll dabei sein. Wer etwas damit anfangen kann, soll eben in der Kirche sein. Es wird immer einige Leute geben, die dabei sein wollen.« Dies ist die mehr gelebte als erzählte Auffassung eines erwartungsfreien Pragmatismus, der eine kirchliche Variante des Neostoizismus sein könnte.

Nun ist zweifellos eine religiöse Lebensdeutung eine zu würdigende Vertiefung des Lebens, gegenläufig zu einer verflachenden Konsumkultur. Natürlich, Sozialprojekte fördern nicht nur das gute und solidarische Leben, sie führen Menschen dazu, die kleinräumigen Grenzen privaten Lebens zu überschreiten. Selbstverständlich darf und soll die Kirche auch eine Gegenwelt sein, in der das Leben genossen und gefeiert wird. Die Frage ist nur: Reichen diese Antworten in der Mitgliederkrise und der Bedeutungskrise der Kirche? Reicht dies aus, wenn in der Coronakrise der Staat offene Baumärkte für überlebenswichtiger hält als Gottesdienste? Reicht dies, um mittelfristig diese Demütigung zu verarbeiten? Reicht dies aus, um die Problematik des Mitgliederschwunds nicht weiter zu verdrängen?

Natürlich kann die Kirche auf die Leistungen für die Gesellschaft, für das regionale Gemeinwesen und die einzelnen Menschen verweisen. Solche Argumentationen haben ihr bestimmtes Recht. Aber: Sie befreien nicht aus einer falschen Tiefenentspannung, die wenig mehr als eine kultivierte Hoffnungslosigkeit ist. Sie befreien nicht aus der Stimmungswippe, die sich zwischen Größenwahn und Erschöpfungsdepression hin und her bewegt.

Mein Vorschlag ist, grundsätzlich die Blickrichtung zu wechseln. Und das heißt: von Gott aus denken.

Menschen sind in der Kirche und Menschen sollen in der Kirche sein aus einem so einfachen wie schwer auszusprechenden Grund: Gott braucht sie. Menschen sind und werden Kirchenmitglieder, weil Gott Menschen in der organisierten Erzählung seines Weltabenteuers als Partner, Verbündete, Zeugen und Mitarbeiter haben möchte. Gott will diese gestaltete Gemeinschaft mit den Menschen. Gott ruft sie in die auf ihre Weise abenteuerliche Gemeinschaft der Kirche als Gemeinde. Der lebendige Gott richtet an Menschen Erwartungen und möchte die Erwartungen der Menschen wahrnehmen. Gott verfolgt mit der Kirche seine Aspirationen.

Eine Kirche, die dies zu sagen wagt – obwohl es manchen peinlich altmodisch und fromm übergriffig erscheint –, wird die Menschen zweifellos irritieren, aber letztlich faszinieren. Eine Kirche, die an diesem zentralen Punkt vorsichtig und keck, selbstkritisch und couragiert von Gottes Lebendigkeit aus denkt, ist ansteckend mutig. Und: Es ist ein Abschied von dem offensichtlich schlicht erfolglosen Marktmodell, das im liberalen, auch im evangelikalen, im linksprotestantischen und nicht zuletzt im wellness-orientierten Kirchenverständnis dominiert. Die Menschen haben ein Kontingenzbewältigungsproblem? Wir haben das Produkt! Die Menschen haben ein Sündenbefreiungsproblem? Wir haben die Lösung! Die Menschen sind in Not? Wir sind die Institution, die hilft! Die Menschen suchen Wohlsein? Wir bieten es! Die Menschen wollen die Welt retten? Wir haben die Rezepte und die Motivationsbooster! Der offene Abschied von diesem Marktmodell macht – paradoxerweise – die Kirche zu einer interessanten Einrichtung, die einer ganz anderen Logik folgt. Als vom Geist Gottes zu Entdeckungen Ermutigte und Gewürdigte, riskieren Christen das Teilen von Gaben.

Suchend und hörend, tastend und leise, aber doch entschlossen von Gottes Absichten zu sprechen, erfordert Chuzpe und ein wahrhaft unverschämtes Vorgehen. Und es führt sofort zu der weiteren Frage: Zu was werden Menschen von Gott selbst in die Kirche gerufen? Lässt sich über die Beschreibung der Kommunikation von Glaube, Liebe und Hoffnung hinaus etwas speziell zur Gemeinschaft der Kirche sagen? Warum Kirche, aus der Perspektive Gottes betrachtet? Vier Vorschläge.

4.2 Intensive Teilhabe am Drama und Kampf der Erzählungen

Um es vorweg zu sagen: Kirche ist nichts für zarte Gemüter. Wer Entspannung sucht, sollte andere Wellness-Oasen aufsuchen. In der Kirche sein, heißt, auf höchst intensive Weise an einem Drama teilzuhaben. Aber nicht nur als Zuschauer, sondern als Zuschauer und als Akteur. Wer sich in der Kirche befindet, findet sich an einem Ort, an dem das große Zeiten und Kulturen überspannende Drama des Weltabenteuers Gottes auf einer kleinen Bühne nachgespielt und vorausgespielt wird. Und: Wer sich in der Kirche befindet, wird in die Konflikte im Drama von Gottes Weltabenteuer hineingezogen. Dieses Drama ist auch ein Kampf.

Wer im 21. Jahrhundert lebt, lebt in einem brutalen Kampf der Erzählungen. Auch in relativ befriedeten Gesellschaften, in denen ein Sozialstaat umsorgt und restriktive Waffengesetze die Spitzen der Aggression im Alltag kappen, findet dieser Kampf statt. Es ist der Kampf um die Deutung und Definition von Wirklichkeit. Was sind die Grundkräfte des Lebens? Worum muss ich mich sorgen? Was ist der Fall und was ist zu tun? Was bedroht uns? Es ist ein mit Milliarden Euro ausgefochtener Kampf um die Macht der Deutung, um die Festlegung dessen, was wirklich wirklich ist. Aus diesem Grunde wurde am Anfang des Buches auf die mythische Erzählmaschinerie der audiovisuellen Medien verwiesen. Die Kirche bzw. Religion im Allgemeinen ist in der Welt die letzte Macht, die der medialen Erzählmaschine widersteht.

Die Kirche ist in diesem Zusammenhang eine Erzählgemeinschaft. Sie erzählt in verschiedenen Medien die Geschichten von dem einen großen Weltabenteuer Gottes. Hierzu beteiligt sie sich hörend, fragend, auch kritisch fragend an dem Gespräch innerhalb der Bibel, dem kanonischen Gespräch. Wer in der Kirche sein möchte, zeigt, dass er von diesen Geschichten (Storys) über die große Geschichte (History) Gottes nicht loskommt. Bei der Antwort auf die Frage, wie die Erzählung von Gottes Weltabenteuer im Umlauf der Geschichten zu halten ist, da wird das Gewicht der Kirche sichtbar. Die eigene tragende Erzählung auch gegenüber der Welt wieder zu vertreten – unterscheidend, aber nicht abgrenzend –, ist die Herausforderung. Jenseits von einer trüben Mixtur aus Leben, Transzendenz und Liebe, in klarer Abgrenzung von entfesselten neoliberalen und totalitären, aber auch von sozialdemokratischen und grünen Parteiprogrammen.

Die Kirche ist eine Erzählgemeinschaft, die über persönliche Phasen des Schweigens und Zeiten der inneren und äußeren Erschöpfung hinwegträgt. Diese Gemeinschaft trägt und erträgt auch Zeiten der persönlichen Sprachlosigkeit. Die Kirche ist der Ort, an dem sich die Polyphonie des Glaubens ereignen kann, auch dann, wenn man selbst nicht die ganze Weite abdecken kann. Sie ist der Ort, an dem sich Menschen die vielen Detailerzählungen von Gottes Weltabenteuer auch von anderen erzählen lassen. Sie ist ein Ort, an dem auch diejenigen ihren Platz haben, die empfinden: »Ich wünschte, ich wäre gläubig, glaub' ich« (Judith Könemann).

Kirche übergreift die Generationen, Zeiten und Kulturen. Sie ist in allen ihren Äußerungen eine weltweite Gemeinschaft der Lebenden und Toten. In dieser Gemeinschaft sollen die Deutungen der Geschichte Gottes gehört und verflochten werden. Die ökumenische Weltgemeinschaft ist wie eine große Weberei, in der ein monumentaler, nach allen Seiten ausgefranster, aber wild schöner Teppich der Wahrnehmungen und Erzählungen von Gottes Weltabenteuer gewebt wird. Wer hier nach dem einen Einheitsmuster sucht, verpasst die Party.

Zwischen den Zeiten, aber auch ganz konkret zwischen den Generationen ist die Kirche eine dynamische und vielgliedrige »Kette der Erinnerung« (Danièle Hervieu-Léger). Die Organisation der Kirche, konkret einer Landeskirche, sorgt dafür, dass diese Kette der Erinnerung, der aktualen Erfahrung und der Erwartung lebendiger Gegenwart Gottes im Geist nicht reißt. Ohne die organisierte Erinnerung der Kommunikation Gottes gäbe es auch keine geformte Erwartung einer neuen Vergegenwärtigung Gottes.

In all dem ist die gegenwärtige Kirche ein Ort einer intensiven Verhandlung. Hier wird mit der Frage gerungen, ob die Sache vom Weltabenteuer Gottes nur eine gute Story ist oder ob es die wahre Story einer realen Interaktion Gottes in und mit der Welt ist. Darin ist sie auch der Ort, an dem Menschen mit Gott verhandeln. Hier erinnern Menschen Gott an seine Aspirationen. Fordern und protestieren, danken und loben. Als Gemeinschaft der Kommunikation des Glaubens, der Liebe und der Hoffnung ist die Kirche eine Gemeinschaft der klagenden, bittenden, dankenden und Gott lobenden Menschen. Sie ist der ganz eigentümliche Ort, an dem sich Menschen auch noch die Probleme Gottes mit der Welt aufbürden lassen. Gott sucht mitdenkende Partner und engagierte Mitarbeiter für sein Weltabenteuer. Die Frage, wozu das alles gut ist, ist darum sehr berechtigt. Aber die Pointe ist: Gott braucht den Menschen. Nicht umgekehrt. Dies gilt es zu vergegenwärtigen und zu kommunizieren. Mit einer Unerschrockenheit, die den Zweifel für einen kurzen Moment auch wegblasen kann. Dann wirkt der Geist Gottes.

4.3 Erzählung und Darstellung des ganzen Dramas von Gottes Weltabenteuer

Ist die Kirche der Ort, an dem modellhaft die Zukunft vorweggenommen wird? Nein! Ist sie in der Tat, wie der Theologe Karl Barth meinte vorschlagen zu müssen, »die vorläufige Darstellung der erlösten Menschheit?« Nein, beileibe nicht!

Zunächst ist die Kirche eine Erzählgemeinschaft. Dabei wagt sie schon jetzt, das Ende von Gottes Weltabenteuer zu erzählen. Sie erzählt immer mehr, als sie selbst sieht. Darum deutet sie mit ihren Erzählungen nicht nur die Wirklichkeit, sondern greift aus nach Gottes noch nicht gänzlich verwirklichten, aber versprochenen, verheißenen Möglichkeiten. Darum wagt sie zu erzählen, dass die Weltgeschichte weder das Gericht noch eine Tragödie ist. Weder im Kleinen, noch im Großen. In all ihrem Erzählen und Leben geschieht aber auch mehr. In der Erzählung werden die Erzähler zu Schauspielern. Sie werden zu erzählenden Darstellern. Sie werden gepackt von dem Stück, das sie aufführen. Die Geschichte wird für sie wahr.

Wie schon angedeutet, ist die Kirche eine dramatische Verdichtung des gesamten Weltabenteuers Gottes. Dies feiert sie und dies stellt sie mit vielen Stimmen dar. Als solche ist sie ein Modell. Verrat und Vertrauen, Mord und Lebensgabe, Segen und Fluch, Schuld und Zeichen der Erlösung liegen nirgendwo so dicht beieinander. Sie ist die Einrichtung, in der es immer wieder einen Judas, einen Petrus oder auch einen Johannes gibt. Sie ist der Ort, an dem ganz ungefragt Menschen Maria Magdalena oder auch Martha verkörpern. Nur als dieses Drama darstellende Gemeinschaft begnadigter Sünder in der unerlösten Welt bezeugt die Kirche in radikaler Ehrlichkeit Gottes Lebendigkeit.

Weil die Kirche radikal hofft, wagt sie als Kirche auch vom glücklichen Ende von Gottes Weltabenteuer zu sprechen – und so zu tun, als werde dies der Fall sein. Und darauf hinzuarbeiten. Wie Gott sein Ziel erreichen wird, übersteigt die Vorstellung der Kirche. Aber sie hat die Chuzpe zu bestreiten, dass wir in einem Drama mit tragischem Ausgang oder mit einer ewigen Wiederkehr des

Gleichen leben. Darum riskiert die Kirche die Erzählung und die Darstellung des ganzen Dramas – wie auch immer fragmentarisch und experimentell diese Darstellung sein wird. Sie erzählt und stellt dar, vom Anfang bis zum erhofften, guten, ja herrlichen Ende. Darum spiegelt die Kirche nicht die Welt, sondern ist in all dem auch immer unverschämt Gegenwelt. Zumindest im Erzählen ist die Kirche der sie umgebenden Welt voraus. Sie weiß um diese Wirklichkeit der Welt, aus der sie sich nicht herausbeamen kann. Und sie weiß um deren Zukunft.

Nur: Wie gut die Kirche auch erzählt, sie bleibt in ihrem Darstellen eine Laienspielschar, ein Kreis von Dilettanten, von Amateuren.

4.4 Oase für Beschädigte, Verletzte, Erschöpfte und Enttäuschte

Die Kirche sendet nicht einfach kräftige und selbstbewusste Zeugen. Sie versammelt, ja sammelt erschöpfte Abenteurer. Für die ist die Kirche eine Oase – oder sie gehen, langsam, aber unerbittlich.

Die Kirche sammelt Menschen, die in ihrer Kommunikation der Liebe durch Erfahrungen brutaler Selbstdurchsetzung verletzt wurden. Sie sammelt Menschen, deren Hoffnungen durch Unglück und Zerstörung schwer beschädigt wurden. Hier ist der Ort für diejenigen, die im Leben in ihrem Glauben an den lebendigen Gott enttäuscht wurden. Die Kirche ist der Ort der vom Leben Gezeichneten, ja, vom kräftig zweideutigen Leben Versehrten. Vor aller Sendung in die Welt werden diese Menschen versammelt.

Diese Menschen leben ja schon in ihren Verantwortungsräumen. Auf ihre je eigene Weise sind sie als Weltenbauer, Weltenreparierer und »Weltenretter« im Alltag unterwegs. Aber sie leben vielfach in dem, was man korrodierende, zersetzende Umgebungen nennen kann. Als real und spirituell erschöpfte Abenteurer nehmen sie an der Kirche teil und hoffen auf Stärkung. Sie wissen und haben erfahren: Für die Kommunikation von Glaube, Liebe und Hoffnung ist Ausdauer gefragt. Die Eigenschaften von Langstreckenläufern sind gefordert. Bevor die Menschen als Zeugen einer Kirche für andere gesendet werden, dürfen sie da sein. Einfach da sein und sich spirituell, hoffentlich auch ästhetisch und sicherlich auch in ihrem Gemeinschaftserleben erholen. Dabei sollen sie natürlich auch gedanklich nicht gelangweilt werden. Die Abenteurer wollen wieder die Erzählungen vom Weltabenteuer Gottes hören – in interessanten, tröstenden und ermutigenden Varianten.

4.5 Stellvertretung

Die Glaubenden und die gesamte Kirche vertreten die Welt auch stellvertretend mit Christus vor Gott. Wo die Menschen in Undank die Welt genießen, tritt die Kirche mit Christus vor Gott. Wo die Menschen auch noch den Protest gegen Gott aufgegeben haben – in Gleichgültigkeit oder innerer Erschöpfung –, da tritt die Kirche mit Christus stellvertretend klagend vor Gott. In Zeiten und Räumen der Gottvergessenheit treten Christen für diese Menschen lobend vor Gott. Die Kirche braucht solche Anwälte für andere Menschen. In Landschaften der hoch beschäftigten Interesselosigkeit bitten Christen in und mit der Kirche für andere. Als stellvertretende »Kirche für andere« (Dietrich Bonhoeffer) tut die Kirche für andere etwas, was niemand sonst tun kann. Damit macht sie hereinholend und einschließend deutlich, was sie von ihren Umgebungen unterscheidet. Sie vergegenwärtigt diese Welt vor Gott. Wer sonst könnte dies tun?

5. JESUS UND LUTHER IM KAMPF FÜR LÖSUNGSORIENTIERTE POLITISCHE VERNUNFT

Die westlichen Gesellschaften sind tief gespalten. Aus politischen Gegnerschaften werden täglich mehr Feindschaften. Jeder moralische Appell gegen Ausgrenzung vertieft die Gräben. Gesinnungsprüfungen und moralische Bekenntnisse werden von vielen als notwendig erachtet. Für viele gilt es, Haltung zu zeigen, auf der richtigen Seite zu stehen. Vitalisten treffen auf verzweifelt Hoffende und sehen in ihnen illusionär Hoffende. Verzweifelt Hoffende unterscheiden nicht mehr zwischen Vitalisten und Gewalttätern. Verzweifelt Hoffende werden selbst zu Vitalisten eigener Art. Auf beiden Seiten geht es um die Gewinnung einer ganz besonderen Gestalt der Macht. Die Macht der Deutung, die Macht der Bestimmung dessen, was der Fall ist.

Wie lässt sich in diese Spaltung der Gesellschaft hinein Glaube, Liebe und Hoffnung kommunizieren? Was ist hier und heute beim Blick in die Kirchen, beim Blick in die Zeitungen und beim Blick auf die Straße notwendig? Was ist am dringlichsten? Meine These ist: Immer dringlicher erforderlich werden Räume der offenen Verhandlung der großen Fragen gesellschaftlicher und politischer Entwicklung. Diese Räume sind voller runder Tische. An diesen runden Tischen treffen sich verfeindete Lager mit verschiedenen Interessen, verschiedenen Weltbildern und verschiedenen Aspirationen. Angesichts des zunehmenden Versagens der Medien und politischer Plattformen ist genau hier die Kirche gefragt. Warum Kirche? Für die »Polis«, für die Gemeinwesen, in denen die Menschen leben. Für die Erzählung der Geschichten, für den Austausch von Argumenten, letztlich für das, wovon der Philosoph Jürgen Habermas noch immer träumt, was er immer erzählt, was er aber nicht erfüllen kann.

Wie können die Kirchen solche Räume der gegenseitigen Wahrnehmung und der Aushandlung von Aspirationen werden? Ich denke, die evangelischen Kirchen müssen a) sich selbst an eine ganz besondere Verbindung von Liebe und Hoffnung erinnern lassen und b) sich selbst an eine besondere Verbindung von Glaube und Hoffnung erinnern. Und: Die Kirchen erinnern im Raum der Politik an ihre ganz eigenen kirchlichen Fehler und Irrtümer.

5.1 Feindesliebe

Zunächst die Erinnerung an die anarchische Kraft der Feindesliebe Jesu. Feindesliebe zersetzt zu Recht die Logik berechtigter (ja!), aber allzu einfacher und allzu wuchtiger prophetischer Kritik. Nicht wenige kirchliche Akteure sehen sich als Erben solcher prophetischer Kritik und so im Einsatz gegen Unrecht, gegen Gewalt und Benachteiligung, für Frieden, Gerechtigkeit und Bewahrung der Schöpfung, so die klassische Formel. Den zu liebenden und zu unterstützenden Opfern stehen in diesem Denken und Handeln zu bekämpfende Täter gegenüber. Die soziale Welt wird zweigeteilt. Hier die Opfer, an deren Seite man als Kirche steht, dort die Feinde der Opfer, die dann auch zu den Feinden der Kirche, der Christen und des

Evangeliums werden. Wer Haltung zeigt, steht in dieser zweigeteilten Welt auf der richtigen Seite. Nicht Partei zu ergreifen, wäre für viele ein Verrat des Evangeliums. In der prophetischen Logik sind die Feinde Beleg dafür, auf der richtigen Seite zu stehen.

Das Gebot der Feindesliebe sabotiert diese Unterscheidung – ohne Menschen gleichgültig oder zynisch werden zu lassen! Die Feindesliebe ruiniert aus der Sicht der Opfer wie auch der engagierten Kirche die Eindeutigkeit der »Haltung«. In allem Engagement für die Opfer mutet Jesus den Jüngerinnen und Jüngern die Liebe des Feindes zu. Auch der Feind des Opfers ist zu lieben – ohne das Opfer fallen zu lassen. Die Zumutung der Feindesliebe weitet den Blick und das Engagement, weil es »die Anderen«, »die Gegner«, »die zu Recht Ausgeschlossenen« nicht auszugrenzen erlaubt.

Das Gebot der Feindesliebe macht die Kirchen nicht zu Vermittlern von allem und jedem. Nur: Das anwaltschaftliche Handeln der Kirchen kennt zweifellos Gegner, schafft aber, so die Zumutung, keine Feinde. Die Feindesliebe ist schwierig zu denken und noch schwieriger leben. Aber auch dann, wenn die Feindesliebe die Christen überfordert, bleibt sie eine gefährliche Erinnerung. Sie sabotiert radikale Unterscheidungen und zerstört wohlbegründete Gegnerschaften.

Verwandelnde Hoffnung, der das Gebot der Feindesliebe im Nacken sitzt, wird die Kulturen der Ausgrenzung nicht stärken wollen. Kirchen, die noch eine schwache Erinnerung an die jesuanische Praxis der Feindesliebe haben, werden einer machtvollen Versuchung widerstehen: aus Liebe zu den einen die anderen zu verachten und letztlich zu hassen. Dies ist die wahre Grenze aller Partnerschaften der Kirche mit anderen zivilgesellschaftlichen und politischen Kräften. An diesem Punkt sagt Jesus zu dem Jünger Petrus: »Stecke dein Schwert in die Scheide« (Johannes 18,11). Darum wirkt Feindesliebe entgiftend und entradikalisierend. Damit beginnt Gottes revolutionärer Umbau seines Weltabenteuers.

Feindesliebe entfacht die Wut derer, die sich im Zeichen der Liebe und Solidarität berechtigt sehen, zu brandmarken, zu verachten, auszugrenzen und letztlich zugunsten von Rettung zu hassen. Der Zwang, aus Solidarität für die Opfer die Täter gleich mit zu hassen, ist in der Gegenwart so allgegenwärtig wie übermächtig. Die Empörung und die Wut, die die Feindesliebe unter den Rechtschaffenen aller Zeiten hervorruft, ist riskant, ja gefährlich. Jesus von Nazareth hat sie das Leben gekostet.

5.2 Keine Helden

Nun zur Erinnerung an einen Glutkern der lutherischen Reformation. Scharfe katholische Beobachter und echte Kenner der Reformation Martin Luthers schauen bis heute unversöhnlich kritisch auf ein bestimmtes Element evangelischen Glaubens: Menschen werden von Gott nicht nur vollständig unverdient gerechtfertigt. Nein, Sie bleiben ihr ganzes Leben lang doppelt bestimmt. Sie bleiben Gerechte und Sünder zugleich. *Simul iustus et peccator,* wie Martin Luther betont.

Menschen bleiben, mit Blick auf sich selbst, solche, die sich, Gott und andere täuschen, die sich inszenieren, manipulieren und verraten können und das auch tun – immer und grundsätzlich. Darum ist niemand im ethischen Urteil irrtumsfrei. Darum gibt es keine wahrhaft heiligen Menschen, weder moralisch noch spirituell. Es gibt in

Gottes Revolution nur einen Helden der Revolution. Darum ist eine tiefgreifende moralische Veredelung des Menschen eine Illusion. Der ganze Mensch lebt immer aus der unverdienten Zuwendung Gottes. Das soll nicht depressiv stimmen, sondern gnädig im Umgang mit anderen machen. Alle Menschen bleiben zwielichtige Gestalten. Jeder letzten und absoluten moralischen Sortierung von Menschen schiebt die Einsicht des *simul iustus et peccator* einen Riegel vor. Dieser Glutkern evangelischen Glaubens führt nicht zu Gleichgültigkeit gegenüber einer Sehnsucht nach Gerechtigkeit in einer besseren Welt. Aber er öffnet die Tür zu einer selbstkritischen und barmherzigen Hoffnung.

5.3 *Aus Fehlern lernen*

Zuletzt zur dritten Erinnerung: die Erinnerung der Öffentlichkeit an die Fehler der Kirche – durch die Kirche. Es ist ja zweifellos so, dass der Einsatz gegen Ungerechtigkeit und für Frieden für die Kirchen ein unabgeschlossener Entdeckungs- und Lernprozess ist. Es gibt für die Kirchen keinen Blick zurück ohne auch eine beschämende Erkenntnis von eigenen Blindheiten und Torheiten in der Vergangenheit. Das Problem des Rassismus ist ein eindrückliches und bedrückendes Beispiel. Aus dieser selbstkritischen Lerngeschichte heraus müssen die Kirchen die Öffentlichkeit an die kirchlichen Fehlentwicklungen erinnern. Und zwar frech, mutig und hartnäckig. Es geht darum, die Fehler der Kirchengeschichte in der Politik nicht zu wiederholen! Die offensichtliche Gefahr ist doch, dass die in der Geschichte des Christentums gemachten Fehler in unheilvoller Weise in den moralisch-politischen Konflikten der Gegenwart wieder auferstehen. Eine selbstbewusst selbstkritische Kirche kann ihre vergangenen Fehler zu Instrumenten der Aufklärung in der Gegenwart machen.

Die der gegenwärtigen politischen Fehlervermeidung dienende kirchliche Fehlerliste ist lang: Hexenjagden, Zwangstaufen, Bekehrungs- und Bekenntniszwänge, Tribunale, moralische Doppelbödigkeit, selbstzerstörerische Bußpraktiken, harte soziale Kontrolle, Selbstimmunisierung gegen Kritik, Kreuzzüge gegen Andersdenkende, Auslöschen von Abweichlern, illusionäre Hoffnungen, Schaffung von Atmosphären geistiger Unfreiheit, Missbrauch der Begeisterungsfähigkeit von Kindern in einem Kinderkreuzzug, Ausnützen der Verletzlichkeit von Menschen, Schweigen zu offensichtlichem Unrecht an anderen Orten, Bemänteln von Macht durch Worte der Liebe etc. Um Humanität zu bewahren und zu entwickeln, erinnert die Kirche daran, was Menschen aus ihren jeweils gegenwärtigen politischen, theologischen und moralischen Überzeugungen heraus willens waren, zu tun.

5.4 *Hoffnungsraum*
Alle drei Erinnerungen zusammengenommen eröffnen einen Raum. Dieser Raum ist selbst eine Gestalt verwandelnder Hoffnung. Es ist ein Raum, in dem die Erzählung und das Argument, die Beobachtung und das Zuhören mehr wiegen als die zur Empörung gehobene Faust. Es ist der Raum, in dem verzweifelte Hoffnung verwandelnde Hoffnung werden kann. Es ist ein Raum, in dem die Neostoizisten in die Verantwortung gerufen werden und die Vitalisten provoziert werden, den Nächsten zu sehen. Ein Raum, in dem Alternativen erwogen werden können. Ein Raum der Anerkennung und nicht der Demütigung. Ein

Raum, in dem Bekenntnisse zu einer Offenlegung von Interessen führen können. Ein Raum zur Verhandlung von Interessen und unterschiedlichen Sichten auf die Realität. In diesem Raum suchender und lösungsorientierter Verhandlungen und Erzählungen sind die Kirchen keine Schiedsrichter, keine Therapeuten. Sie sind Ermöglicher und Begleiter. Es ist dann ein Raum, der der Politik dient, sie ermöglicht. Das ist nicht nichts. Das könnte in der nahen Zukunft sehr viel sein.

Wenn weder die Medien noch die Zivilgesellschaft und die Politik zerstörerische Polarisierungen aufbrechen wollen oder können, dann ist die Antwort auf die Frage »Warum Kirche?« einfach zu beantworten: für die Zukunft und die Rettung eines demokratischen Gemeinwesens. Für die Abrüstung im kulturellen Bürgerkrieg. Für die Schaffung eines Verhandlungsraumes. Für die Begegnung von Feinden. Aber das alles fordert von den evangelischen Kirchen viel Selbstbewusstsein. Es erfordert den Mut und die Kraft zur Gegenkultur. Es erfordert, ohne viele Verbündete in einem heißen Wind der vielgestaltigen Empörung zu stehen. Es fordert die Freiheit, nicht Echokammer gesellschaftlicher Empörung sein zu wollen. Aber es würde nachdenkliche Zeitgenossen aufmerken lassen. Es würde Respekt abtrotzen. Es würde den evangelischen Kirchen eine eigene politische Praxis geben. Die Kirchen könnten auf neue Weise Salz und Licht sein. Es wäre eine herausfordernde neue Art der Prophetie. Sie würden ein unscheinbares aber mächtiges Gleichnis des neuen Kapitels im Weltabenteuer Gottes sein. Aber die Kirchen müssten um den Geist der Versöhnung bitten und aus ihm leben. Dies ist eine Verheißung genau dann, wenn die Kirchen die Einheit der Kommunikation von Glaube, Liebe und Hoffnung leben.

6. SÄKULARISIERUNG – UND WAS TUN? WELCHE STRATEGIE?

Um den Begriff und um die Sache der Säkularisierung streitet sich die Wissenschaft. In einigen Aspekten gibt es Konsense, um andere wird heftig gerungen. Die Diskussionsbeiträge füllen halbe Bibliotheken. Weitgehend unstrittig und zugleich sehr instruktiv ist aber eine fast banal anmutende Beobachtung des schon erwähnten Philosophen Charles Taylor: Im 13. Jahrhundert war es in Europa selbstverständlich Christ zu sein. Nicht Christ zu sein war ein rechtfertigungsbedürftiger Sonderfall. Zumindest in den Gesellschaften Europas droht sich dieses Verhältnis umzukehren. Worauf Charles Taylor hellsichtig verweist, ist ein folgenreicher Wandel im kulturellen Klima, das Selbstverständlichkeiten in Anspruch nimmt und zugleich wieder verstärkt. In den Denkrahmen dieses Buches übersetzt, heißt dies: Was auch immer Säkularisierung tatsächlich noch ist, es ist eine Niederlage. Dies ist einfach einzugestehen. Es ist eine verlorene Schlacht im Konkurrenzkampf derjenigen Erzählungen, die für sich eine kulturelle Selbstverständlichkeit behaupten, in Anspruch nehmen und prägen. Die Verschiebungen im kulturell Selbstverständlichen, da, wo wir in Wort und Tat bekunden: »Das ist einfach so!«, bilden den bedrohlichen Untergrund der Mitgliederkrise der Kirchen.

6.1 Sechs Sirenengesänge oder Strategien

Mit welcher offenen oder auch untergründig-faktischen Strategie sollen die Kirchen darauf reagieren? Ich nenne sechs verführerische Sirenengesänge und mache einen moderaten Vorschlag. Die Liste dürfte aufmerksame Leser nicht überraschen:

1. Die »Kein Problem!«-Strategie: Säkularisierung meint nur Entkirchlichung. Menschen bleiben Sinnsucher und sehnen sich allezeit nach Transzendenz. Menschen werden immer religiös bleiben. Dabei ist es ist nicht so wichtig, wie sie das bleiben. Wir dürfen tiefenentspannt sein. Das Verschwinden muffiger und milieuverengter Gemeinden ist kein echter Verlust. Ein doppelter Irrtum: Menschen können ein verflachtes und schal unreligiöses Leben führen. Und: Ob Buddha, Jesus, Wotan, Shiva, Allah oder der Dalai Lama, das ist nicht alles gleich-gültig. Auf die Inhalte kommt es an. Wer das nicht glaubt, hat sich noch nie die Mühe gemacht, in den verschiedenen Verträgen die Geschäftsbedingungen im Kleingedruckten zu lesen. Offensichtlich ist: Gleich-Gültigkeit erntet Gleichgültigkeit. Darum sind weniger gleichgültige liberale Geister oftmals spirituelle Migranten, die irgendwann aus religiös bewegteren Territorien geflohen sind und dennoch viel von dort mitgenommen haben.

2. Die »Wir auch!«-Strategie: Wir werden zwar weniger, aber in Wahrheit bleiben wir viele. Man sieht es nur nicht so in der Statistik. Zumindest im Geiste und im politischen Anliegen sind und bleiben wir viele. Menschenrechte? Vertreten wir auch! Politische Befreiung? Finden wir auch gut! Pfleglicher Umgang mit der Natur? Da sind wir in Wahrheit schon immer dabei! Feminismus? Da haben wir was gelernt und sind nun umso entschlossener

dabei! Ende des Nationalstaates? Das wollte schon Jesus! Schluss mit dem räuberischen Kapitalismus? Wollten wir schon immer!

Auch bei wichtigen und unstrittigen Anliegen gilt: Wer als Kirche nur auf »Wir auch« setzt, erntet Beifall, aber Beifall ohne Respekt. Bewunderung ohne Wertschätzung. Beachtung ohne Achtung. Wer peinlich wenig Selbstrespekt hat, mag politisch brauchbar sein, ist aber als Kirche uninteressant. So sinnvoll das politische Engagement sein mag, es ist einfach keine Strategie für die Relevanzkrise – egal wie politisch und religiös farbenbunt der Beifall ist. Wer das nicht sehen will, beschleunigt die Krise durch offensive Selbstsäkularisierung. Das lässt sich ohne Ausnahme in allen westlichen Staaten und mit Bezug auf alle dort gegenwärtigen Schattierungen des Protestantismus beobachten. Und wenn es hart auf hart kommt, dann werden die Verbündeten die Kirche als Schuhabstreifer benutzen.

3. Die »Klein, aber fein!«-Strategie: Im Zuge der Säkularisierung werden wir weniger. Gut so! Denn so werden wir nicht zu so vielen Kompromissen genötigt. Unser Denken und Handeln wird strenger und reiner. Moralisch und politisch schrumpfen wir uns gesund. Wir begreifen uns eben als Elite, als Salz der Erde. Doch warum sollte bei der Kirche klappen, was schon bei Gemüse selten funktioniert? Anders gefragt: Ist die schrumpfende Kirche Gemüse, das schrumpelt und ungenießbar wird, oder eine Frucht, die auf dem Weg zur Trockenfrucht immer dichter, haltbarer und süßer wird? Und: Das Experiment der Selbsttröstung durch Selbstradikalisierung (»Wir sind eben so wenige, weil wir so entschlossen radikal sind!«) ging in der Religionsgeschichte selten gut aus. Ge-

dankenloses Schrumpfen wird in Kümmerlichkeit, Neid und Bitterkeit und zuletzt in moralischer Selbstimmunisierung enden.

4. Die Strategie »Spirituelles Feng Shui – Entrümpeln befreit!«: Wir werden weniger? Das liegt an uns, ja! Wir müssen theologisch entrümpeln! Wir müssen Strukturen entrümpeln! Wir werden wieder mehr, wenn wir mit unseren Umwelten in einer besseren Harmonie leben! Befreien wir uns von altem religiösen Gerümpel, so werden wir besser verstanden! Himmelfahrt Christi? Versteht keiner, raus! Rede von Sünde? Hat nur Schlimmes angerichtet, weg damit! Offenbarung Gottes in Christus? Stiftet nur Streit, stört das harmonische multireligiöse Miteinander! Ein zorniger Gott? Toxisch für Liebe und Humanität! Ein jüngstes Gericht? Mein Gott, wie altmodisch! Vater unser? Eine Unheilsgeschichte beenden! Gemeinden? Muffig, kümmerlich! Am Ende, wenn das Haus der Theologie fast leer ist, dann steht da noch die kleine Truhe der (am richtigen Ort ganz richtigen) Theologie der Krabbelgottesdienste: »Gott liebt dich und begleitet dich!«, manchmal mit einem Post-it drauf, auf dem steht »Menschenrechte!«. Oder der niedliche Kaufladen: »Wir feiern heilsame Transzendenz!« Die Botschaft wird durch das theologische Entrümpeln so trivial, dass jeder gute Film und viele Literatur das Leben besser untersuchen, aufschlüsseln und erkunden (Platon), durchdringen und erhellen – von Gott ganz zu schweigen. Wer die Schwere, Dichte und Sperrigkeit der Erzählungen von Gottes Weltabenteuer unter das Niveau des gesunden Menschenverstandes drückt, sollte sich über Austritte nicht wundern. Wer will in so kahlen Gemäuern wohnen?

5. Die Strategie »Es kommt, wie es kommt«: Ja, wir werden weniger. Aber es kommt nie so schlimm, wie angekündigt. Wir werden weniger, aber langsam, sozusagen wenig weniger. Fast unmerklich. Daher bitte kein Drama, kein Alarmismus, Ruhe bewahren und weitermachen. »Keep calm and go on!« Im Übrigen können wir nichts tun. Es ist die Gesellschaft. Es sind der Traditionsabbruch, die Individualisierung, die Subjektivierung, die Ausdifferenzierung, die Moderne und die Multireligiosität. Es sind die Medien oder der Sport. Was auch immer, die Ursachen liegen draußen. Es gibt nichts wirklich zu tun, außer Ruhe zu bewahren. Gute Nerven sind wichtiger als gute Ideen. Es kommt sowieso, wie es kommt. Das Problem an dieser in vielen Kirchenverwaltungen und Kirchengemeinderäten oder Presbyterien populären Strategie ist: Wenn nichts getan wird, kommt in der Tat ein mächtiger Schwund. Die holländischen Protestanten sind von 64 Prozent auf neun Prozent abgestürzt auf einer erst bei null endenden Skala. In Deutschland herrscht nicht erst mit der Berentung der Babyboomer der finanzielle Blues. Er hält schon mit den ökonomischen Folgen der Coronakrise Einzug. Und: Es ist unverantwortlich und faul, sich zum Treibholz zu erklären.

6. Die »Laut bemerkbar machen!«-Strategie: Wir werden weniger und deshalb müssen wir einen Aufbruch organisieren! Wenn wir nicht gehört werden, dann müssen wir uns bemerkbar machen. Wenn wir übersehen werden, müssen wir unsere Sichtbarkeit erhöhen! Wir müssen Begeisterung rüberbringen. Wir müssen Mission wagen, auf die Menschen zugehen! Das Problem ist nur, dass mit lautem Trommeln keine neue Selbstverständlichkeit erzeugt wird. Mit Alarmismus, Appell, Aufbruch und Ein-

ladungsinitiativen möge mancher Menschen Interesse zu gewinnen sein, vielen ist dies aber einfach zu laut. Bei einem geduldigen Blick auf Zahlen und Fakten klaffen auch bei dieser Strategie Anspruch und Wirklichkeit oft weit auseinander.

6.2 Verantwortung abgeben

Was ist nun die richtige Strategie? Was sollte getan werden? Mein Vorschlag: »Verantwortungsbefreit arbeiten«. Zunächst ist wichtig: Alle Verantwortung abschieben. Nichts tun. Die Probleme anerkennen und sich sofort als Kirche für nicht zuständig erklären. Die Kirche muss sich – wie es die Psychologen und Organisationsberater so wunderbar formulieren können – selbst konsequent aus der Verantwortung nehmen. Die Kirche ist nicht das Projekt der Kirche. Im eigentlichen Sinne ist die Kirche nicht für die Kirche zuständig. Die Welt geht ohne die Kirche nicht sofort unter. Die Bewahrung der Kirche ist nicht der Job der Kirche. Deshalb: Verantwortung abgeben. Dies ist schwer anzuerkennen. Aber dies ist der Nagel, an dem alles hängt. Wenn der Wagen hier falsch aufgegleist wird, erreicht er nie sein Ziel.

Unternehmensberater, Ökonomen und Organisationsfreaks werden das anders sehen. Religionsmanager müssen das zwingend anders sehen. Marketingbegeisterte werden hier tief Luft holen müssen. Finanzreferenten müssen die Augenbrauen heben. Personalplaner werden seufzen und fragen: »In welcher Welt lebt der eigentlich?« Nur, wenn sich die organisierten Kirchen, die deutschen Landeskirchen und die EKD, in der Tat als Kirchen begreifen wollen, dann müssen sie diese Verantwortungsfreiheit anerkennen. Sie müssen diese Befreiung zulassen. Und zwar nicht nur zähneknirschend hinnehmen, sondern im eigentlichen Sinne »begeistert« feiern und genießen. Die Kirche ist das einzige Großunternehmen, das sich das leisten kann und muss. Ohne Wenn und Aber. Warum?

6.3 Gottes Projekt, Gottes Problem

Wer Gottes förderlich zugewandte Lebendigkeit erkennt, muss sagen können: Die Kirche ist Gottes Projekt. Die Probleme der Kirche sind Gottes Probleme. Das muss die Kirche sagen können, sonst ist sie nicht mehr Kirche. Wenn die Kirche nicht mehr Gott die Verantwortung zuschustern kann, dann offenbart sie, dass sie zum Religionsmanagementunternehmen geworden ist. Aber dann müssten bei den aktuellen Zahlen auch ganze Vorstände geschlossen zurücktreten. Gott die Verantwortung für die Zukunft der Kirche zuzuweisen, ist der erste Schritt auf dem Weg aus der Erschöpfungsdepression. Der erste Schritt aus einer manisch-depressiven Grundhaltung. Dies ist die Tür, durch die zu gehen ist.

Am Anfang steht darum nicht die Tat, die Planung, die Strategie. An dem stets wieder zu gewinnenden Anfang steht für alle, die Verantwortung für die Kirchen übernehmen wollen und sollen, eine Einsicht: Die Kirche steht im Weltabenteuer Gottes, des lebendigen Gottes. Gottes Weltabenteuer. Sein Job, sein Projekt. Diese Einsicht ist nicht neu. In vielen liturgischen Texten bekennt die Kirche dies. Das Vaterunser steht quer zu allen Selbstaufforderungsapellen. Aber in Planungsrunden bezweifelt die Kirche dies. In der Öffentlichkeit verschweigt sie es tunlichst. Es ist ja schließlich peinlich naiv. Im Grunde des Herzens aller Planer und Strategen, im Grunde des Herzens aller

Christen (auch des Schreibers dieser Zeilen) wird um diese Einsicht gerungen. Ob dies wohl wahr sein könnte, dass Gott sorgt? Gut ist: Gott entzieht den Zweiflern nicht sein Erbarmen, sondern wendet sich ihnen zu.

Die letzte Verantwortung für die Kirche trägt Gott. Gottes Geist bewegt die Kirche. Ob die Einsicht, dass Gott ein Lebendiger ist, noch trägt, erweist sich hier. Wenn diese Einsicht in das institutionelle Bewusstsein einsickert, tröpfchenweise, aber wirklich stetig, dann wirkt sie doppelt: antidepressiv tröstlich und antriebssteigernd belebend. Tröstlich darf nicht mit tiefenentspannt oder gar nachlässig und faul verwechselt werden. Antriebssteigernd belebend nicht mit stressigem Alarmismus oder arrogantem Machertum, dem Organsisationsreformheldentum. Aber dies muss einsickern.

6.4 Stimmen

Psychologische Schlaumeier werden sofort erkennen wollen: Dies ist auch nur eine paradoxe Intervention! Meine offene Antwort: Richtig! Natürlich! Ich versuche, als Theologe und Soziologe Gottes eigene paradoxe Interventionen nachzuvollziehen. Theologie und Kirche haben dafür einen Begriff: Gnade. Ist nicht Gottes Handeln durchgängig von heilsamen und förderlichen paradoxen Interventionen geprägt? Also, so what!

Selbstverständlich werden die philosophisch Gescheiten ausrufen wollen: Hier wird die Grenze zwischen religiöser Selbstdeutung und nüchterner Rede über die Realität der Welt verwischt! Ja wirklich? Nein, noch viel schlimmer! Hier wird sie gesehen und bewusst sabotiert! Aber: Wie anders sollten denn Theologie Theologie und Kirche Kirche bleiben?

Die immer noch verzückten Leser der befreiungstheologischen Bücher von Ernesto Cardenal werden bei so viel Delegation von Verantwortung an Gott leise zischen: »Opium, das ist Religion als Opium.« Okay, das kann sein. Täte es aber vielleicht uns allen mal gut, uns ab und an zumindest einen solchen spirituellen Joint zu gönnen?

Und dann, ja dann gibt es noch die Nüchternen und Gemäßigten, die nicht ohne ein leichtes Entsetzen fragen: »Ist das nun evangelikale, ist das pietistische oder gar charismatische Denke?« Ich denke, so viel Ehre sollte man den evangelikalen, den pietistischen und den charismatischen Geistern nicht erweisen. Schließlich haben die allermeisten Christen der allermeisten Zeiten so gedacht. Ich halte es darum einfach für eine Gott entsprechende Rede von Kirche und kirchlicher Verantwortung. Angemessene und passende Theologie. Riskante Theologie, weil auch sie nicht über Gott verfügt. Der Heilige Geist ist kein »Delivery Service«. Aber es steht ja immer noch hartnäckig die Frage im Raum: Wer sollte der Kirche glauben, wenn die Kirche in ihrer Selbstorganisation ihrer eigenen Sache, ihrem eigenen Produkt nicht traut? Dass letztlich Gott selbst die Kirche ruft und die Kirche aus dieser Partnerschaft mit Gott lebt, schafft einen neuen Rahmen für alles Planen und Entwickeln, der auch neue Fragen zulässt. Was meinen wir, was Gott von der Kirche will? Wozu bewegt der Geist Gottes heute in unserem sozialen, politischen, kulturellen und ökologischen Umfeld? Was gibt uns die weltweite Coronakrise theologisch zu denken? Was wollen wir riskieren im Vertrauen auf die Macht des Geistes Gottes mitten unter uns?

6.5 Eine suchende und fragende Gemeinschaft

Und was geschieht, wenn die Tatsache von Gottes Verantwortung eingesickert ist, wenn sie anti-depressiv und antriebssteigernd zu wirken beginnt? Die Umkehr der Blickrichtung macht aus der Kirche eine entschlossen suchende und fragende Gemeinschaft. Sie hat die grenzenlose Verantwortung für die grenzenlose Welt abgegeben. Sie erkennt ihre vielfältigen Grenzen an. Nur so kann sie Grenzen austesten, verschieben und auch zurücknehmen. Sie ist dann eine Gemeinschaft, die auch einen kurzen scharfen Blick auf gescheiterte Projekte werfen kann. Als fragende Gemeinschaft werden sich die verschiedenen Gruppen in der Kirche gegenseitig befragen. Wie haltet ihr es mit der Kommunikation der Hoffnung, wie mit der Kommunikation des Glaubens? Wo ist das Band der Einheit zerrissen? Wie widersteht ihr den Kräften und Mächten des Vitalismus? Welche Schwerpunkte setzt ihr in der Vielgestaltigkeit des Geistwirkens? Wer ist bisher in der Wertschätzung übersehen worden? Welche Entwicklungen müssen korrigiert werden?

Bekommt die Kirche Gottes Fürsorge in den Blick, so wird sie auch sich selbst neu entdecken. Eine konsequente Gastlichkeit sieht, wer alles im Weltabenteuer Gottes dabei sein könnte, aber für wen die Barrieren zu hoch sind. Eine konsequente Praxis der Würdigung vermag zu sehen, wer schon dabei ist, und nimmt dies nicht selbstverständlich. Beides, die Offenheit zu konsequenter Gastlichkeit und die Praxis der Würdigung, verändert die Wahrnehmung, das Selbstbild – und dann auch den Platz in der Welt.

X HALB GEHOBENE UND UNGEHOBENE SCHÄTZE, ODER: AUFGABEN UND ORTE IN DER KOMMUNIKATION VON GLAUBE, LIEBE UND HOFFNUNG

Was kann nach den bisherigen Überlegungen für die kirchliche Praxis folgen? Das ist aus guten Gründen schwer bestimmbar. Wenn die Kirche zu einer fragenden und zugleich vom Geist Gottes bewegten Gemeinschaft wird, dann ist dies ein offener Suchprozess. Die Stationen dieser Suche nach der angemessenen Kommunikation von Glaube, Liebe und Hoffnung sind nicht vorweg bestimmbar. Dennoch öffnen die bisherigen Überlegungen einen Blick auf einige Praxisfelder, auf Erfolgsgeschichten, auf weiße Flecken auf den Karten der Praxis. Es sind Blicke auf Praxisfelder, die – wie es im Jargon der Beraterzunft immer halb drohend heißt – weiterentwickelt zu werden verdienen. Die folgenden Abschnitte bieten in Wahrheit eine ganz persönliche Liste halb gehobener, halb ungehobener Schätze der Kirche. Es sind Vorschläge eines Umgangs mit Grenzen, Impulse für ein Gespräch, das an anderen Orten aufzunehmen und fortzuführen ist.

1. KIRCHE WIE EIN SMARTPHONE

Die Kirche sollte sich in der Kommunikation von Glaube, Liebe und Hoffnung ein Vorbild am Smartphone nehmen. Warum sollte die Kirche wie ein Smartphone sein? Weil sie, in der technischen Sprache der Soziologie gesprochen, die Ausdifferenzierung der Entdifferenzierung sein sollte. Das klingt paradox. Was ist damit gemeint?

Was Ausdifferenzierung der Entdifferenzierung ist, kann man sich einfach klarmachen. Zunächst ein anderes Beispiel für Ausdifferenzierung: Für einen guten Sommersalat schneidet eine Person die Paprika, der Überraschungsgast des Abends wäscht und schneidet den Salat, die dritte Person raspelt die Radieschen und irgendjemand kümmert sich um die zu schneidenden Tomaten. Jeder und jede macht einzeln eine Sache ganz gut. Wenn das lange genug läuft, sind sie alle Experten in ihrem Feld geworden: schnell, kenntnisreich und effizient. Das ist zunächst ein Prozess der Ausdifferenzierung. Ausdifferenzierung der Entdifferenzierung heißt nun: Die Oma kommt zu Besuch und sagt: »Leute, das ist Entfremdung. Ich mache das anders. Für mich gilt: Der Salat kommt am besten aus einer Hand.« Sagt's und verschwindet auf den Balkon und macht in der Tat alles selbst, von der Paprika bis zum Radieschen. Während alle immer noch ihre Spezialjobs haben, ist ihr Spezialjob, keinen Spezialjob zu haben, ebendie Ausdifferenzierung der Entdifferenzierung. Das ist der Spezialjob der Oma. Die Kirche ist wie die Oma. Oder wie das Smartphone.

Eine der tragenden Überzeugungen in diesem langen Essay ist, dass das Band zwischen der Kommunikation von Glauben, der Kommunikation von Liebe und der

Kommunikation von Hoffnung nicht zerreißen darf. Die Gewichtungen können sehr unterschiedlich sein, aber das Band darf nicht zerreißen.

Die evangelischen und die katholischen Kirchen der westlichen Gesellschaften und insbesondere die Kirchen in Deutschland haben jedoch seit vielen Jahrzehnten eine gegenläufige Strategie verfolgt. Nicht zuletzt, um die Effektivität zu steigern, hat die Kirche innerhalb und jenseits der Gemeinden Spezialisierungen und Professionalisierungen vorangetrieben. Seelsorge betreiben ausgebildete Spezialisten. Für psychologische Beratung und für Bildung gibt es Profis. Die Diakonie ist zum Großkonzern angewachsen, gemanagt von Managern und mit Portokassen, die größer sind als der Etat von kirchlichen Bezirken. Bildungskommunikation ist weithin an den Religionsunterricht in Schulen oder übergemeindlichen Einrichtungen delegiert – mit Menschen, die speziell pädagogisch ausgebildet wurden. Diakoniestationen stellen mit gutem Grund nur ausgebildete Krankenschwestern ein.

Töricht wäre, wer es bestreiten wollte: Die Profis und die Spezialisten können es einfach besser. Dies nennt man soziologisch Effektivitätssteigerung durch Ausdifferenzierung und Professionalisierung. Dies gilt es nicht naiv zu problematisieren. Der Beitrag der Kirchen zur öffentlichen Kultur und zum fördernden Sozialstaat fußt weithin darauf. Durch Professionalisierung wird vieles einfach besser gemacht. Die Lösung der internen Ausdifferenzierung in der Kirche, die dem Muster der sozialen Ausdifferenzierung in der Gesellschaft folgt, ist aber eine geradezu lehrbuchreife problemschaffende Lösung. Es ist eine Lösung, die selbst wieder Probleme schafft. Und: Die neuen Probleme können so groß werden, dass sie die alten weit überragen. Man kann unter seinen Erfolgen begraben werden.

Woran ist dies zu erkennen? Am Smartphone! Woran ging der milliardenschwere Konzern Nokia zugrunde? Der schwedische Konzern hatte die Entwicklung des Smartphones verschlafen. Warum? Weil er eine Sache nicht glauben konnte! Weil er einen Zweifel nicht überwinden konnte! Weil er in einer milliardenschweren Wette auf der falschen Seite stand. Er glaubte viel zu lange an den Segen der Ausdifferenzierung und Spezialisierung. Er zweifelte bis zuletzt an der sich aufdrängenden Alternative zur Spezialisierung! Wenn es bessere Kameras, bessere Navigationsgeräte, bessere Aufnahmegeräte, bessere Kompasse, bessere Bildschirme für Fotos, wenn es bessere Massenspeicher, bessere Adressverwaltungen und bessere Möglichkeiten der Betrachtung von Videos gibt, wenn es all die Dinge, die ein Smartphone vereint, einzeln mit besserer Qualität gibt, warum sollte jemand ein Gerät kaufen, das alles irgendwie schlechter kann? Das kann nicht sein! Wie gesagt, es war ein milliardenschwerer Irrtum, der einen Weltkonzern mit vielen smarten Menschen in der Leitung binnen weniger Jahre vom Markt fegte. Heute ist er nur noch ein Schatten seiner selbst. Die Verbindung in einem Gerät schafft offensichtlich einen Mehrwert, der die Qualitätseinbußen im Einzelnen aufwiegt. Und dies gegen alle technischen Tendenzen der Ausdifferenzierung. Die Verbindung selbst stellt einen Wert dar, für den die Menschen bereit sind, viel zu bezahlen – weil sie die Verbindung wertschätzen. Es gibt ihnen etwas, das die exzellenteren Einzelkomponenten nicht zu bieten vermögen.

Dies ist nicht nur ein eindrückliches, es ist auch ein bedrückendes Beispiel. Nokia ist das Modell eines Scheiterns am Optimieren im Einzelnen. Analog dazu hat die radikale Aufgabenteilung in den Kirchen zur Verödung der Gemeinden geführt. Man stelle sich vor, heute beschließt ein junges Ehepaar, sie Krankenschwester und er Zimmermann, in die evangelische Kirche einzutreten. Sie fragen den Pfarrer oder die Pfarrerin: Was können wir zum Bau der Kirche und zum Kommen des Reiches Gottes beitragen? Die Antwort wird dann wahrscheinlich lauten: In den Gottesdienst kommen, Kirchensteuer bezahlen und in irgendwelchen Gesprächskreisen reden, Kaffee trinken und Brezeln essen (in Süddeutschland). Wenn dann der Mann eine schwere Zunge hat, dann ist er schon wieder halb draußen (wie die meisten Männer, die nicht dauernd reden wollen).

Die Ausdifferenzierung hat zu mächtigen schwelenden Konflikten zwischen den drei großen Gestalten der Kirche geführt: 1. der sozial-unternehmerischen, vom Staat weithin finanzierten Diakonie, 2. den kirchlich finanzierten Werken, Initiativen und Diensten und 3. der Kirche als Gemeinde. Die Konflikte um den sogenannten Dritten Weg in der Unternehmenskirche haben die Glaubwürdigkeit der Kirche insgesamt schwer beschädigt und Menschen aus der Kirche austreten lassen. Nicht zuletzt hat diese Spezialisierung dazu geführt, dass eine Kundenmentalität befördert wird: Kirche ist eine Firma auf dem sozialen und moralischen Markt, bei der man je nach Gelegenheit eine Leistung einkaufen kann. Es gibt wie die Postagentur die Moralagentur.

Für die Verantwortung der Kirche – in beiden Bedeutungen des Ausdrucks – sind niederschwellige Modelle und Praktiken notwendig, mit denen sich für die Gemeindeglieder, ja, für echte Laien, Glaube, Liebe und Hoffnung

verbinden. Beide Konfessionen konnten in der Flücht-
lingskrise im Herbst 2015 bis zum Frühjahr 2016 sehr
schnell unglaubliche personelle Ressourcen aktivieren.
Warum? Weil sich viele ›einfache Christen‹ hier als Nicht-
Profis an der Kommunikation von Liebe und Hoffnung
beteiligen konnten! Es gab etwas zu tun! Auch für Männer! Wenn aus der Praktischen Theologie heute der Vorschlag kommt, man solle auch noch die räumliche Verbindung von eher geselliger und eher geistlicher Kommunikation entkoppeln, so ist dies eine geradezu suizidale Idee
ohne jeden Anhalt in der Wirklichkeit. Die Menschen, die
nicht Auguste Rodins Skulptur ›Der Denker‹ als Bild-
schirmschoner haben, müssen einen Ort finden, an denen
der Geist Jesu Christi ihr Charisma in den Bau der Kirche
einbringen kann.

Die Entwicklung der Aufgabenteilung, Spezialisierung und Professionalisierung kann und soll nicht zu-
rückgedreht werden, auch wenn Korrekturen notwendig
werden. Schon heute zeichnen sich in den Kirchenparla-
menten überdeutlich harte Verteilungskämpfe zwischen
funktionalen »Werken und Diensten« auf der einen Seite
und Gemeinden auf der anderen Seite ab. Die im langen
Schatten der Coronakrise erwartbaren finanziellen Ein-
bußen werden diese Konflikte massiv befeuern.

Doch diese Konflikte verdecken das Smartphone-Phä-
nomen. Wenn die Kirchen von der Karriere des Smartphones etwas lernen können, dann dies: Es gilt – trotz
und wegen der langen Geschichte der Aufgabenvertei-
lung – Modelle und Formen zu entwickeln, die erfah-
rungsnah und intensiv eine Erfahrung der Einheit von
Glaube, Liebe und Hoffnung ermöglichen. In dieser Ver-
knüpfung wollen und sollen Menschen am Weltabenteuer

Gottes teilhaben. Gemeinde hat die besondere Aufgabe, mit ausstrahlungsreichen Initiativen die Aufgabenteilung von Glaube, Liebe und Hoffnung zu überwinden. Technisch formuliert: Gemeinde ist der Ort der Ausdifferenzierung der Entdifferenzierung. Wer das nicht glaubt: Nokia ist das Menetekel (Daniel 5,25)!

2. PFARRERINNEN UND PFARRER

Gott geht das Risiko ein, dass die Geschichte (Story und History) seines Weltabenteuers von Menschen erzählt wird. Pfarrerinnen und Pfarrer sind Menschen, die bereit sind, für die Erzählung dieser Geschichte besonders Sorge zu tragen. Pfarrer sorgen dafür, dass die Erzählung von Gottes Weltabenteuer erzählt und seine Verwicklung mit der Welt gefeiert wird.

Sie lassen sich durch Gott besonders in Anspruch nehmen. Pfarrer nehmen eine doppelte Aufgabe an: Nicht nur, dass die Geschichte erzählt wird, sondern dass die Geschichte angemessen spannend und detailreich erzählt wird. Sie verantworten die Zeiten und Orte der Erzählung. Pfarrer haben ein Auge darauf, dass die Geschichte auserzählt wird, von Anfang bis Ende und nicht einfach in der Trivialisierung von Emojis: Gott lächelt.

Da jedes Erzählen in ausufernde Geschwätzigkeit abgleiten kann, ist es, gegenläufig zur Sorge um ein Auserzählen der ganzen Geschichte, die besondere Verantwortung der Pfarrer, für eine thematische Konzentration zu sorgen. Die Themen des großen kanonischen Gesprächs bündeln und konzentrieren die Erzählgemeinschaft der Kirche. Pfarrer sind Handwerker einer gebundenen Imagination. Sie kämpfen um Worte, ringen um ein Verstehen der Geschichte.

Die Aufgabe, die Geschichte wahr zu machen, ist nicht die der Pfarrer und Pfarrerinnen. Sie sind wirklich nur für die Story, für die Erzählung zuständig. Pfarrer müssen keine Helden sein, die über die schattigen Gestalten des Glaubens wie Klage und Bitte erhaben wären und alles auf das tiefenentspannte Mittelmaß des Dankes reduzieren müssten. Sie sind es auch nicht, die das »Als ob« der Liturgie durch ihre Authentizität auflösen müssen – zugunsten »realer Gegenwart« (George Steiner). Sie schreiben gewissermaßen Karten, zu denen sich das Territorium in der Gegenwart noch einfinden muss (Gregory Bateson). Sie sind keine professionellen Christen. Sie sind kein Fels in der Brandung. Obwohl es die Brandung gibt.

Denn ja, es gibt die Brandung. Das Erzählen der Geschichte ›als ob‹ sie wahr wäre, ist kein künstlerisch-spielerisches »Als ob«, kein Spiel mit dem »Vielleicht«. Es ist ein hoffendes und dramatisches »Als ob«, das in so vielen Leben von Menschen sieht, wie die Welterfahrung und die Erzählung von Gottes fürsorgendem Weltabenteuer nicht zusammenpassen. Es ist ein »Als ob«, das an dem Band zwischen Glaube und Hoffnung zerrt. Pfarrer sind solche Menschen, die sich die Last des aktiven und regelmäßigen Erzählens der Geschichte von Gottes Weltabenteuer aufladen lassen. Und: Trotz aller Sicht auf das Leben von Menschen wollen sie nicht glauben, dass die Geschichte nicht wahr ist. Dieser Un-Glaube ist, in der Sprache des letzten Jahrhunderts formuliert, voller Verheißung. Wenn die Pfarrerinnen und Pfarrer an diesem Punkt nicht die Nerven verlieren und letztlich das Thema der Erzählung wechseln, dann leben und glauben sie beispielgebend.

Pfarrerinnen und Pfarrer müssen von der Geschichte so gefesselt sein, dass sie sich bewegen und binden lassen. In einer Welt der Inflation der religiösen Imagination ist ihre Vorstellungskraft durch das Christusereignis bewegt und gebunden. Sie wollen *diese* Geschichte in eine Fülle an Situationen hinein erzählen.

Da aber keine Geschichte zweimal identisch erzählt wird, ist es die Aufgabe der Pfarrerinnen und Pfarrer, ihre je eigene Version der Geschichte zu erzählen. Geschichten verknüpfen und gewichten Ereignisse und Themen zu einer eigenen Struktur. Die reformatorischen Orientierungsformeln (*sola scriptura, sola fidei, sola gratia, solus Christus*) sind als Verfahren eigentlich Erzählhilfen. Pfarrer sind nicht besonders heilige, irgendwie von Gott privilegierte Erzähler. Sie sind beispielgebende Erinnerungen daran, dass in der Tat Menschen gewürdigt sind, Gottes Geschichte zu erzählen. Ihre Vorstellungskraft, ihre Sprache, ihre Blindheiten und ihre Sicht werden von Gott in seiner Lebendigkeit in Anspruch genommen. Allerdings können die professionellen Erzähler nur dann spannend erzählen, wenn sie neugierig bleiben auf die Geschichten der Laien in der Kirche.

Jeden Sonntag inszenieren sie einen Erzählraum, eine Gegenwelt. Auch sie können nicht anders als mehr zu versprechen, als sie selbst decken können. Genau darin sind sie Zeugen und Zeuginnen der Lebendigkeit Gottes. Und zugleich haben sie mit guten Gründen im Studium gelernt, wie gefährlich Religion sein kann und wie auch theologische Einsichten in die Irre führen können. Sie sind darum nicht »Führer ins Heilige« (Manfred Josuttis), sondern Navigationshelfer. Sie navigieren zwischen Religionskritik und einer mal mehr, mal weniger deutlichen

Hoffnung darauf, dass sich die Story als wahr erweist. Sie navigieren zwischen der Einsicht in Gottes Verantwortung für die Kirche und menschlicher Verantwortungsübernahme. Sie erleben auf äußerst intensive Weise die Polyphonie des Glaubens. Ohne eigene Macht beobachten sie den Gang von Gottes Weltabenteuer und ermutigen Menschen, im Alltag Gestaltungsverantwortung zu übernehmen. Mit vergleichsweise schwacher Stimme erzählen sie gegen die mächtigen Erzählmaschinen der Gegenwart an.

Gewollt oder ungewollt werden Pfarrerinnen und Pfarrer zur lebenden Klagemauer der von der Kirche und von Gott Enttäuschten. Beerdigt unter Verwaltungsaufgaben sind es die Nächte, in denen sie mit Gott und seiner Rolle im Weltabenteuer ringen. Insbesondere für die Pfarrer dürfte die schon erwähnte Beobachtung von Navid Kermani zutreffen, dass es die Freunde Gottes sind, die Anfechtung erfahren. Die Frage, ob die gute Story denn eine wahre Story sein sollte, treibt sie um. Und die Beantwortung liegt nicht in ihrer Entscheidung. Wenn die Pfarrerinnen und Pfarrer diese instabile Situation im Rahmen eines Wartens auf Gottes Lebendigkeit begreifen können, dann ist ein Schatz gehoben.

3. MÄNNER

Männer sind eine Problemgruppe und Chance der gegenwärtigen Kirche. Besonders Männer, die eine schwere Zunge haben. Männer, die nicht lernen wollen, über sich oder über die Gerechtigkeitsfragen der Welt zu sprechen. Männer, die nicht nur Brezeln mit Kaffee möchten. Für diese Männer gibt es in der Gegenwart zu wenige Möglichkeiten, sich in das Leben der Kirche einzubringen. Dies gilt besonders nach dem Bau der Gemeindehäuser und nach dem Abbau der Flüchtlingseinrichtungen. Alle vier Wochen die Hecke zu schneiden, reicht nicht. Das macht nämlich schon fünf Prozent im Vertrag des Küsters aus. Ob die sich durch Redeverweigerung überflüssig machenden Männer bemitleidenswert sind oder nicht, ist nicht die Frage. Die Frage ist vielmehr: Was können sie zur Kommunikation von Glaube, Liebe und Hoffnung beitragen? Und: Kann sich die Kirche leisten, sie immer mehr zu verlieren? Damit wird die Kirchengemeinde noch lange nicht zum religiösen Ortsverein. Es geht um das Signal: Wir brauchen dich! Du bist wichtig! Welche nonverbalen Vollzüge der Kommunikation von Glaube, Liebe und Hoffnung erlauben Menschen, Hand anzulegen? Welche Gaben, welche Charismen lassen sich abseits der Rede entdecken? Nicht umsonst finden Vesperkirchen genug Menschen, um die Kirchen ein- und auszuräumen, denn endlich kann man mit den Bänken wahrhaft eines anderen Last tragen. Körperarbeit schafft Identifikation. Lohnt es sich, gezielt auszuloten, wie Projekte einer gemeindenahen Diakonie wieder Männern Aufgaben geben könnten?

4. FAMILIEN

Setzt man für einen Moment eine kulturwissenschaftliche Brille auf, so sieht man Erstaunliches: Die Kirchen sind eine Macht der Kommunikation zwischen den Generationen. Religion, d. h. religiöse Orientierungen in Form von Ideen, Praktiken und Selbstbildern, wird zwischen den Generationen ›ungefragt‹ weitergegeben. Der soziale Ort, an dem dies am wirkmächtigsten geschieht, ist die Familie – nicht erst der Kindergarten als erste öffentliche Bildungseinrichtung. Egal, wie sich die Familie zusammensetzt. Für eine auf Freiheit und freie Entscheidungen setzende Kultur stellen solche unvermeidbaren Prozesse der ungefragten Prägung eine massive Kränkung dar. Sie widersprechen leise und wirksam dem lauten Pathos der individuellen Selbstbestimmung. Prägungen, in die wir hineingeboren werden, sind für viele irgendwie unangenehm. Sie scheinen aus der Zeit gefallen zu sein – mit ihrer Last und ihrem Segen.

Eine kulturwissenschaftliche Betrachtung entlarvt die Idee der religiösen Selbstbestimmung und die Vorstellung der Religionsfreiheit als Wahlfreiheit als Illusion. Diese Illusion ist zugleich notwendig und irreführend. Dies gilt nicht nur für Religion, sondern auch für die Kunst und leider auch für Bildung. Wer mit 15 Jahren erst anfängt, Fußball zu spielen, wird selten ein Profi. Für jemanden, der mit 20 entdeckt, dass Lesen Universen öffnet, für den ist es nicht zu spät, es wird aber eine Herausforderung. Um es deutlich zu sagen: Die ›ungefragte‹ Weitergabe von Religion in der Familie zu vernachlässigen oder gar auf sie zu verzichten, ist nicht nur eine dumme Idee, sondern schlicht religiöser Selbstmord. Für jede Religion, in jeder Weltgegend, zu jeder Zeit.

Dieser Satz zum religiösen Selbstmord ist kein theologischer Satz. Es ist aber ein empirisch-kulturwissenschaftlicher Satz, von dem sich Theologie und Kirche aufrütteln lassen müssen. Es ist eine Realität, der die Kirche nicht entfliehen kann. Der Selbstmord kann auch schleichend geschehen. Er kann sich durch viele unsichtbare Taten der Gleichgültigkeit vollziehen. Vor diesem Hintergrund wird deutlich, wie die Praxis der Kindertaufe einerseits noch so wirkmächtig und zugleich einer massiven Erosion ausgesetzt ist. Die sogenannte Taufquote – »Wie viele Kinder aus Familien mit evangelischem Anteil werden getauft?« – wird so zu einem Messinstrument der aktiven Selbstgefährdung der Kirche. Und: Sie sinkt. Sie ist ein Alarmzeichen. Schon seit längerer Zeit.

Alle Zukunftsprognosen für die evangelische Kirche gehen mit barer Selbstverständlichkeit davon aus, dass sich der Protestantismus fast ausschließlich über evangelische Familien und ihre Kinder reproduziert. An dieser Stelle sei der oben schon erwähnte Umstand nochmals hervorgehoben: Wenn der Protestantismus für die Selbstreproduktion faktisch vom Heiligem Geist (Mission) auf Sex (Kinder) umstellt, so funktioniert dies nach der Erfindung der Pille nicht mehr. Warum? Weil es eben dann für eine selbstverständlich-schlampige Weitergabe des Glaubens in den Familien einfach zu wenige Kinder sind. Bei acht Kindern kann man sich eine Verlustquote von 75 Prozent leisten. Bei zwei Kindern einfach nicht mehr.

Wenn es nun einmal so ist, dass in Sachen Kommunikation des Glaubens für den christlichen Glauben gilt, was für alle Religion weltweit überhaupt gilt – die Familie ist die entscheidende Weiche –, was ist dann zu tun?

Kirche und Theologie müssen den Stier der Peinlichkeit ›ungefragter Prägung‹ bei den Hörnern fassen. Hier ist strikte theologische Ehrlichkeit und kirchlicherseits strategisches Planen gefragt. Klassisch liberale Theologen müssen sich fragen lassen: »Stimmt es wirklich, dass jeder Mensch irgendwie religiöser Sinnsucher ist und Religion so unvermeidlich wächst wie Moos im deutschen Wald, ohne spezielle Pflege?« Evangelikale müssen sich fragen lassen: »Passt das Entscheidungspathos zu dem Faktum der Familienreligion mit hohen Verlustquoten? Warum benötigt ihr fünf Kinder, damit zwei ›im Club‹ bleiben?« Christen ›irgendwie dazwischen‹ müssen sich fragen lassen: »Passt die ›ungefragte‹ Vermittlung des Glaubens zu dem hohen Stellenwert, den ein aus der Verkündigung des Evangeliums kommender Glaube genießt? Versteht ihr theologisch, was hier geschieht?« Befreiungstheologisch und linksgrünalternativ ausgerichtete Christen müssen sich fragen lassen: »Warum wird in eurem religiösen Milieu so selbstbewusst und ›ungefragt‹ euer Ethos der richtigen Ernährung, der Solidarität und der Menschenrechte an die Kinder weitergegeben, aber nur so verschämt rücksichtsvoll die große Erzählung vom Weltabenteuer Gottes und von der menschlichen Antwort im Gebet? Warum ersetzt bei euren Kindern am Ende die Parteimitgliedschaft die Kirchenmitgliedschaft? Und dies, wo ihr doch selbst vielfach aus ›frommen‹ Häusern kommt?« Hier sitzt jede theologische Richtung im Glashaus und muss erst einmal die Aufgaben anpacken, die auf theologisch-elterlichen To-do-Listen immer nach unten rutschen.

Für die Praxis der Kirchen führt eine größere empirische Ehrlichkeit zunächst zu einer veränderten Wahrnehmung der Familie. Wie gesagt, egal, wie sich diese zusammensetzt. Der Akzent, den ich auf Familie legen möchte, zielt weder auf eine Heiligsprechung noch auf eine Verteufelung der traditionellen Kleinfamilie. Es gibt sie noch. Und das ist gut so. Es gibt sie aber für viele Menschen auch nicht. Das ist ein Faktum, das die Kirche nicht nur mit den berühmten weißen Handschuhen anfassen sollte. Kreativität und würdigende Anerkennung sind gefragt. Die Härten des Lebens und die Träume des Lebens erzeugen beide eine Vielfalt der Formen. Alle diese Lebensformen sind mit der gleichen Herausforderung konfrontiert: Wie kann in Räumen sozialen Vertrauens vom Weltabenteuer Gottes und vom Vertrauen Gottes so erzählt werden, dass Glaube aufspringen kann?

Die Wahrnehmung der Familie als Ort des Glaubens öffnet den Raum für neue Fragen: Was brauchen heute Familien, damit sie Orte sind, an denen Glaube kommuniziert wird, das Weltabenteuer Gottes erzählt wird? Welche Texte, Rituale, Symbole und Lieder sind förderlich? Wie können Eltern dazu ermutigt werden, auch Väter und Mütter des Glaubens zu werden? Wie können sie in dieser Aufgabe gewürdigt werden? Welche Angebote müssen entwickelt, welche verstärkt und welche korrigiert werden? Wie sind die großen Löcher in der Begleitung zwischen Taufe, Krabbelgottesdienst und Konfirmation zu stopfen? Wie ereignet sich die Kommunikation des Glaubens nach der Konfirmation, also in der Zeit, wenn die Familie in den Hintergrund tritt und die Erzählmaschinerie der Medien massiv ins Leben tritt und die Peers immer wichtiger werden? Was ist zu tun, dass die Familien nicht nur wichtige Orte der Ethosprägung sind, sondern Orte der Entdeckung und Erschließung des Weltabenteuers Gottes?

Auf all diesen Feldern geschieht schon viel. Aber ich fürchte, immer noch zu wenig. Um hier keine Zweifel über Prioritäten aufkommen zu lassen: Der Kindergottesdienst in der Gemeinde ist im Zweifel wichtiger als die Mitarbeit der Gemeinde an der ›Tafel‹. Das können andere tun und tun sie auch. Wenn in einer Gesamtkirchengemeinde in keiner Einzelgemeinde mehr eine Jugendarbeit läuft, die auch nur in homöopathischer Dosis Glaubenskommunikation enthält, aber alle Gemeinden mit dem »Grünen Hahn« (»Der Grüne Hahn. Management für eine Kirche mit Zukunft«) zertifiziert sein wollen, dann ist dies einfach kein Weg mit Zukunft.

Stewart Hoover, ein amerikanischer Medienwissenschaftler (und Pfarrerssohn), hat mir in einer Diskussion um Medien und Religion als starke kulturelle Mächte eine Messfrage, eine sogenannte Indikatorfrage mitgegeben: »Wer ist in der Lage, das Jugendzimmer von 11- bis 14-Jährigen mit Symbolen zu möblieren?« Wer dies kann, verfügt über kulturelle Prägekraft. Wer dies nicht mehr kann, hat verloren. Wer dies nicht mehr will, bringt sich selbst um. Ist dies auch der Testfall für religiöse Erziehung? Zumindest zeigt es das Ausmaß der Herausforderung an.

5. MITARBEITER IN DIAKONISCHEN EINRICHTUNGEN

Die europäische und insbesondere die deutsche Christenheit lebt und ringt mit einer eigentümlichen Erfindung: der Unternehmensdiakonie bzw. der Sozialfürsorgeindustrie. Weitestgehend staatlich bezahlt, über die aktuelle Sozialgesetzgebung reguliert und doch – zumindest nach dem Selbstbild der EKD und auch vieler dieser Unternehmen – eine »Lebensäußerung der Kirche«. In dieser Unternehmensdiakonie arbeiten in Deutschland deutlich mehr als eine halbe Million Menschen als bezahlte Arbeitnehmer.

Warum stellen sie einen nur halb gehobenen Schatz der Kirche dar? Was hebt sie heraus aus der größeren Gruppe der Laien, die als Piloten, Bäcker, Krankenschwestern im städtischen Klinikum, als Erzieherinnen und Entsorgungsspezialisten im Alltag ihr Christsein leben?

Die Mitarbeiter der Unternehmensdiakonie werden zum Schatz, wenn ihr Problem zur Lösung gemacht wird. Worin besteht ihr Problem? Sie sind in hohem Maße spirituell gefährdet. Sie stellen eine Hochrisikogruppe für die Korrosion von Glauben und Hoffen dar. Warum? Sie erleben täglich einen unlösbaren Konflikt. Von einem hohen Ethos des Helfens und der Fürsorge bewegt, arbeiten sie in Unternehmen, die sich die Barmherzigkeit und Fürsorge auf die Fahnen geschrieben haben. So erfahren sie nicht nur den Clash des persönlichen Ethos mit den Anforderungen einer effektivitätsorientierten Organisation. Nein, sie erfahren auch das Scheitern der moralisch hochtrabend ausformulierten Unternehmensleitbilder an den Anforderungen des Marktes und des Managements.

Bildlich gesprochen bewegen sich diese Mitarbeiter in moralisch-unternehmerischen Landschaften, in denen zwischen dem moralischen Ideal und der unternehmerischen Rhetorik auf der einen Seite und den Erfahrungen barmherzigkeitsfreier Notwendigkeiten auf der anderen Seite große Gräben aufbrechen. Sie erfahren eine abgründige Kapitalisierung eines Ethos. Sie müssen erleben, wie ein christliches Barmherzigkeitsethos wie Schokostreusel auf die Unternehmenswirklichkeit geschüttet wird. Oft zu hören ist: »Wenn das Kirche ist, dann ...!«

Menschen in diesen Einrichtungen erleben markant und desillusionierend, wie unwahrscheinlich Liebe in den Zwängen einer unerlösten Welt ist. Sie erkennen, dass Liebe nicht sozialindustriell zu fertigen ist. Wohl aber gutes Leben, ein fairer Umgang und Humanität. Sie leben praktisch vor, wie gleitend der Übergang zwischen Weltenbauen, Weltenreparieren und Weltenrettung ist. In den Notwendigkeiten einer Organisation stehend, sehen sie, wie machtvoll die Verführung der Macht ist. Sie sehen, wie illusionär die Rede von einer kirchlichen Dienstgemeinschaft ist. Die meisten Mitarbeiter würden sich ja schon mit einer effektiven und zugleich förderlich würdigenden Arbeitsgemeinschaft zufriedengeben. Und wenn dies klappt, dann stresst auch die Rede von der Liebe nicht mehr.

Wie kann dieser Dauerkonflikt fruchtbar werden? Mein Eindruck ist, dass gerade die Idealisierung als Liebeshandeln die Mitarbeiter eher ernüchtert und ihnen einen wiederum zu trockenen Realismus antrainiert. Gerade die Idee einer Institutionalisierung und Industrialisierung von Liebe führt zu Enttäuschungen. Dagegen gilt es, zu sehen, zu kommunizieren und nicht zuletzt zu würdigen, was in diesen Organisationen an Menschlichkeit und Humanität geleistet wird. Die Entlastung von »Liebe« führt zu Anerkennung und Würdigung. Auch schwache Analogien radikaler Liebe verbessern dieses Leben. Die Humanität erwächst aus der Spannung zwischen Organisation, Markt und persönlichem Ethos. Die Kirche ist darum herausgefordert, diesen Menschen zu helfen, Entdecker von Kräften der Humanität und Fragmenten einer Verwandlung dieser Welt zu werden. Dies erfordert Formen geistlicher Kommunikation, in denen die hoch ambivalenten Erfahrungen der Diakoniemitarbeiter und -mitarbeiterinnen gewürdigt werden. Sie gilt es, in ihrer Förderung von organisierter Humanität als Beitragende zu Gottes Weltabenteuer zu erkennen. Es ist ja Arbeit an der Bewahrung und Verwandlung der noch unerlösten Welt. Diese Arbeit an der Humanität trägt den Impuls der Versöhnung der Welt mit Gott in die menschlichen Lebenswelten. Dass in den Grauzonen organisations- und unternehmensförmigen Handelns Humanität befördert und das Leben verbessert wird, ist kein Scheitern, sondern eine notwendige Arbeit.

Wenn die Mitarbeiter der diakonischen Einrichtungen noch mehr in die aktive Erzählgemeinschaft der Kirche gelockt werden können, führt dies zu einer doppelten Bereicherung. Es fördert einen hoffnungsvollen Realismus auf Seiten der Kirche als Gemeinde. Wenn jemand erzählt, wie sie von Klienten in aller Fürsorge und Pflege zugleich belogen, manipuliert, verachtet und bespuckt wird, wirkt dies antiromantisch in Sachen Liebe und Fürsorge. Aber es macht für alle deutlich, in welchem Drama des Weltabenteuers Christen stehen. Sehen dies beide, Gemeinde und diakonische Unternehmen, so entstehen Brücken, die der Entfremdung zwischen beiden Gestalten der Kirche entgegenwirken.

6. EHRENAMTLICHE IN DER KIRCHE

Nicht wenige Laien sind Weltenbauer und wollen zugleich in besonderer Weise Kirchenbauer sein. Diese ehrenamtlichen Mitarbeiter stehen zwischen den kirchlichen Angestellten und den Kirchenmitgliedern, deren Leben dieses zusätzliche Engagement nicht erlaubt. Ehrenamtliche verkörpern oft das, was manche mit Skepsis sehen und einige gar als Indiz einer Milieuverengung der Kirche erachten: Sie sind ein wesentlicher Teil der sogenannten Kern-gemeinde. Diese abschätzigen Urteile der theologischen Snobs sind nicht richtig.

Die Ehrenamtlichen in der Kirche investieren ihr Talent und ihre Lebenszeit. Sie leben die Anerkennung eines einfachen sozialen Sachverhaltes: Auch die Kommunikationen von Glauben, von Liebe und von Hoffnung erfordern Organisation. Auch diese Kommunikationen vollziehen sich in Prozessen und Strukturen. Kommunikation verbraucht Zeit und erfordert Planung. In der ganz irdischen Existenzform der Kirche muss sich auch jemand um den Gemeindebrief, die rollstuhlgerechte Bestuhlung des Raumes für den Altenkreis und um die Auswahl der Chorliteratur kümmern.

Die ehrenamtlich Engagierten sind eine lebende Erinnerung an die Grenzen des Amtes. Sie schaffen eine im Kern gut protestantische Grauzone zwischen Hauptamtlichen und den anderen Kirchenmitgliedern. Sie sind der manifeste Widerstand gegen Marktmodelle, die in der Unterscheidung von Profi-Anbietern und Laien-Kunden denken. Die Ehrenamtlichen widerstreiten in allen Konfessionen der scharfen Trennung von Klerus und Laien. Allerdings, und auch dies ist zuzugestehen, können sie an einem entscheidenden Punkt in die Irre leiten: Sie können zu der Vermutung Anlass geben, die Kommunikation von Glaube, Liebe und Hoffnung sei etwas, was man in der Freizeit macht. Etwas, das mit dem beruflichen Alltag oder dem häuslichen Alltag wenig zu tun hat.

Worin findet sich nun der ungehobene Schatz? Ausstrahlungsreiche Gemeinden, die die Vielfalt des Smartphones leben, sind solche, in denen viele Ehrenamtliche ihren Platz finden. Nicht unternehmensförmige Kommunikation von Liebe und Hoffnung lebt aus dem Engagement dieser Menschen. Die Vernetzung mit zivilgesellschaftlichen Öffentlichkeiten ereignet sich durch kirchlich engagierte Laien. Tatsächlich in die Breite und Tiefe wirkende Hoffnungskommunikation durch Bildung hat Ehrenamtliche als personelle Grundlage. Für ehrenamtlich Engagierte wird oft die Kirche zum Raum der Entdeckung neuer Aspirationen. Über Ehrenamtliche wird die Kirche zu einem attraktiven Raum, in dem sich eine Fülle an Begabungen, an Charismen entfalten kann. Innerhalb der Kirche sind es Ehrenamtliche, die helfen, Glaube, Liebe und Hoffnung in das konkrete Leben von Menschen auszumünzen. Nicht zuletzt sind es darum diese Menschen, die einen Gegenpol zu einer sich beschleunigenden inneren Ausdifferenzierung mit entsprechender Professionalisierung bilden. Wenn die Gemeinden und die Landeskirchen die Ehrenamtlichen würdigen und wertschätzen, dann öffnen sie umgekehrt Räume, in denen Menschen konkret ihren Dank – gegen Menschen und gegen Gott – schöpferisch und lebensnah ausdrücken können. Nicht um die Langeweile zu vertreiben, sondern aus einem Impuls des Dankes für empfangenes Leben – empfangenen Glauben, empfangene Liebe und empfangene Hoffnung – geben Menschen knappe Lebenszeit. Diese spirituelle Dimension des Ehrenamtes zu vergegenwärtigen, ist ein Schatz, der zu heben ist.

7. KIRCHENMUSIK

»Ich glaube, darum singe ich« (Philipp Friedrich Hiller). Als Singende betreten die Glaubenden wie auch die Menschen, die nicht glauben können, den weiten Raum derer, die am Weltabenteuer Gottes mitwirken. Sie werden Teil einer Zeiten und Kulturen übergreifenden Gemeinschaft der Weltabenteurer Gottes. Die Lieder der Kirche bieten nicht nur theologische Zeitreisen. Sie vermitteln Worte und Gefühle des Glaubens des »wandernden Gottesvolkes« (Ernst Käsemann). Die leiblich im Hier und Heute versammelte singende Gemeinde wird so zu einer die Lebenden und Toten umfassenden Gemeinschaft. Das gemeinsame Singen lockt die heroisch-trotzig und die zweifelnd-unsicher Glaubenden in die gemeinsame Welt des Glaubens.

Im gemeinsamen Singen verleiblicht sich die Gemeinschaft der Weltabenteurer – noch vor allem Tun und Handeln. Im Singen öffnet sich jedem glaubenden Menschen ein leibliches Empfinden dafür, nicht allein im Weltabenteuer Gottes zu leben. Diese Gemeinschaft reicht Jahrtausende zurück bis zum Jubel über die Befreiung aus Ägypten und zu den Betern der Psalmen.

Singende erlauben sich und anderen, dass ihr eigener Leib Medium der Kommunikation wird. Ihr Atem wird zum grundlegenden Medium des Geistes Gottes. Von Gott, über Gott und zu Gott singende Glaubende erlauben sich, Gottes Aspirationen, seine Absichten einzuatmen. Nicht erst in den Elementen des Abendmahls, sondern schon im Singen wird die Kommunikation des Glaubens bewegend leiblich.

In ihrer Musik, ihrem Singen und Musizieren erkennt die Kirche den glaubenden Menschen als bedürftiges Wesen nicht nur an, sondern feiert ihn geradezu. Analog zu dem Ein- und Ausatmen manifestiert sich im Singen ein Doppeltes: die Freiheit, die eigenen Gefühle und Befindlichkeiten auszudrücken, und dabei zugleich die Erlaubnis, sich von fremden Worten und Gefühlen bestimmen zu lassen. Auch der Trauernde kann mitgerissen werden, während das Lied »Geh aus, mein Herz, und suche Freud« erklingt. In keiner anderen Kunstform und in keiner anderen Form der Glaubenskommunikation liegen die beiden Dimensionen des tiefen Ausdrucks und der Bereitschaft, beeindruckt zu werden, so nahe beieinander, ja, ineinander.

Zu beidem, zum Ausdruck und zum Eindruck, leihen sich die Singenden Worte und Gefühle. Die Weltabenteurer Gottes gestehen sich ein, für ihre eigene Ordnung und Unordnung der Gefühle und Gedanken der Sprache und Gefühle anderer zu bedürfen. Im Singen veröffentlichen Glaubende ihr Sehnen, Hoffen und Leiden, ihre Trostbedürftigkeit und ihre Freude. Das Singen, wie auch die Chor- und die Orchestermusik der Gemeinde, ist daher ein verdichteter Ort der Polyphonie des Glaubens. Hier darf zum Ausdruck kommen: Ganz und gar emotionale, auch von Gefühlen getragene, bedrückte, aber auch erhobene Menschen nehmen am Weltabenteuer Gottes teil. Christen sind zu starken Gefühlen befreite Menschen.

Das Singen der Gemeinde, aber vor allem auch die Choral- und Oratorienmusik, die Gospelchöre und die vielen innovativen Gesangsprojekte haben für die gegenwärtige Kommunikation von Glauben und Hoffnung eine kaum zu überschätzende Bedeutung. Warum? Sie erlauben eine Praxis der Freiheit für Fragende und Angefochtene. Sie schaffen Gemeinschaften der neugierig-offenen Skepsis. In der Kunstform des Liedes muss man nicht alles glauben, was man sagt. Im Modus des ›Als ob‹ können Wirklichkeiten ausgetestet werden. Glauben kann im Lied ausprobiert werden, probeweise und unverbindlich gelebt werden. Im Singen werden Menschen auf eigentümliche Weise ›identisch‹ mit dem was sie eigentlich nicht sind und auch nicht zu glauben vermögen. Hier gibt es eigentümlich bekenntnisfreie Bekenntnisse. Für hoffende, glaubende und liebende Menschen gilt: »Beim Singen nimmt der Mensch den Mund immer zu voll« (Bernhard Leube). Für Glaubende wie für Skeptiker gilt: Das Singen ist ein Spiel, ja ein Rollen- und Maskenspiel mit einem offenen Ausgang: Menschen können vom Verlust ihres Zweifels überrascht werden. Hierin dürfte eines der Geheimnisse der großen Resonanzfähigkeit der Chor- und Oratorienarbeit in der gegenwärtigen Kultur liegen. Die gesungenen Texte erlauben »auf Zeit« Zweifel, offenen Unglauben und starke Gewissheiten zu kommunizieren, ja, ganz »Unglaubliches« selbst zu sagen.

Gegenläufig zu der so oft zu hörenden Forderung, authentisch zu sein, ist es darum die große Freiheit der Singenden und Hörenden in der Kirchenmusik, im Modus des ›Als ob‹ bleiben zu dürfen. Weil Singende die Freiheit haben, an dem, was sie sagen und hören, auch faktisch, aber nicht demonstrativ zu zweifeln, kann in der intensiven Gemeinschaft des Singens ganz unmerklich auch ein Zweifel am eigenen Zweifeln wachsen. So wird die Musik zu einer tragenden eigenen Gestalt der ansteckenden Kommunikationen des Glaubens. In ihr verdichten sich das Spiel des Gottesdienstes und die evangelische Einsicht, dass aus dem fremden Wort durch den Geist Gottes Vertrauen wächst.

Es entspricht dem Modus des ›Als ob‹, dass der Gesang der Gemeinde den Wechsel der Sprechpositionen bewahrt. Es entspricht Gottes Lebendigkeit und es entspricht dem Antwortcharakter menschlichen Glaubens, Liebens und Hoffens, dass auch auf der Ebene der Sprachgestalt Menschen im Gesang Gott selbst reden lassen. Im Lied Jochen Kleppers »Ja, ich will euch tragen bis zum Alter hin ...« (EG 380) leihen sich die Singenden Gottes Sicht der Dinge. In den Texten der Lieder sprechen nicht nur sie selbst, sondern sprechen sie sich selbst Gottes Anrede zu. In gottesdienstlichen Liedern sprechen Menschen zu sich, zu anderen und zu Gott. Und sie riskieren es sogar, in der Tat offen Gottesrede in den Mund zu nehmen. Öffentlich, aber gemeinschaftlich.

In der sich von der Klage über die Bitte und den Dank bis zum Lob Gottes erstreckenden Polyphonie des Glaubens ist das gemeinsame Singen in der gesamten Christenheit der herausragende Ort für das Lob Gottes. In der Emotion des Gesangs, im Modus des ›Als ob‹, in der Überschreitung hin auf die Gemeinschaft und in der Suche nach fremden Worten bildet sich ein Gesangsraum, in dem Menschen unter den Bedingungen der unerlösten Welt Gott loben. Das hymnische Lob als Gestalt des Glaubens existiert vor allem im Lied.

Die tatsächlich gesungenen Lieder der Gemeinde legen weite Teile der Theologie der Gemeinde offen. Wer auch immer neue Lieder schreibt, wer auch immer die Auswahl der Lieder in einem Gesangbuch festlegt und wer auch immer ein Kirchenmusikprogramm entwirft – es ist die Steuerung über die Resonanzfähigkeit, die am Ende entscheidet. Finden sich heute glaubende und zweifelnde Menschen in diesen Liedern und dieser Musik? In dem, was stark resonanzfähig ist, offenbart sich, was viele Menschen heute glauben, was sie lieben und was sie hoffen.

In diesem Sinne gilt auch: »Ich singe, was ich glaube.« Aber was glauben Menschen nicht alles? Marschlieder können einen Vitalismus befeuern, Jazz kann den Raum des Neostoizismus füllen, die Band »Ton, Stein und Scherben« kann mit »Macht kaputt, was euch kaputtmacht« verzweifelte Hoffnung zelebrieren. Die christliche Gemeinde kann auch in ihren Liedern in moralische Banalitäten abgleiten. Sie kann vergessen, dass es letztlich der Geist Jesu Christi ist, der ihren Glauben, ihre Kommunikation der Liebe und der Hoffnung orientieren soll. Die Kirche kann in ihren Liedern Gott das Wort verweigern. Die Lieder können Orte der religiösen Selbstbanalisierung und der theologischen Irrtümer werden. Die Lieder der Gemeinde sind zugleich Orte theologischer Entdeckungen und Orte der Bewahrung spiritueller Schätze. Diese Vieldeutigkeit erfordert das offene Debattieren über wahrhaft bewegende und tragende Lieder. Diese Auseinandersetzungen versprechen tiefe Einblicke in die jeweiligen Sprachen des Glaubens und der Hoffnung. Es sind die Lieder und es ist die weitere Kirchenmusik, die die vielfältigen Verständnisse von Gottes Weltabenteuer offenlegen.

8. KRANKENHAUSSEELSORGE

Im Umgang mit Krankheit hat Jesus von Nazareth für die Kirche eine nicht zu übersehende Spur gelegt. Die Zuwendung zu beschädigtem und beeinträchtigtem Leben ist ein wesentliches Moment der Kommunikation von Liebe in das leibliche Leben hinein. Krankenhäuser sind Orte der Chaosbekämpfung und der Erbarmenspraxis

(Karl Barth), ganz unabhängig davon, wie sie institutionell und finanziell aufgestellt sind. Die Akteure im Weltabenteuer Gottes sind endlich leibliche, verletzliche und hinfällige Menschen.

Warum sind Krankenhäuser als Einsatzorte von Krankenhausseelsorgern besondere Orte für eine Kirche, die eine besondere Aufgabe im Weltabenteuer Gottes hat? Und: Warum kann es hier nicht einfach um Spiritualität, um Lebenshilfe und psychologisches Coping gehen? Darum: Krankenhäuser sind Orte der Verhandlung über die Grenzen geschöpflich-endlicher, verwandelnder Hoffnung und nicht zuletzt den Beginn radikaler Hoffnung. Sie sind kraftvolle Hoffnungsinstitutionen, Orte einer intensiven menschlichen Hoffnung auf ein Leben nach der Krankheit oder ein tragbares Leben in der Krankheit. Christliche Seelsorger sind in ihrer Begleitung aller Beteiligten, d. h. auch der Pflegenden, der ärztlich Tätigen und der leitend Verantwortlichen, Hilfen zu einem realistischen Management endlicher Hoffnung. Nur wenn Kranke, Pflegende und Ärzte Zugang zu ihren Grenzen finden, können sie Hoffende sein, die Grenzen realistisch akzeptieren und mutig verschieben.

In Krankenhäusern wird endliche Hoffnung allerdings den Nachtseiten des Lebens abgerungen. Wenn das vierjährige Kind stirbt, wenn durch schwere Krankheit die Lebenspläne eines Menschen, aber auch die Lebenspläne eines Partners zerbrechen, wenn die Fehler der Vergangenheit nicht korrigiert werden können, dann entstehen Landschaften zerstörter, endlich-geschöpflicher Hoffnung. Krankenhäuser sind darum Orte der Krise, ja der wüsten Zerstörung endlicher Hoffnung. Krankenhäuser sind Orte, an denen die vielen stillen und die wenigen offenen Klagen von Menschen die letzte Gestalt von Hoffnung sind. Für viele ist es der Ort, an dem sie Gott »in den Dingen finden, die sie wütend machen« (Nadia Bolz-Weber). Für all diejenigen, die auch diese Hoffnung der Wut nicht mehr kennen, hoffen und glauben Seelsorgerinnen und Seelsorger stellvertretend. Während es die Aufgaben von Pflegenden und Ärzten ist, in Stellvertretung geschöpflich-endlich zu hoffen, haben die Seelsorger eine eigene Aufgabe: Sie hoffen radikal an der Stelle von anderen. Sie hoffen radikal, dass Gottes Geschichte mit all denen, deren Leben zu Ende geht, noch nicht an ihr Ende gekommen ist. Sie hoffen über menschliche Möglichkeiten hinaus. Nicht alle, aber viele Pflegende und Ärzte erwarten genau dies von den Seelsorgerinnen und Seelsorgern.

Krankenhäuser sind Orte, an denen Menschen im Kampf um das Leben auch schuldig werden. Verantwortung an den Abbruchkanten des Lebens bleibt stets riskant – und dies für alle Beteiligten. Dass es gut und richtig ist, dass auch riskant gehandelt wird und so auch Menschen schuldig werden – dies zeigen Seelsorgerinnen und Seelsorger an.

Wenn geschöpfliche und verwandelnde Hoffnung nicht mehr gerahmt und produktiv provoziert wird von radikaler Hoffnung, dann wachsen die Kräfte eines zynischen Vitalismus. Ein tiefenentspannter Humanismus, der die Zerbrechlichkeit und Endlichkeit des Lebens realistisch anerkennt und doch zugleich noch wirklich barmherzig mit den Abbruchkanten dieses Lebens umzugehen vermag, ist etwas äußerst Rares. Ich fürchte, es ist eine gefährliche Illusion. Wer in diesem Leben voll auf seine

Kosten kommen muss, wird auch an den Bruchkanten auf die Durchsetzung des starken Lebens setzen.

Die Kommunikation von Liebe, aber auch die Reparatur von Welten an den Bruchkanten des Lebens erfordert eine Geduld der Hoffnung. Klinikseelsorgerinnnen blicken auf die abgründigen Risiken im Weltabenteuer Gottes. Sie blicken auf Ruinen geschöpflicher und verwandelnder, eben endlicher Hoffnung. Weil sie aber mit dem Rücken zu radikaler Hoffnung stehen, können sie solidarisch und nicht religiös verächtlich Zeichen einer barmherzigen Treue Gottes sein. Sie erinnern daran, dass Menschen sich nicht mit dem Leben versöhnen müssen. Sie sagen, dass auch die vollendete Gerechtigkeit Gottes noch aussteht. Damit öffnen und stärken sie einen Raum der Geduld endlicher Hoffnung. Als Erinnerungszeichen radikaler Hoffnung helfen sie, die Alternative einer resignativen Hinnahme von Endlichkeit und einer unerbittlichen Reparatur des starken Lebens aufzubrechen. Sie öffnen Räume, in denen Menschen im verantwortlichen Handeln schuldig werden dürfen. Dies gilt für alle Seiten im System Krankenhaus.

An dem Ort, an dem sich die Nachtseiten des Lebens und die Dynamiken menschlicher Hoffnung so durchdringen, sind Seelsorger für alle Akteure im System Krankenhaus eine lebendige Erinnerung: Radikale Hoffnung ermöglicht, trägt und begrenzt endliche Hoffnung. Sie sind trotzige Zeichen einer barmherzigen Treue Gottes im alltäglichen Kampf um die Bewahrung der mit Gott versöhnten, aber noch unerlösten Welt. Allein mit ihrer Präsenz machen sie deutlich, dass es in all den Prozessen des Krankenhauses um eine Praxis der Humanität gehen sollte.

Müssen die Erfahrungen von Krankenhausseelsorgern in das liturgische Leben der Gemeinde eingespielt werden? Trotz ihrer Abgründe? Ja! Die Dichte und Schwere dieser Erfahrungen erdet auch die Kommunikation des Glaubens im Raum der Gemeinde. Die Krankenhausseelsorger und -seelsorgerinnen sind die heilsame Erinnerung daran, dass Christen nicht an das Leben, sondern an den lebendigen Gott glauben. Sie bezeugen auf ihre Weise, was im Leben und Sterben trägt.

9. BEERDIGUNGEN

Beerdigungen sind Kampfzonen. Friedhöfe sind keine Orte der Ruhe. Auf ihnen tritt zutage, ob die Kirche in der Auseinandersetzung mit dem Neostoizismus, mit dem Vitalismus oder auch mit der verzweifelten Hoffnung schon feige eine weiße Fahne gehisst hat und nur noch über die Kapitulationsbedingungen verhandelt.

Evangelische Beerdigungen geben den Toten nichts mit. Sie sind für die Hinterbliebenen und Trauernden. Doch was geben sie den Lebenden mit? Was wird angesichts des Todes über das Leben gesagt? Beerdigungen gehören ja zum Pflichtprogramm von tausenden von Gemeindepfarrern und -pfarrerinnen. Wenn am Grabesrand nur noch halb verlogen und halb ehrlich das vergangene Leben beschworen wird, so bestärkt es den Vitalisten in seiner Gier nach Leben. An der Abbruchkante des Lebens fühlt sich der Neostoizist in seinem Rückzug zum kontrollierbaren Raum bestätigt. Auch der verzweifelt Hoffende kann nur sagen: »Die Zeit ist knapp, hier seht ihr es!«

Beerdigungen sind Ereignisse, an denen die Verbindung von endlicher Hoffnung und radikaler Hoffnung unübersehbar wird. Gottes Geschichte mit jedem Menschen endet nicht mit dem Tod. Natürlich sind die Theologie und die Kirche an diesem Punkt auf Kollisionskurs mit dem vermeintlich gebildeten und scheinbar gesunden Menschenverstand. Dabei sitzt ihnen der Apostel Paulus mit einem geradezu brutalen Befund im Nacken: »Hoffen wir allein in diesem Leben auf Christus, so sind wir die elendesten unter den Menschen« (1. Korinther 15,19). Am Ort des radikalen Endes endlicher Hoffnung müssen und können Christen von radikaler Hoffnung stammeln. Suchend, ehrlich und trotzig halten sie fest, dass Gottes Geschichte – sowohl die Ereignisgeschichte als auch die in Wahrheit erzählte Geschichte – dieses Lebens noch nicht an ihr Ende gekommen ist. Auch für den verstorbenen Menschen kann Gott noch Zukunft eröffnen.

Der Verrat radikaler Hoffnung und die Kapitulation vor dem Vitalismus kennt eine neue, religiös tückische Form: die Auferstehung in die Erinnerung der Hinterbliebenen und in die segensreiche Wirksamkeit des Verstorbenen. Wer so hofft, hat das Trikot gewechselt und spielt in der falschen Mannschaft. Wer glaubt, dass der Verstorbene letztlich im Leben von anderen Menschen weiterlebt, vergöttert das Leben. Wenn der Trost im Tod das Weiterleben im Leben anderer ist, dann muss das Leben von der Gier nach Macht und Einfluss bestimmt sein – nur so ersteht man nach dem eigenen Tod auf im Leben anderer. Dass hier eine große Nähe zu einem segensreichen Wirken besteht, macht das religiös Tückische dieser

Idee aus. Zum Ahnenkult ist es dann nur noch ein kleiner Schritt.

Mit radikaler Hoffnung wird noch lange kein Himmel möbliert. Aber vielleicht kann sich angesichts der irritierenden Macht radikaler Hoffnung für manchen Menschen auch ein verlorener Himmel wiederfinden lassen.

10. DIE BILDUNG DES GLAUBENS UND RELIGIONSLEHRER

Religionslehrer und Religionslehrerinnen sind Expeditionsführer. Sie sind Sherpas in intellektuellen Abenteuern. Sie leiten in der nicht ganz risikolosen gedanklichen Erkundung der glaubenden Wahrnehmung von Gottes Weltabenteuer. In der Schule als einem Ort, an dem durch Bildung Menschen Zukunft eröffnet wird, zeigen sie, wie speziell Glaube Zukunft eröffnet. Der Religionsunterricht ist ein Ort, an dem vielfältige Gestalten endlicher Hoffnung in ein spielerisches Verhältnis mit radikaler Hoffnung treten können. In der Schule entstehen eigene Chancen der Vernetzungen einer Kommunikation des Glaubens und Kommunikation von Hoffnung. Am herausgehobenen Ort der Ausbildung menschlicher Aspirationen werden Menschen herausgefordert, sich mit Gottes Aspirationen auseinanderzusetzen.

Religionsunterricht lebt weder aus der Abgrenzung von Glauben noch aus der Unsichtbarmachung von Glauben durch eine große Tarnkappe. Er lebt vielmehr aus der mutig gelebten Hypothese, dass Glaube als Gotteserkenntnis und Weltgestaltung – eben als Erkenntnis des Weltabenteuers Gottes – keine Privatangelegenheit und Sache individueller religiöser Imagination ist. Wie das Dasein von (zukünftigen) Weltenbauern und radikal Liebenden zusammengeht, wird hier verhandelt. Als evangelischer Religionsunterricht hat er die Freiheit, das Abenteuer des in Christus erschlossenen Gottes zu durchdenken und die Erkenntnisse frei und frech zu vertreten – und dies parallel zu der persönlichen Bildungsentwicklung der Menschen. Dies ist das Potential dieser besonderen Regelung in Deutschland.

Und die Realität? In der Realität ist der staatliche Religionsunterricht an der Schule ein Paradebeispiel einer Fehloptimierung, ein Muster einer problemschaffenden Lösung. Warum?

Sehr oft, wenn ich Gemeinden in Asien und in den USA erlebte, war ich beschämt. Wenn ich von diesen Besuchen heimkehrte, war ich peinlich berührt. Beschämt war ich immer wieder von der religiösen Bildung von Laien in diesen Ländern. Peinlich berührt von der geringen religiösen Bildung von Christen im Lande der lutherischen Reformation. Christen in Asien sind fasziniert davon, dass man Christentum denken kann. Nicht nur in New York, auch in Taipeh bieten Gemeinden theologische Kurse für Laien in allen fünf theologischen Teildisziplinen an. Nur eine toxische Mischung aus Ressentiment und Arroganz kann die in Amerika so variantenreich praktizierte »Sunday school« belächeln.

Es geht hier nicht darum, dass ein Universitätstheologe wieder einmal beklagt, dass seine Produkte nicht marktfähig genug sind. Nein, es geht um ein elementares Verstehen des Glaubens, darum, das Abenteuer Gottes als Denkabenteuer zu begreifen. Es geht um einen Glauben, der zu verstehen sucht und nicht im Vagen leben möchte, der entdecken möchte. Es geht um ein urprotestantisches Anliegen.

Der staatliche Religionsunterricht, wie er sich in meiner Beobachtung darbietet, erliegt weithin selbst drei Versuchungen. Darüber hinaus erzeugt er auch für die Kirchen eine mächtige Versuchung, der diese offensichtlich schwer zu widerstehen vermögen.

Das erste Missverständnis bzw. die erste Versuchung wird durch eine fehlgeleitete Vermutung von Plausibilität erzeugt: Religion ist Ethik. Glaube ist eine Gestalt der Moral. Alles andere scheint nicht plausibel, nicht »vermittelbar«. Wer das jedoch bedrängend und banal findet, tritt einige Jahre später mit dem ersten Gehaltszettel in der Hand aus der Kirche aus. Wer etwas früher Friedrich Nietzsche gelesen hat, tritt früher aus.

Das zweite Missverständnis: Die Religion des Religionsunterrichts hat mit Kirche wenig zu tun. Die Religion des Religionsunterrichts ist eine Privatreligion mit vagem Öffentlichkeitsanspruch. Für die Religion des Religionsunterrichts ist Gemeinde weithin unangenehm und erfreulicherweise weit weg. Gemeinde ist peinlich. Die Folge ist: Zu viele derer, die Religionslehrer werden, haben mit ihrer Konfirmation das letzte Mal eine Kirche von innen gesehen. Das schulische und das gemeindliche Milieu driften auseinander – zum Schaden beider.

Die dritte Versuchung: »Da sitzen religiöse Sucher!« Doch in Wahrheit – und nicht zuletzt für den den Religionsunterricht finanzierenden Staat – sitzen da getaufte Christen. Kein einziges der aktuell unter Religionspädagogen geschätzten Theoriemodelle geht davon aus, dass es sich um eine Veranstaltung für getaufte evangelische Christen handelt. Natürlich ist dieses Christsein eine sogenannte operative Unterstellung. Selbstverständlich! Aber auch der Sport würde ohne die Unterstellung von Fairness und das Rechtssystem ohne die Unterstellung von Gerechtigkeit zusammenbrechen. Ohne die ungeprüfte (!) Unterstellung mündiger Bürgerinnen und Bürger würde das Politiksystem morgen kollabieren. Ohne die kaum zu glaubende Unterstellung, dass sich die Menschen um ihre Gesundheit sorgen, wäre unser Gesundheitssystem morgen am Ende. Kurz: Ein Religionsunterricht ohne die Unterstellung von evangelischem Glauben auf Seiten der Schüler macht sich überflüssig.

Wenn in der Realität nur noch zehn Prozent der Schülerinnen und Schüler im Religionsunterricht getaufte Christen sind, dann ist das eine starke kontrafaktische Unterstellung. Selbstverständlich. Mit der naheliegenden Alternative eines strikt religionswissenschaftlichen Religionsunterrichts würden sich die Kirchen rasch ins Aus manövrieren. Auch bei zehn Prozent getauften Schülern steht die Frage im Raum: Wie lässt sich kritischer Respekt für Glauben aufbauen, wenn nicht durch faszinierende Einblicke in den Maschinenraum seines Denkens? Warum soll den 90 Prozent nicht die Kommunikation des Glaubens zur eingehenden Beobachtung angeboten werden? Für welches persönliche, gedankliche und geschichtliche Abenteuer sollen Schülerinnen und Schüler gewonnen werden? Warum sollten sie nicht neugierig sein auf einen ›als ob‹ aufgespannten Binnenraum? Wer will ein Bergwerk von außen besichtigen?

Dabei hat speziell der Religionsunterricht große Chancen. In einer Gesellschaft, in der religiöse Bekenntnisse in die Privatsphäre gedrängt und irgendwo zwischen Musikgeschmack und sexuellen Vorlieben eingeordnet werden, ist hier der letzte Ort qualifizierter öffentlicher Religionskritik. Hier können Dramen des Menschseins und Dramen des Menschen mit Gott entfaltet und analysiert werden. Hier ist der Ort, an dem aus allen drei Quellen der Theologie geschöpft werden kann, aus denen Theologie als Wut des Verstehens entspringt: dem Konflikt mit Gott (Klagepsalmen, Erfahrungen der Gottesverdunklung), dem Konflikt der internen Deutungen (Paulus und Petrus) und dem Konflikt mit alternativen Erzählungen (Paulus auf dem Areopag). Hier im Religionsunterricht ist ein Ort, an dem die einzelnen Dramen des Gesamtdramas so entfaltet werden, dass es auch die Zuschauer des Glaubens zu faszinieren vermag. Hier kann das Denkabenteuer des Glaubens mit der Literaturgeschichte, der Kunstgeschichte, der Philosophie und der politischen Geschichte verwoben werden. Hier fängt der Dialog zwischen Naturwissenschaft und Theologie an.

Auch in der Schule dürfte eine als Verständnis und Dialog verkleidete Vergleich-Gültigung Gleichgültigkeit, wenn nicht gar Verachtung hervorrufen. Gelebte Unterscheidung benötigt keine Abgrenzung. Aber auch für den Religionsunterricht dürfte gelten: Dies ist der Ort, an dem sich zukünftige Weltgestalter beeindrucken lassen und sich danach sehnen, an sich selbst das Wachsen von Respekt beobachten zu können.

Die kirchliche Versuchung besteht darin, dass faktisch die Bildung des Glaubens an die Schule delegiert wird. Dort findet Unterricht statt! Das reicht doch fürs Leben, oder? Und wer mehr möchte, kann sich doch an die Akademien und die regionalen Bildungswerke wenden, oder? Die Gemeinden und die Pfarrer befreien sich damit von ihrer Bildungsaufgabe. So endet für die überwiegende

Zahl selbst engagierter Laien in Deutschland die theologische Bildung mit dem Verlassen der Schule. Viele Pfarrer fühlen sich entlastet und sind froh, nicht auch noch mit theologischer Halbbildung belästigt zu werden. Keine Bildung der Laien scheint ganz offensichtlich auch Vorteile zu haben. Die Lösung des Religionsunterrichts erzeugt so ein Problem, das auch durch einzelne hoch beachtliche Initiativen innerhalb und außerhalb von Gemeinden nicht wirklich aufgelöst wird. Ohne Zweifel, es gibt Ausnahmen. Es gibt Religionslehrerinnen, die dadurch, dass sie weder mutlos, verzagt noch gottvergessen sind, an Gymnasien regelmäßig auch Leistungskurse Religion zustande bringen. Es gibt auch Akademieangebote, die sich nicht ganz mit den Programmen der Volkshochschule oder der AWO decken.

Doch was, wenn diese Delegation der Gemeinde an den Religionsunterricht und an die sonstigen Bildungseinrichtungen eine Illusion ist? Was, wenn hier Potemkinsche Dörfer aufgebaut werden? Meine These ist: Die Kirche sollte die Klage über den sogenannten religiösen Traditionsabbruch und die Klage über die Säkularisierung komplett einstellen. Sofort! Warum? Sie erzeugt den Traditionsabbruch über weite Strecken selbst! Wer auf die Programme so mancher evangelischen Akademie schaut, sollte geneigt sein, den Kirchen Selbstbeschädigungspräventionskurse zu empfehlen. Dass die Kirchenleitungen und Synoden viele Bildungseinrichtungen wirtschaftlich in den allgemeinen Bildungsmarkt entlassen haben, verstärkt den Trend der Selbstsäkularisierung.

Den Gott der Christen in seiner Verwicklung mit der Welt zu denken, führte zu einem sich über Jahrtausende erstreckenden Denkabenteuer. Verstehen zu wollen, ist tief in den christlichen Glauben eingeschrieben. Dass Christen zu verstehenden Entdeckern werden, dass sie wahrheitssuchende Teilhaber an Gottes Weltabenteuer werden, dies ist Teil der Entdeckung von Gottes Lebendigkeit. Nur tief verwurzelt in den Geschichten über Gottes Weltabenteuer werden sie der mythischen Erzählmaschine der Gegenwart ihre eigene Vision der Welt entgegenhalten und leben können. Gebildet durch die Erzählungen von Gottes Weltabenteuer und deren vielgestaltige Aufnahme in und Verflechtung mit Kunst, Architektur, Theater, Politik, Philosophie und Literatur können Christen den Mächten und Kräften des Neostoizismus, des Vitalismus und der verzweifelten Hoffnung mutig und freudig widerstehen.

11. ARBEITER UND ARBEITERINNEN AN DEN NACHTSEITEN DES LEBENS

»Come on, always look on the bright side of life« – so klingt es 1979 bei Monty Python in »The Life of Brian«. Ja, es gibt die ›bright sides of life‹! Aber: Selbst Monty Python gibt ihren Ratschlag »Come on, always look on the bright side of life« angesichts der Erfahrung anderer, eher dunkler Seiten des Lebens. Es gibt sie, die Nachtseiten des Lebens. Jede Gesellschaft, jede Kultur und jede Religion entwickelt eigene Wege, mit diesen Nachtseiten des Lebens umzugehen. Was meine ich mit den Nachtseiten des Lebens? Ein ganzes Ensemble von Berufen, viele tausend Menschen in Rettungsdiensten, den Sozialdiensten, der Feuerwehr, in der Polizei, in psychologischen Beratungsstellen, in der Flüchtlingsarbeit, in Frauenhäusern und

Pflegeeinrichtungen, in Kranken- und Altenheimen arbeiten an den Nachtseiten des Lebens.

All diese Menschen und ihre Organisationen bilden eine große Koalition gesellschaftlicher Kräfte, die nicht die »bright sides of life« bearbeiten. Nein, sie wenden sich im Weltabenteuer Gottes denjenigen Seiten zu, an denen Leben Gefährdungen erliegt, scheitert, beschädigt ist und wird, verschattet ist und zu zerbrechen droht, ja nicht zuletzt auch oft zerbricht – ebenden Nachtseiten des Lebens. An dieser Seite wird gefährdetes, gewaltbereites, verfallendes, naturales und psychisches Leben in dichter Weise gegenwärtig. Dort wird nicht das starke, das olympische, vitalstarke Leben gefeiert. Und wenn das Leben dort stark ist, dann droht es, anderes Leben zu zerstören. Dort sind Menschen dauerhaft und strukturell mit der Zerbrechlichkeit, dem Risiko und der Gefährdung geschöpflichen Lebens konfrontiert. Die Verletzlichkeit menschlichen Lebens ist unübersehbar und gegenwärtig erfahrbar. Die Coronakrise hat es allen eindrücklich vor Augen geführt: Ja, diese Nachtseiten der Krisen und Bedrohungen können jeden Menschen ergreifen.

Bei der Arbeit an den Nachtseiten tauchen Themen auf wie: Autonomie- und Kontrollverlust, Grenzüberschreitungen, Verluste, verzweifelte Hoffnung auf Besserung, manifeste Formen der Selbsttäuschung und Illusionserzeugung; aber auch Dankbarkeit und überraschendes Glück. Die Arbeit an den Nachtseiten vollzieht sich oft in stark asymmetrischen, d.h. stark einseitigen Beziehungen – Fragen der Macht und Ohnmacht, der Notwendigkeit von Intervention oder Selbstzurücknahme sind an der Tagesordnung. Und ganz ohne die Erwartung von Dankbarkeit ist auch die professionelle Zuwendung nicht. Aber wer dankt schon? An den Nachtseiten des Lebens sind Menschen – Klienten, Patienten, aber auch Angehörige – in gesteigertem Maße zum Vertrauen verdammt. Zu oft ist es ein ohnmächtiges Vertrauen.

Manche leicht durchschaubare Begriffskosmetik versucht dies zu verbergen. Dann reden wir z. B. von Gesundheitsberufen. Aber die wenigsten arbeiten in einer Chirurgie, in der sie jeden Tag damit beschäftigt sind, Skifahrer mit gebrochenem Bein wieder auf die Piste zu bringen, um dann Dankes-Postkarten aus Sankt Moritz zu bekommen.

Die besonderen Belastungen der Arbeit an den Nachtseiten des Lebens werden von den meisten der dort tätigen Menschen durch ein besonderes Ethos getragen. Selbstverständlich kann die Arbeit an den Nachtseiten des Lebens unterschiedlich gedeutet werden. Die Bewahrung des menschlichen Angesichtes ist zweifellos auch ein Anliegen eines Humanismus. Dieses Ethos bewegt, prägt einen Stil, trägt die Ausdauer in der Zuwendung.

Über eines sollten wir uns nicht täuschen: Die Zuwendung zu zerbrechlichem Leben ist nicht selbstverständlich – auch wenn sie sich aus verschiedenen Quellen speist. Ein Ethos kann lange Zeit auch gegen die Faktenlage durchgehalten werden. Wer durch ein Ethos getragen ist, gibt nicht so schnell seine Überzeugungen bezüglich Zuwendung und deren Qualität auf. Ein solches Ethos ist wie ein Gewebe, das aus vielen Aspirationen der Zuwendung gewebt ist. Aber dieses Ethos kann doch auch verschlissen werden – der Bogen kann überspannt werden, speziell dann, wenn Menschen merken, dass mit ihrem Ethos ökonomisch kalkuliert wird, oder wenn Organisationen selbst demütigend werden. Oder wenn sie für ihre Arbeit verachtet werden.

Für ein Nachdenken über die Kommunikation von Glaube, Liebe und Hoffnung drängt sich die Frage auf: Was geschieht in der Arbeit an den Nachtseiten des Lebens – wenn man es durch eine theologische Optik betrachtet? Welchen Anteil haben die Menschen, die dort arbeiten, am Weltabenteuer Gottes?

Mir erscheint folgende Überlegung plausibel: Theologisch gesprochen sind die Einrichtungen, in denen an den Nachtseiten des Lebens gearbeitet wird, Orte, an denen sich Gottes Fürsorge für das schwache und zerbrechliche Leben in vielfältiger Gestalt der menschlichen Fürsorge ereignet. Die Institutionen der Auseinandersetzung mit den Nachtseiten des Lebens sind Medium der barmherzigen Fürsorge Gottes für die verletzliche, zerbrechliche und stets gefährdete Schöpfung. Nicht nur in kirchlichen Einrichtungen, sondern in allen Einrichtungen der Arbeit an den Nachtseiten des Lebens werden die Menschen zum Medium der Wirksamkeit vom Geist Gottes, vom Geist des Lebens. Dieser Geist ist nicht ein Geist des starken olympischen Lebens, sondern der Fürsorge für das verletzliche Leben. Es ist der Geist der Bewahrung einer verletzlichen Schöpfung. Hier geschieht eine Bewahrung der versöhnten Welt, die, oftmals ohne es zu wissen, intensiv auf die Erlösung wartet. An den Nachtseiten warten Menschen auf die Befreiung von Sünde, Tod und Bösem (ja, es ist die alte Dreiheit von Sünde, Tod und Teufel). Und hier werden manchmal auch kleine Zeichen der Erlösung geschaffen – ohne dass sich diese selbst so benennen. In der Arbeit an den Nachtseiten des Lebens werden wirksam und mächtig auch Liebe und Hoffnung kommuniziert. Für manchen, der lieber am großen Rad der Weltverantwortung drehen möchte, ist dies nur Hoffnung in kleiner Münze. Aber auch die kleinen Münzen haben im Weltabenteuer Gottes ihren Ort und ihren Wert. Gleichnisse des Reiches Gottes entstehen aus spirituellem Crowdfunding.

In der Arbeit an den Nachtseiten des Lebens nimmt sich der Geist Gottes die Freiheit, das Band zwischen Glaube, Liebe und Hoffnung selbst zu lockern. Von anonymen Christen zu sprechen, halte ich für spirituell übergriffig. Dass der Geist Gottes als Geist Jesu Christi und darum als Geist der Barmherzigkeit da wirkt, wo zugunsten von Schwachen Gewalt begrenzt wird, wo glimmende Dochte nicht ausgelöscht werden und geknickte Rohre nicht zerbrochen werden (Jesaja 42,3), das ist eine weniger weitreichende Annahme.

Wesentlich ist, dass diese Arbeit an den Nachtseiten des Lebens von der Kirche intensiver gewürdigt wird, d. h. gesehen, anerkannt und aktiv wertgeschätzt wird – auch in ihrer Kommunikation des Glaubens. Warum nicht im Raum der Kirche runde Tische für den Austausch der an dieser Arbeit Beteiligten organisieren? Warum nicht Arbeiterinnen und Arbeiter an den Nachtseiten des Lebens systematisch und gezielt in gottesdienstliche Kommunikation einbeziehen? Warum sie nicht vorsichtig und umsichtig daran erinnern, dass auch sie im Weltabenteuer Gottes eine wichtige Aufgabe übernehmen? Warum nicht für Humanität Arbeitende – ohne sie zu bedrängen – an ihren ›Glauben‹ erinnern? Warum sie nicht mehr würdigen durch Wahrnehmung, Einladung und Gespräch?

12. SOGENANNTE LAIEN IM ALLTAG

Das Wichtigste kommt am Ende: die sogenannten Laien. Für Millionen von Christen endet am Montagmorgen nicht das Christsein, sondern es beginnt. Im Erschöpfungskampf, im Konkurrenzkampf und in korrodierenden Umgebungen leben sie ›Nachfolge Christi‹. Ob sie es wollen oder nicht. Sie sind einfach dort. Christlicher Glaube wird in einer Welt gelebt, die nicht dem Ikea-Kinderparadies entspricht. Es ist eine Welt, die durch einen harten Wettbewerb, Kampf um Macht, Einfluss und Ressourcen, ja auch durch die Gegenwart von Gewalt geprägt ist. Es ist eine Welt, in der sich der Wille der Macht zu oft hinter Moral versteckt. Auch aller Kampf um Gerechtigkeit, Frieden und Barmherzigkeit wird diese Kämpfe nicht beenden. Laien in ihrem ›Gottesdienst im Alltag der Welt‹ (Ernst Käsemann) sind darum der Testfall der evangelischen Theologie. Sie sind nicht der Problemfall der Kirche, sondern eine ihrer wichtigsten Ressourcen. Sie aus Gründen der organisatorischen Vereinfachung in der komplexen Organisation Kirche einfach zu übersehen, ist töricht. Eigentlich sind sie nicht die Laien, sondern die Experten im Leben des Glaubens, im Leben der Liebe und im Leben der Hoffnung.

Eine Kirche, die in einer Art Selbstradikalisierung entweder die spirituelle oder die moralische Außeralltäglichkeit feiert, ist in Wahrheit nicht mutig, sondern äußerst risikoscheu, ja feige. Christsein im Alltag ist nicht banal, sondern riskant. Das Risiko des Christseins im Alltag ist zunächst, keinen Ort zu finden, weder für die Kommunikation von Glauben, noch für Liebe und auch nicht für Hoffnung. Aber dann geht es auch um die Möglichkeit, schuldig zu werden. Eine Kirche, die die Menschen mit diesem Risiko nicht alleinlässt, ist ansteckend ermutigend. Ein solcher Glaube ist freudig evangelischer Glaube. Christen kämpfen in ihren Berufen, Welten zu bauen, Welten zu reparieren, Spielräume der Humanität auszuloten und punktuell Liebe einzuspielen.

Laien müssen in einer Kirche, die die Weite, Tiefe und Dichte des Weltabenteuers Gottes anerkennt, in dreifacher Weise gegenwärtig sein:

1. In einem ersten Schritt ist theologisch und liturgisch zu sehen, zu verstehen und zu würdigen, was die Millionen Laien im Alltag eigentlich als Weltenbauer und Weltenreparierer leisten. Kirche muss anerkennen und auszeichnen, dass es keine Verantwortungsübernahme ohne Schuldigwerden gibt. Bis hinein in die Gemeinden muss die Kirche sehen, was die Nöte und Lasten, Stärken und Freuden bestimmter Professionen sind. Auch der Müll der kirchlichen Revolutionäre muss von Profis entsorgt werden. Wollen die Kämpfer für die Zukunft ganz auf Impfstoffe verzichten? Warum nicht einen Sondergottesdienst für Angestellte der Städtischen Verwaltung anbieten, einen für die Lastwagenfahrer, all die, die Busse und Bahnen steuern?

2. Es gilt, Räume, Projekte und Initiativen zu gestalten, in denen sich die Laien mit ihren beruflichen Kompetenzen wo irgendwie möglich auch in den Aufbau und Erhalt der Kirche im engeren Sinne einbringen können. Es ist einfach eine Fehlabstraktion, dass die Kirche für ihre Aufgaben vornehmlich nur Geld einsammelt. Menschen können viel mehr und anderes geben. Unglaublich viele ehrenamtlich Tätige tun dies schon jetzt. Die Einbringung von beruflichen Kompetenzen ist dennoch ein Schatz des

Protestantismus, der mancherorts noch ungehoben schlummert. Christen dienen dem Bau der Kirche mit allen ihren Fähigkeiten und Kräften. Eben: Kirche wie ein Smartphone.

3. Es sind die Laien, die zur Verwandlung der Welt, zur Entdeckung der Einbruchstellen der Neuen Schöpfung ermächtigt werden müssen. Es sind die unendlich vielen, von niemandem zu überschauenden und niemals zu koordinierenden Kontexte, in denen die Laien die Spannungen zwischen versöhnter, aber unerlöster Welt leben und verhandeln. Nicht die Schlusskundgebungen der Synoden oder die Programme des Ökumenischen Rates verändern die Welt. Die Christen in ihren vielfältigen Berufen und in einer Demokratie als engagierte Bürger loten die Möglichkeiten zwischen Versöhnung und Erlösung aus. Die besten Institutionen einer humanen Gesellschaft verkommen und verlottern, wenn keine Profession mit einem hohen Ethos sie stützt. Und genau hier setzt die Herausforderung an, wenn Laien Weltenschöpfer, Weltenreparierer und zuletzt auch noch Weltenerneuerer sein sollen.

Laien kommunizieren Liebe und Hoffnung in kleiner Münze. Sie praktizieren Crowdfunding für eine neue Welt. Ist das zu bürgerlich gedacht? Ist das viel zu individualistisch im Ansatz? Zu frömmelnd, zu unpolitisch? Ist dies viel zu sehr am einzelnen Gewissen orientiert? Nein! Dieser Ansatz vertraut der Vielfalt des Geistwirkens in den Dschungeln des realen Lebens. Kirche als bischöflich gesteuerte moralische Agentur ist das Organisationsmodell der katholischen Kirche. Sie empfängt mit Sicherheit jeden mit offenen Armen.

Der Protestantismus war immer dann eine wirkmächtige Bewegung, wenn er eine starke Laienbewegung war. Protestantismus ist ein menschliches Orchester ohne einen menschlichen Dirigenten. Christus, Schrift, das Wort und der Geist dirigieren. Niemand sonst. Kein moralisches Lehramt. Dies ist auch ein Geheimnis der charismatischen Christentümer weltweit. Für Kirchenleitungen als organisatorische Zentren ist dies eine überaus ernüchternde Einsicht und schwere Zumutung. Organisationen können leider nur Organisationen verändern. Das ist die prinzipielle Grenze ihrer Macht, aber auch ihrer Verantwortung. Die Aktivierung, die Würdigung und die Einbeziehung der Laien erfordern mehr: eine Veränderung der Wahrnehmung und des theologischen Selbstbildes. Sie erfordern einen hoffnungsvollen Realismus in der Theologie und Empirie. Kurz: Es sind die Laien, die die Kirche erden und zugleich erheben. Es sind die Laien, die in diesem Orchester dessen Zukunft wesentlich bestimmen werden.

XI DIE SACKGASSE DES ÜBERSETZENS – ODER VON DER VERWEGENHEIT, GEDULD UND LEICHTIGKEIT DES ERLÄUTERNS

In den letzten Jahren ertönte innerhalb und außerhalb der Kirche vielfach der laute Ruf, die Kirche möge doch in ihrer Kommunikation in die moderne Gesellschaft hinein auf ihre ›Binnensprache‹ verzichten und ihre Botschaft in die Sprache der aufgeklärten Vernunft, der Welt oder der gegenwärtigen Gesellschaft übersetzen. Tief verzagte Theologen fühlten sich getröstet, als selbst der Philosoph Jürgen Habermas Anfang des Jahres 2001 in seiner Rede zur Verleihung des Friedenspreises des Deutschen Buchhandels den Beitrag der christlichen Religion zum öffentlichen Diskurs der Vernunft lobte – wenn er denn als Übersetzung eingebracht würde. In der Welt eines ›nachmetaphysischen‹ Denkens sind die Gehalte der Religion in das Denken einer kommunikativen Vernunft zu holen bzw. zu bringen. Im Idealfall ist die Kirche und sind die Christen, wie der gegenwärtige Ratsvorsitzende der EKD, Heinrich Bedford-Strohm betont, ›zweisprachig‹. Mit der einen Sprache der jüdisch-christlichen Tradition reden sie in die kirchliche Öffentlichkeit, mit der anderen Sprache der Vernunft in die Öffentlichkeit der modernen Gesellschaft. Wer allerdings mit den Geistern der Zeit auf Augenhöhe verkehren möchte, der muss übersetzen.

1. ÜBERSETZEN UND SEINE FOLGEN

Dieses Programm der Zweisprachigkeit habe ich selbst lange Zeit offensiv vertreten. Nachdem ich die Übersetzungspraxis der Kirche und der Theologe drei Jahrzehnte beobachtet habe, wachsen bei mir jedoch zunehmend die Zweifel. Bei Licht betrachtet, ist das Programm der Übersetzung der Gehalte und Anliegen der christlichen Kirche und der Theologie eine Lösung, die mehr neue Probleme schafft, als sie zu lösen vorgibt. Ja, es gibt begnadete, geniale Übersetzer. Hin und wieder, aber selten. In der ganz überwiegenden Praxis des Übersetzens ist es eine Sackgasse, aus der die Kirche und die Theologie umkehren sollten. Ich fürchte, es ist eine selbsttäuschende und selbstzerstörerische Illusion. Wer in den Fluss des Übersetzens steigt, scheint unweigerlich in die Strudel der Selbstbanalisierung zu geraten.

Überhaupt scheint mir in der Gegenwart das Problem nicht zu sein, dass sich die Kirche nicht genügend mittels Übersetzungen verständlich machen kann. Die Frage ist vielmehr: Hat die Kirche, haben die Christen, überhaupt noch etwas Eigenes zu sagen? Haben sie etwas zu sagen, das sich zu übersetzen lohnt? Und: Hat die Kirche etwas zu sagen, das die Welt nicht sowieso schon weiß und viel besser sagen kann? Sind die Kirchen mehr als eine Echokammer der Kultur und Politik? Führt das Übersetzen zu mehr als zu einer Rhetorik des »Wir auch!«? Ich habe große Zweifel. Diese Fragen werden durch die Versuche, zu übersetzen, eher überdeckt.

Mein Eindruck ist: Das Problem ist nicht die Übersetzung, sondern schon das Sprechen der eigenen Sprache. Natürlich gibt es die Sprache des Glaubens in den ›Textarchiven‹ der Liturgie, der Bibel und der theologischen Bibliotheken. Wird sie aber noch im Leben gesprochen? Die größte Herausforderung der Gegenwart ist meines Erachtens: die Sprache des Glaubens wieder erschließen, wieder sprechen lernen und gebrauchen lernen. Was dann ansteht, heißt nicht Übersetzen in eine andere Sprache, sondern geduldiges Erläutern in der eigenen Sprache. Weder schlichtes Behaupten noch Übersetzen ist angesagt. Erläutern muss an die Stelle von beidem treten.

2. IM SOG DER VEREINFACHUNG

Wer übersetzt, gibt sich entweder der Hoffnung hin, dass in der anderen Sprache auch alles sagbar ist, was in der eigenen Sprache erzählt werden kann. Ist dies aber so? Oder aber, der Übersetzer wählt aus: »Also, dies ist noch sagbar, dies kann man heute nicht mehr sagen ...« »Das ist übersetzbar, das andere, damit machen wir uns nur lächerlich.« Ist das, was die Geschichten von der Auferstehung oder der Himmelfahrt Jesu Christi sagen möchten, in der Sprache der Zeit (was auch immer die ist) sagbar? Heißt dann Auferstehung »das Leben siegt« und Himmelfahrt streichen wir lieber und machen »Männer kochen«? Was aber, wenn in Wahrheit das Leben Gottes und eben nicht das geschöpfliche Leben siegt? Was, wenn Himmelfahrt eine wichtige Gestalt der Abwesenheit und speziellen Anwesenheit Gottes thematisiert und nicht nur eine moralische Wahrheit? Wer kann diesem Strudel der Selbstbanalisierung und selbstzerstörerischen Vereinfachung entgehen? Sünde? Versteht keiner! Die Anrufung des trinitarischen Lebens »im Namen Gottes des Vaters, des Sohnes und des Heiligen Geistes«? Zu kompliziert und im interreligiösen Dialog nur hinderlich! Wiederkunft Jesu Christi? Begreift keiner, überlassen wir den religiösen Spinnern! Gott? Kontingenzbewältigung klingt vernünftiger! Kreuzestheologie? Blockiert das Gespräch mit dem Islam und verstört Kleinkinder! In der Konsequenz führt das Übersetzen – in der Sprache der Journalisten formuliert – zu einer Schere im Kopf. Es führt zu einem sogenannten Streichkonzert, an dessen Ende in Wahrheit öde Leerformeln stehen: »Heilsame Transzendenz«, »Durchscheinen der Wirklichkeit Gottes«, »dem Leben trauen«. Oder: »Das Leben verdankt sich immer einem anderen.« Was übrigbleibt, ist die am richtigen Ort richtige, aber doch irreführend minimalistische Theologie der Krabbelgottesdienste (die ich selbst gestaltete!): »Gott liebt dich und begleitet dich. Irgendwie.« Am Ende steht eine selbstzerstörerische Fehloptimierung. Der Übersetzer wird dann gleich auch noch zum oben skizzierten Entrümpler, der das Haus »von dem alten Zeug befreit«. Wenn dann auch noch Kirchenleitungen und Synoden zu solchen Entrümplern werden, dann droht zusätzlich die Gefahr, dass sie ihre Kirchen aus der Weltgemeinschaft der Weltchristenheit herausführen.

3. VERSTEHEN GLEICH ZUSTIMMUNG?

Warum werden Übersetzer so unweigerlich zu Entrümplern mit viel Heldenpathos? Weil sie einem tief sitzenden Missverständnis aufsitzen! Das Missverständnis liegt in der Annahme, dass das Verstehen, das durch Übersetzen erzeugt wird, zugleich auch zur Zustimmung der anderen

Seite führt. Zustimmung wird dann für den Übersetzer zum Kriterium für die gelungene Übersetzung. Wozu es nach dem Übersetzen keine Zustimmung gibt, kann entrümpelt werden! Was der Welt nicht plausibel erscheint, wird öffentlich laut beschwiegen. Am Ende ist die Kirche nur noch die Echokammer dessen, was eh schon außerhalb der Kirche gesagt wird.

Verstehen und Zustimmen sind aber in Wahrheit zwei Paar Stiefel. Warum? Wer etwas versteht, hat auch Gründe, es abzulehnen. Darum führt das auf Zustimmung schielende Übersetzen in einen unauflösbaren Widerspruch: Eine Kirche, die nur Zustimmung sucht und diese dann auch findet, ist mit hoher Wahrscheinlichkeit nicht verstanden worden. Nur merkt sie es nicht. Wenn sich die Kirche dann mit prophetischem Pathos und leichter Verspätung im breiten Konsenskorridor der Mehrheitsmeinung bewegt, dann ist es nur noch peinlich.

4. DIE VIER TODSÜNDEN DES ÜBERSETZENS

Man kann es auch ›sündentheologisch‹ betrachten: Eine Kirche und eine Theologie, die in der Sprache der Welt sagen, was die Gesellschaft sowieso schon weiß, begehen gleich vier große Sünden der Gegenwart. Sie begehen zuerst die größte Sünde der Aufmerksamkeitsgesellschaft: Ihr Sprechen ist erwartbar langweilig.

Eine Kirche und eine Theologie, die meinen – weil das eben plausibler erscheint –, moralische Orientierung sei wichtiger als die Gotteserkenntnis, in welcher ihr Orientierungsangebot gründet, begehen auch noch die größte

Sünde der Optionsgesellschaft: Sie werden moralische Oberlehrer.

Eine Kirche und eine Theologie, die nicht mehr in ihrer ganz eigenen Sprache ihre ganz eigene Geschichte erzählen möchten, begehen als Drittes die größte Sünde, die man im wilden Kosmos der Erzählgemeinschaften begehen kann: Sie verbreiten phantasielos und feige nur Plagiate.

Eine Kirche und eine Theologie, die nicht mehr so keck, so frech und so mutig sind, ihre Sprache im Unterschied zu den anderen Sprachen zu sprechen, begehen letztlich auch die größte Sünde im Feld des kulturellen Kampfes der Erzähler: Sie sind im Kern mutlos und lahm. Wer hier kampflos das Feld räumt, verdient, so das stille Urteil vieler Zeitgenossen, nur Verachtung.

Warum sollte sich jemand auf die Sprache und auf die Geschichte von Gottes Weltabenteuer einlassen, wenn Kirche und Theologie in ihrem öffentlichen Sprechen demonstrieren, dass sie ihrer eigenen Sprache wenig zutrauen und der Geschichte von Gottes Weltabenteuer selbst nicht vertrauen?

Das alles heißt nicht, dass Kirche und Theologie in ihrem Erzählen unverständlich sein sollen. Dass sie denkfaul und bequem im Sprechen sein sollen. Dass sie ein Geheimnis durch Geheimnistuerei unterstellen sollten. Nein! Gottes Gang in die Menschlichkeit und Fleischlichkeit ist auch ein Gang in die Sprache der Menschen, in die Kommunikation und in das Bemühen um ein Verstehen. Nach Alternativen zum Programm des Übersetzens zu suchen, heißt ganz sicher nicht, sich nicht um Augenhöhe im philosophisch-gesellschaftlichen Diskurs zu bemühen. Ganz im Gegenteil!

In letzter Konsequenz erzeugt die Praxis des Übersetzens das Problem, das sie zu lösen beansprucht. Niemand versteht die Sprache des Weltabenteuers Gottes, wenn selbst die Kirche diese Sprache nicht mehr spricht und ihr nicht mehr vertraut. Konkret: So ist die Kirche selbst der größte Verursacher des viel beklagten Traditionsabbruches. Ein Schelm, wer Böses dabei denkt. Was kennzeichnet nun die Praxis des Erläuterns im Unterschied zum Übersetzen? Drei Aspekte erscheinen mir zentral zu sein: 1. Verwegenheit, 2. die Verbindung von Leidenschaft, Geduld und Barmherzigkeit und 3. Leichtigkeit.

5. VERWEGENHEIT

Warum Verwegenheit? Die Kirche braucht Verwegenheit, um ihre Geschichte in ihrer Sprache zu erzählen. Nicht nur ihre Geschichte, auch ihre Sprache ist für das Erläutern der Geschichte notwendig! Im Unterschied zum Übersetzen vollzieht sich die Erläuterung in der gleichen Sprache wie die Erzählung. Erläutern ereignet sich im Umschreiben, im Wiederholen in anderen Worten, in der Suche von Vergleichen, im Finden und Erfinden von Metaphern, im Wechseln des Mediums (wie z. B. beim Gestikulieren und Zeigen), in der Entfaltung von Begriffen, im Knüpfen von Netzen der Bedeutung, im Suchen nach Worten; im Gebrauch von Theorien, im Ereignis von Metaphern, im Beobachten des »Funktionierens« der Sprache, d. h. des Sprechens. Erläutern ist wie einsprachiger Fremdsprachenunterricht.

Jenseits von Abgrenzung und völliger Entgrenzung erzählt die Kirche die Geschichte des Weltabenteuers Gottes. Sie weiß, dass das kanonische Gespräch in der Bibel eine fremde Welt ist. Die Kirche bringt in der Kommunikation des Glaubens Themen ein, die sperrig sind und nicht dem vermeintlichen Konsens entsprechen. Verwegenheit braucht die Kirche auch, um sich selbst die Dichte, die Schwere, die Dramatik und den Reichtum der Geschichte von Gottes Weltabenteuer zu erschließen. Die Kirche braucht Verwegenheit, um sich auch heute dem kanonischen Gespräch der Schrift auszusetzen. Nur mit Verwegenheit wird sie Gott als eigentlichen Erzähler des Dramas bezeugen und den Grund der Geschichte in Gottes Lebendigkeit suchen.

Indem Theologie und Kirche die Gegenwart durch ihre eigenen Erzählungen betrachten, klären sie die Welt über sich selbst auf. Erläutern zielt nicht nur auf ein Verstehen des Glaubens im Raum der Kirche. Nein, es geht ganz wesentlich auch um »theologische Aufklärung«. Säkularisierung heißt, dass die Kirche mit der Erzählung vom Weltabenteuer Gottes in einer scharfen Konkurrenz mit anderen Erzählern und mit anderen Erzählungen steht. Die audiovisuelle Erzählmaschine der Gegenwart ist ein Kampfplatz, auf dem die Kirche es mit mächtigen, nach menschlichem Ermessen haushoch überlegenen Gegnern zu tun hat. Jenseits von behäbiger Selbstsicherheit und Mutlosigkeit kann sich die Kirche mit Verwegenheit in das Getümmel der Erzählungen stürzen. Verwegenheit wird auch notwendig sein, wenn es gilt, nicht vorschnell wieder Verbündete in der Zivilgesellschaft oder unter den Religionsgemeinschaften zu suchen, sondern sich auf die eigene Erzählung zu besinnen. Es fordert verwegenen Mut, David gegen Goliath zu spielen.

6. LEIDENSCHAFT, GEDULD UND BARMHERZIGKEIT

Nun der zweite Aspekt des Erläuterns: leidenschaftliche Geduld und Barmherzigkeit. Das Erzählen der Geschichte vom Weltabenteuer Gottes erfordert auf Seiten der Erzähler eine Leidenschaft und eine Barmherzigkeit, um die Geschichte geduldig zu erläutern. Erläutern erfordert eine Leidenschaft für das Erzählen. Nur mit Leidenschaft sind Situationen des Nichtverstehens, der Irritation oder auch des kräftigen Streits um die Geschichte zu überstehen. So können auch hier die Leidenschaft der Liebe und die Leidenschaft der Hoffnung die Geschichte des Glaubens erläutern. Darum ist das Band zwischen Glaube, Liebe und Hoffnung so wichtig. Wer leidenschaftlich erzählt, leidet unter der Unbekanntheit dieser Erzählung. Und umgekehrt gilt: Wer eine Gleich-Gültigkeit der Geschichten und Sprachen versprüht, erntet auch Gleichgültigkeit.

Die Geduld der Erläuterung braucht die Unerbittlichkeit der Leidenschaft, aber auch die Barmherzigkeit im Umgang mit den Hörern der Geschichte. Nur sie bewahrt vor Übergriffigkeit und Paternalismus. Nur sie antwortet auf Gleichgültigkeit und Zynismus nicht mit der Härte, die die Leidenschaft so oft annehmen kann. Die Barmherzigkeit lässt die Wut und die Irritation über manche Fragwürdigkeit im Leben der Geschichtenerzähler zu. Die Barmherzigkeit lässt anerkennen, in wie viele miteinander im Konflikt stehende Geschichten die Menschen verstrickt sind.

Es ist die Barmherzigkeit in der Geduld der Erläuterung, die die Kirche auf die Menschen hören lässt. Das Erläutern, aus dem das Verstehen erwachsen soll, benötigt auch das Hören. Erläutern ist kein Monolog. Als Hörende lässt die Kirche andere Menschen und andere Großerzähler ihre Geschichte erzählen. Barmherzigkeit überwindet die Versuchung zum Monolog. Die Barmherzigkeit lässt die Kirche auch Schweigen – angesichts von Ohnmacht, Abwesenheit Gottes und eigener Schuld. Sie weiß auch: Sie kann mit keiner Sprache die erzählte Geschichte bewahrheiten.

Im Rahmen der akademischen Theologie schließt die Geduld der Erzählung zweifellos auch ein, umsichtig Theoriemittel und Denkmittel zu prüfen und einzusetzen. Der Werkzeugkasten der Theologie darf weder schlicht leer sein noch an ein Museum erinnern. Bei ihrer Sache bleibend, ist die Theologie herausgefordert, sich auf Denk- und Theorieabenteuer einzulassen – ohne auf einen Ritterschlag durch diese oder jene Schule der Philosophie zu hoffen. Sie braucht den Mut, ihre Sache ihren Umgebungen zuzumuten – gleichgültig, welche Theorie- und Denkmittel sie hierfür aus ihrer Werkzeugkiste zieht.

Im Rahmen der Barmherzigkeit der Erläuterung wird die Kirche auch ohne Überwältigungsphantasien und ohne Minderwertigkeitskomplexe anerkennen, dass es Menschen gibt, die die Geschichte von Gottes Weltabenteuer nicht leben wollen. Und: just dann, wenn sie sie verstehen, auch ablehnen. Sie wird auch das Faktum anerkennen, dass andere Menschen eine andere Geschichte leben – ohne deren Geschichte anerkennen zu müssen.

Erläutern geschieht nicht nur im Reden. Die Geschichte vom dramatischen Weltabenteuer Gottes wird auch dadurch erläutert, dass Menschen den realen Gebrauch der Sprache beobachten können. Sie verstehen die Erzählung, wenn sie sehen, wie Menschen mit ihr leben. Dies erfordert die Pflege von Formen, in denen Menschen dabei sind, ohne sich vereinnahmt zu fühlen. Menschen gewinnen und die Erzählung erläutern heißt darum auch, Gelegenheiten des Dabeiseins für neugierige Beobachter zu schaffen und sorgfältig zu gestalten. Beerdigungen, überhaupt die Kausualien, aber auch besondere Gottesdienste und inhaltlich markante Bildungsereignisse sind hier wichtig.

7. LEICHTIGKEIT

Der dritte Aspekt ist die Leichtigkeit. Die Kirche kann auch öffentlich eingestehen, dass niemand von der Spannung »Herr ich glaube, hilf meinem Unglauben« ausgenommen ist. Die Kirche lebt in ihrer Kommunikation von Glaube, Liebe und Hoffnung, im direkten Erzählen ihrer Geschichte von einem doppelten ›Als ob‹. Die Kirche kann gar nicht anders, als die Erzählung zu erzählen und zu erläutern als eine, die sie selbst nicht wahr machen kann. Glaube bleibt die Einheit von Glauben und Unglauben. Deshalb bittet die Kirche die Menschen, sich wie sie selbst auf ein Sprechen ihrer Sprache und ein Hören ihrer Geschichte im Modus des ›Als ob‹ einzulassen. Die Story könnte auch nur eine Story sein, ohne wahr zu sein. Natürlich braucht es ein Vertrauen in die Kirche, um ihr als Erzählerin zuzuhören. Dass sich Menschen im Weltabenteuer Gottes entdecken, entzieht sich aber der Macht, auch der Macht der Rhetorik. Doch es ist diese Kombination aus »Ich glaube, hilf meinem Unglauben«, die die Kirche auch stets neugierig sein lässt. Dieses ›Als ob‹ erinnert die Kirche immer wieder daran, dass sie in allem

Zweifel bleibend Teil dieser fragend zweifelnden, dieser mit Fanatismus den Zweifel überdeckenden Menschheitsgemeinschaft ist.

Hinzu kommt ein zweites ›Als ob‹. Die Kirche kann zugestehen und damit m. E. auch an Glaubwürdigkeit gewinnen, dass wir in einem Drama des Weltabenteuers Gottes stehen, das manchmal beängstigend offen erscheint. Werden wir wirklich erlöst vom Bösen, vom Tod, von der Nacht und dem vielstimmigen Seufzen? Widerfährt den Opfern der Geschichte noch Gerechtigkeit? Liegen die Anhänger einer tragischen Weltsicht wirklich falsch? Hier feiert die Kirche, ›als ob‹ die Erlösung kommt, und hofft, von dem Geist Gottes in die Gewissheit hineingelockt zu werden. Pausbäckiger Optimismus ist keine Antwort auf verzweifelte Hoffnung. Das offene Eingeständnis, in einem wirklich dramatischen Drama zu stehen, ist ein Akt spiritueller Ehrlichkeit, der nicht mit Depression, Gleichgültigkeit und Mutlosigkeit verwechselt werden darf. Die Kirche hofft, dass das in der Auferweckung des Gekreuzigten erschlossene Drehbuch auch stimmt. Sie hofft, ohne dass dies letztendlich und letztgültig aus dem ›Als ob‹ herausführt, dass Gott in seinem Weltabenteuer nicht von den Kräften der Sünde und Dummheit überwältigt wird. Der Gottesdienst ist das Ereignis, in dem die Gemeinde um die Auflösung dieses ›Als ob‹ bittet. Ist dies zu kompliziert? Manchmal mag spirituelle Ehrlichkeit etwas kompliziert sein. Ich bin mir aber sicher, dass die von der Kirche und ihrer Erzählung enttäuschten Menschen und die sich neugierig in der Distanz einrichtenden Menschen darauf warten.

Indem die Kirche dazu einlädt, die Sprache des Weltabenteuers Gottes zu sprechen, bietet sie eine Bereicherung des Lebens an. Sie bietet eine das Leben reich erschließende Sprache und Gott beschreibende Sprache an. Menschen können etwas sagen, was sie nur in dieser Sprache sagen können. Sie entdecken Dinge, die sie nur in dieser Sprache beschreiben können. Sie lernen im Sprechen der Sprache die Welt dieser Sprache, das Weltabenteuer Gottes kennen. Sie entdecken, was sie noch nicht kannten. Sie werden Teil einer Zeiten und Kulturen überspannenden, Teil einer Lebende und Tote einschließenden, Teil einer Himmel und Erde umfassenden Sprachgemeinschaft. In dieser Sprachgemeinschaft sind die Glaubenden Empfangende – die Gott als Bittende und Klagende, als Dankende und Lobende gegenübertreten.

In dieser Sprachgemeinschaft hilft der Geist Gottes unserem Seufzen. Dem denkenden Seufzen wie auch dem Seufzen des Denkens und Erläuterns. Darum dürfen Christen beides: stammeln und keck sprechen. Christen dürfen immer mehr sagen, als sie glauben, im hoffenden ›Als ob‹ mehr erkunden, als sie ansonsten vertreten.

XII EIN BLICK ZURÜCK UND NACH VORNE

Der Theologe und Widerstandskämpfer Dietrich Bonhoeffer hat im Mai 1944 Gedanken zum Tauftag des Sohnes seines Freundes Eberhard Bethge verfasst. Darin finden sich weitreichende Überlegungen zur Zukunft der Kirche. Bonhoeffer sieht, dass die Kirche Trägerin des versöhnenden und erlösenden Wortes für die Menschen und für die Welt sein sollte – und doch in der Tat immer wieder auf die Anfänge ihres Verstehens zurückgeworfen ist. Die Kirche ringt damit, wie denn nun heute die großen Worte wie Versöhnung und Erlösung, wie Kreuz und Auferstehung, Heiliger Geist und Wiedergeburt oder Feindesliebe zu verstehen seien. Am Ende seiner Meditation blickt Bonhoeffer in die Zukunft und empfiehlt eine eigenwillige, aber doch letztlich ganz eindeutige Variante der Kommunikation von Glaube, Liebe und Hoffnung: »Es wird Menschen geben, die beten und das Gerechte tun und auf Gottes Zeit warten.« Wenn es auch heute genug Menschen gibt, die alles drei zugleich tun, beten, das Gerechte tun und auf Gottes Zeit warten, dann kann die Kirche getrost ihrer Zukunft entgegen gehen. Als Betende begreift sich die Kirche in dem letztlich von Gott zu verantwortenden Weltabenteuer. Für das Tun des Gerechten weiß sich die Kirche in Anspruch genommen – ohne dass sie davon überwältigt wird.

In der Zeit, in der sie zwischen einem Advent und einem neuen Advent auf den lebendigen Gott warten, bleiben Christen Suchende und Experimentierende. Als Wartende bleiben sie Hoffende. Christen bleiben irdisch-menschlich, verwandelnd und radikal Hoffende. Eine Kirche, die auf Gottes Zeit wartet, kann auch intensiv ganz geschöpflich und verwandelnd hoffen. Im Warten auf Gottes Zeit und Handeln kann sie getrost und ent-spannt, engagiert und klug, das Ihre zu Gottes Tun hinzu-geben. Sie weiß, sie kann und muss nicht alles tun. In Modus der Klage, der Bitte, des Dankes und des Lobes, d.h. in der ganzen Polyphonie des Glaubens, riskiert sie zu glauben, dass Gott die Weltverantwortung trägt. Sie lebt von der Entdeckung und dem Versprechen: »Gott, der Herr, ... redet und ruft der Welt zu vom Aufgang der Sonne bis zu ihrem Niedergang. ... Unser Gott kommt und schweiget nicht« (Psalm 50,1f.).